本书获得国家自然科学基金"低碳全球化背景下我国碳排放转移传导
机制研究"（项目编号：71873021）及广东省教育厅"创新强校"和
于投入产出法的各国生产率测算"（项目编号：2017WTSCX024）的

投入产出框架下
名义GDP和实际GDP的测算

——以中日韩比较为例

戴艳娟 李 洁◎著

MEASUREMENT OF NOMINAL GDP AND
REAL GDP UNDER
INPUT–OUTPUT FRAMEWORK
—THE COMPARISON AMONG CHINA, JAPAN AND SOUTH KOREA

经济管理出版社
ECONOMY & MANAGEMENT PUBLISHING HOUSE

图书在版编目（CIP）数据

投入产出框架下名义 GDP 和实际 GDP 的测算/戴艳娟，李洁著 . —北京：经济管理出版社，2022.6

ISBN 978 - 7 - 5096 - 8463 - 4

Ⅰ . ①投…　Ⅱ . ①戴… ②李…　Ⅲ . ①国内生产总值—研究—中国　Ⅳ . ①F222. 33

中国版本图书馆 CIP 数据核字（2022）第 091210 号

组稿编辑：郭丽娟
责任编辑：范美琴
责任印制：黄章平
责任校对：王淑卿

出版发行：经济管理出版社
　　　　　（北京市海淀区北蜂窝 8 号中雅大厦 A 座 11 层　100038）
网　　址：www. E - mp. com. cn
电　　话：(010) 51915602
印　　刷：唐山玺诚印务有限公司
经　　销：新华书店
开　　本：720mm × 1000mm/16
印　　张：13. 5
字　　数：242 千字
版　　次：2022 年 7 月第 1 版　　2022 年 7 月第 1 次印刷
书　　号：ISBN 978 - 7 - 5096 - 8463 - 4
定　　价：88. 00 元

前　言

衡量宏观经济总量的 GDP 指标反映了一国经济活动的规模以及经济发展水平，也是各国关注的焦点。现在各国的 GDP 核算是根据国民经济核算体系（简称 SNA 体系）所规定的要求和各自的基础数据进行核算的。由于 GDP 指标是经过高度加工的统计指标，而且涉及一国经济的方方面面，需要在大量基础统计数据的基础上进行核算，因此准确测算 GDP 是非常艰巨的工作。

自 2000 年开始，日本等西方媒体一直在炒作中国地方 GDP "注水"问题，普遍认为中国 GDP "注水"，GDP 数据造假情况严重。国际社会对中国经济增长的数据也持怀疑态度。面对日本及西方学者对中国发展数据真实性的质疑，本书尝试通过中日韩三国关于 GDP 的实证分析，对中日名义 GDP 及不变价 GDP 的核算方法以及可比价 GDP 的推算等研究来回答国际上所关注的"中国 GDP 是否被高估"和"中国经济增长速度是否被夸大"等问题。

在回答"中国 GDP 是否被高估"这个问题时，本书通过对比中日 GDP 的核算方法，对中国的 GDP 核算方法是否高估 GDP 进行探讨。首先，从日本社会认为中国 GDP 被高估的论据入手。日本媒体报道了中国地方 GDP 加总后高于国家统计局公布的 GDP，由此推断中国的 GDP 存在高估现象。本书的第二章比较了日本中央和地方的 GDP 核算，发现日本的中央和地方数据也长期存在差异，无法消除，这种差异是由中央和地方所获取的基础资料以及核算方法的差异所导致的。因此，中央和地方 GDP 的核算结果不统一是普遍存在的问题，并不能作为中国 GDP 数据被高估的依据。其次，第三章对中国公布的 GDP 统计数据进行梳理，发现中国在每次经济普查后，依据更新的数据对 GDP 进行修订，追溯修订时，往往是上修往年发布的 GDP 数据，例如，2004 年第一次经济普查后上调了15.8%，2012 年再次上调 0.5%，2016 年继续上调 0.6%。因此，可以推断中国当年发布的 GDP 并不存在高估。最后，自有住房服务的虚拟计算属于推算值，采用的方法不同将影响 GDP 的大小。由于中国的商品房发展较晚，在估算虚拟房租时，没有采用市场房租估算法，而采用的是成本估算法。中国的虚拟房租的数据欠缺，仅有少数年份的数据。根据 2004 年的数据，中国虚拟房租的占比为

2.5%，房地产业增加值占比为 4.5%。之后虽然未公布虚拟房租的数据，但是从房地产增加值占比来看，中国在第一次经济普查之后多次上调了相关数据，2017年的房地产业增加值占比升至 6.6%，但是与日本比较，上述数据还是过低的。自 20 世纪 90 年代开始，日本的虚拟房租占 GDP 的比重为 7% ~ 10%，并且两次大幅下调自有住房虚拟租金的估算值。与日本相比，中国的虚拟房租是低估的。

在回答"中国经济增长速度是否真实"的问题时，主要需考察中日不变价 GDP 的核算方法。不变价 GDP 的测算方法是根据各国的基础数据的状况进行选择。SNA1968 推荐使用双缩减法推算实际增加值，但是 SNA2008 中并未将双缩减法与单缩减法进行优劣的区分，而是指出两种方法各有长短，将两者并列表示。由于中国的基础数据相对薄弱，因此采用单缩减法推算，而日本采用的是双缩减法。本书通过实证分析发现，2002 ~ 2012 年，中国采用单缩减法估算的不变价 GDP，相对双缩减法是被低估了，换言之，如果采用与日本相同的双缩减法，那么不变价 GDP 将增大。2012 ~ 2015 年，采用单缩减法测算的不变价 GDP 与双缩减法近似，略有高估。而日本在 1960 ~ 2000 年利用单缩减法推算的 GDP 增长高于日本官方采用的双缩减法推算的结果，也就是说，日本现在采用的双缩减法低于单缩减法的估算值。因此，从本书的实证分析来看，日本学者认为由于中国采用单缩减法高估了经济增长的观点同样是站不住脚的。

在 GDP 核算中，投入产出统计占据了重要位置，尤其是日本，迄今为止投入产出数据相对完善，GDP 以投入产出统计为基础进行核算，投入产出法广泛应用于统计的各个方面。而中国由于投入产出统计发展较晚，相关研究较为欠缺，GDP 统计无法依靠投入产出数据。针对中国 GDP 统计中投入产出研究的相对弱势，本书以投入产出法为主线，对宏观经济总量进行研究探讨，弥补相关研究存在的不足。实证研究在方法上着意于创新：一是建立投入产出模型，讨论单双缩减法对不变价 GDP 偏差方向的影响，此模型优于已有的研究方法，而且本书中首次提出开放经济下的投入产出模型，探讨进口中间品价格对单缩减法的有偏影响；二是提出了国际平均全劳动法测算购买力平价，是将劳动价值论应用于统计学研究的一种新尝试，对马克思经济学在现代经济学中的应用起了很好的示范作用。

总之，由于 GDP 被广泛应用于各种宏观经济管理和分析中，本书的相关理论和研究内容有助于读者全面了解 GDP 核算及存在的问题，深刻认识 GDP 的含义及各国 GDP 存在的不可比性，能够帮助研究人员更准确地利用 GDP 这个指标进行经济分析和研究。另外，本书提供了大量基础数据，为相关宏观经济研究、国际经济比较研究提供了数据资料和新的科学视角。

目　录

上篇　名义 GDP 核算

中篇 不变价 GDP 核算

下篇　可比价 GDP 核算

导　论

国内生产总值（Gross Domestic Product，GDP）是国民经济核算体系（System of National Accounts，SNA）的中心指标，是由 SNA 进行定义的概念。

虽然 GDP 是大家所熟知的名词，但是 SNA 以及"国民经济核算"等概念的知名度远远低于 GDP。日本负责统计工作的内阁府在数年前将"GDP 统计"与"国民经济核算"两个名称等同使用，因此，日本的"GDP 统计"不仅包括 GDP 的核算，同时也包含了其他相关统计。在中国，GDP 核算同样也是国民经济核算中最重要的工作，从广义上来说，"GDP 统计"等同于"国民经济核算"。因此，GDP 统计无论是在中国还是在日本或者是其他国家，都是非常重要的核算指标，同时也是对各国宏观经济体量进行判断的依据。

在理论上，国内生产总值的核算与投入产出表有着密切关联，两者均在经济平衡关系中对总收入进行核算，差异在于 GDP 仅针对有效需求发生变化时，将所受到的直接影响作为统计对象，是单一指标的统计，而投入产出表则将国民经济分为多个部门，通过分析各产业受到的影响，对整体国民经济的活动水平产生的结果进行统计，是多个指标的统计。日本的 GDP 统计是以投入产出数据为依据进行的。投入产出表将多个部门的统计数值集中放入一张表中，反映了经济循环的全过程，与国民收入有着密切联系，因此，SNA1968 将其正式纳入国民经济核算体系。

现在的国民经济核算体系是由国内生产总值及使用表、投入产出表、资金流量表、国际收支平衡表和资产负债表五张核算表组成的。其中，国内生产总值及使用表核算生产、分配、消费、投资及进出口等经济循环的总量，投入产出表是国内生产总值及使用表的具体化及延伸。国内生产总值及使用表和投入产出表均采用一定的方式记录经济中各种产品及服务的循环。资金流量表记录了与"产品"相对应的"货币"流动；国际收支平衡表反映了与国内经济活动相对应的对外交易的收支；资产负债表分别从"产品"和"货币"两个方面记录特定时期国民经济存量的结构，是支撑下一轮经济流动（流量）的先决条件。

虽然 GDP 核算与投入产出表共同反映了商品和服务的循环，但是 GDP 仅仅关注增加值部分，从支出方面来看是最终使用的总额，而投入产出表不仅关注最终成果的部分，还关注各部门的生产结构及产出的去向。因此，可以说，GDP 是从宏观视角、投入产出表是从产业角度反映国民经济总体的运行情况，两者之间存在互为补充的关系。

国民经济核算是经济统计的集大成，涉及了经济的方方面面，本书以其中心指标 GDP 作为切入点，从 GDP 的概念、核算方法、存在问题及 GDP 的三方等价及投入产出表、物价指数及实际 GDP 的测算等方面对 GDP 进行详细的讨论，并以中国和日本为对象，对 GDP 核算中存在的差异、中日韩三国实际 GDP 的推算等问题进行实证研究。

本书由理论研究和实证分析构成，实证分析主要是以中国和日本两个国家为研究对象，在购买力平价的实证分析中增加了韩国。本书选取日本作为主要的比较对象有以下原因：首先，本书作者均在日本留学多年，其中李洁教授任职于日本国立大学，并曾担任日本内阁府国民经济核算调查会议的专门委员，是日本国民经济核算的专家，戴艳娟教授回国后专注于投入产出方面的研究，对中国的国民经济核算体系进行了细致的研究。其次，由于本书以投入产出法为主线，日本在投入产出统计方面处于国际领先地位，是投入产出统计方面先进的国家之一。日本的 GDP 核算以投入产出统计为基础，一直严格按照 SNA 提倡的方法进行核算，而中国在投入产出数据的编制方面较为欠缺，未编制每年的投入产出数据，因此，GDP 的核算方法与日本有着较大差异。通过中日对比可以发掘中国的 GDP 核算方法与统计先进国家的差异，对理解和完善中国 GDP 核算有着重要的参考价值。

本书各章的主要内容如下：

第一章抓住国民经济核算能够表现一国经济循环的这一特征，以日本的数据为例（由于中国缺乏资产负债核算），将日本的经济循环用简单的图示方式进行概括，使读者通过具体数据了解国民经济五大核算体系之间的关系，对一国经济的循环状况有了初步的认识。通过考察日本各期账户所显示的数据，发现日本国民财富这些年并未增加反而减少的原因，与日本泡沫经济破灭后土地及房地产价格大幅下降导致日本实物资产的减少有关。通过日本的经济循环图可以了解一国经济的大致状况，而且提供了许多有价值的信息。

第二章通过梳理 SNA2008 中关于 GDP 核算的相关条款，以及 GDP 的定义、核算范围、核算方法等方面探讨 GDP 存在的问题,并指出 GDP 作为宏观经济总量衡量指标时的复杂性。联合国主导完成的 SNA 体系对于 GDP 核算的概念、原则和方法有一套基本的规范,也指出了现有规范存在的问题。本章针对存在的相关问题进行了详细说明和解释,为后文的实证研究奠定了理论基础。

第三章从 GDP 核算的三方等价入手,引入投入产出表对生产法、支出法和收入法 GDP 进行说明。本章通过投入产出数据说明 GDP 三种方法的区别和联系,通过简单的数值说明投入产出法在 GDP 三方等价中的重要作用和意义。根据中日两国 GDP 统计数据了解中日两国的生产法与支出法 GDP 之间的差异,以及日本如何通过投入产出统计保证生产法和支出法 GDP 的一致,对于中国缩小生产法与支出法 GDP 之间的差异有着借鉴作用。

第四章对中日 GDP 核算方法存在的差异进行了探讨。中国是最大的发展中国家,基础统计相对落后,而日本是亚洲的发达国家,基础统计数据相对完备,同时也是投入产出统计方面先进的国家。虽然中国和日本都是以 SNA 为标准进行核算的,但是由于基础数据条件不同,采用的核算方法也具有较大差异。本章通过实证分析说明了中国 GDP 核算的发展及特点,也总结了中国与统计发达国家日本之间的差异。本章还指出中日两国的 GDP 并不完全具备可比性,例如,两国公布的季度 GDP 只能进行总量比较,不能进行结构性比较等。

第五章针对 GDP 核算中存在问题较大的自有住房虚拟计算进行实证分析。虽然 SNA 对自有住房服务的虚拟计算有详细规定,但是由于历史原因,中国采用的是次优的成本估算法,而日本采用 SNA 推荐的市场价格估算法。通过本章的分析可知,中国采用的估算法低估了自有住房服务的价值,而日本采用的市场价值估算法,由于是简单的全国平均价格法,高估了这部分价值。因此,本章的实证分析同样也说明各国 GDP 存在不可比性。

第六章阐述了不变价 GDP 核算的理论和方法,并说明引入投入产出数据对于推算不变价 GDP 的重要性,同时指出 SNA 由最初提倡双缩减法推算不变价 GDP 到现在提出双缩减法与单缩减法不分优劣的转化过程及原因。本章引入关于采用单缩减法与双缩减法对推算不变价 GDP 的推算值的偏差方向的影响的模型,并提出了利用投入产出模型进行探讨的独创模型,为第七章的实证分析奠定了理论基础。

第七章以中日为例对单双缩减法对不变价 GDP 的影响进行实证分析。第六章解释了封闭经济下的相关模型,本章利用中国和日本的数据对比进行实证研究。首先讨论封闭经济下中国和日本采用单缩减法的偏差方向。此模型不仅具有独创性，还优于 Alexander 等（2017）提出的测算方法。Alexander 等直接比较产出价格指数与投入价格指数的大小，得出单双缩减法的偏差方向。此方法的问题在于：就某个产业来说，产出的价格平减指数为标量，而投入价格平减指数为向量，但是，对所有行业来说，产出的价格平减指数为标量，而投入价格平减指数为矩阵。本章利用投入产出模型讨论产业间相对价格变动与单缩减法的偏差值大小关系解决了上述问题，因此，推算结论更加可靠。本章还分别利用单双缩减法测算各行业的不变价 GDP，考察单缩减法测算各行业对经济增长的相对贡献时产生的扭曲。单缩减法在中间使用价格与产出价格以相同比率变化的前提下采用，当各产业的中间使用总体价格高于该产业产出价格时，单缩减法估算的不变价增加值小于双缩减法测算的结果；相反的情况则会出现相反的结果。本章通过对中国各行业对经济增长的贡献进行分析时发现，利用现有的单缩减法测算的结果高估了服务业及建筑业等行业，而制造业则被低估了。采用不同的测算方法计算各行业对经济增长的贡献时，会产生不同的结果。

第八章对购买力平价的推算方法进行了概述，并提出了新的汇总方法——国际平均全劳动法。对购买力平价进行汇总的方法繁多，通常需要满足特征性、无偏性、传递性、结构一致性、矩阵一致性、基国不变性及因子互换性等原则，但是很难存在一种可以满足购买力平价需要具备所有特征的方法，因此本章对购买力平价的各种方法进行了梳理，指出各种方法的特点及不足，并提出国际平均全劳动法。国际平均全劳动法以劳动价值论为理论基础，将各产业产出转换为劳动时间，是适合生产本质特征的一种方法。全劳动量中的数量由劳动系数、中间投入系数、固定资本损耗系数等与生产技术相关的因素决定，与工资率、利润率等分配要素无关，从某种意义上可以说国际全劳动量并不受限于现有社会制度，是可以存在于任何历史时期的方法。与 GK 法推算的实际 GDP 相比，它是反映 GDP 内在意义的一种方法，也证明马克思的劳动价值论在现实经济领域的实用性与可行性。

第九章利用国际平均全劳动法推算了中日韩各产业的购买力平价，并将中日韩的名义投入产出表转换为可比价格的投入产出表，并且比较了三国的经济规模及产出结构。本章利用国际平均全劳动法和 GK 法推算了中日韩 2005 年的实际 GDP，结果表明利用国际平均全劳动法测算的中国实际物量更大，韩国用两种方法测算的结果相差不大。本章的实证分析说明了国际平均全劳动法在实际应用中的可行性与科学性。

本书不仅对 GDP 的相关概念及存在问题进行了全面梳理，而且以中日韩为例进行实证分析，有助于读者全面了解名义 GDP 及实际 GDP 存在的具体问题，为读者正确认识 GDP、更准确地利用 GDP 提供帮助。

但是本书未对 GDP 核算中存在的各种问题提出具体的解决方案。现有 SNA 体系存在的问题难以通过细节的改善而消除，需要体系的改变。这样的改变需要通过开展各种研究进行探索。

上篇 名义 GDP 核算

第一章　国民经济核算中的经济循环

现代社会各种经济现象及行为复杂多样，准确测度消费、投资、进口、出口、物价及失业等指标，对于了解整体经济状况及促进经济发展有着重要意义。国民经济核算体系就是为详细记录各类经济主体的各项经济活动指标，系统而全面地描述一国国民经济运行状况而形成的。换言之，国民经济核算体系就是为了准确、有序并且全面记录一年以内国民经济的所有动态，对所发生的动态依据现代经济理论推算出相应的统计数值。

国民经济核算是对国民经济活动的事后统计，通过对各经济主体的经济行为进行测度得出相应的数据，反映整体的经济循环。由于各国的统计方法和统计范畴不一致，因此国民经济核算的具体内容也存在差异，如果不制定统一的标准，将导致各国核算结果的不可比。

现今国民账户体系（System of National Accounts，SNA），就是各国进行国民经济核算的国际标准。SNA 起源于英美等西方资本主义国家，是西方资本主义国家在"二战"后实行凯恩斯经济政策后建立的核算体系。与 SNA 并列存在的国民经济核算体系还有 20 世纪 20 年代诞生于苏联和东欧等计划经济国家的物质产品平衡体系（Material Product System，MPS），它是同一时期实行计划经济的国家所采用的核算体系，其标准也是由联合国核准并推行的（United Nations，1971）[①]。

国民经济核算体系的雏形可以追溯到法国经济学家魁奈编制的《经济表》。国民经济核算的前身是国民收入统计，英国经济学家威廉·配第（W. Petty）估算的英国 20 世纪 40 年代之前的国民收入可以说是最早的国民收入统计。之后，法国经济学家 A. L. 拉瓦锡提出了中间产品和最终产品的概念，澳大利亚统计学家 T. 柯格兰提出从生产、分配和使用三个方面对国民收入进行统计。在国民经济核算的发展过程中，英国经济学家 R. 斯通做出了重要贡献。当年斯通主导联

---

① MPS 相关参考文献出自 United Nations. Basic Principles of the System of Balances of the National Economy [J]. Studies in Methods，1971（17）.

合国的国民经济核算制度的研究和制定，采用复式记账的账户将原本单纯的国民收入计算发展为统计和会计相结合的形式，并结合市场经济理论，从理论角度完善了国民经济核算体系。随着国民经济核算内容的不断增加，由最初的学者单独推算逐步发展为以政府主导进行核算。1953 年联合国公布了以斯通为首创立的最初的国民经济核算体系《国民账户体系及辅助表》，简称为旧 SNA。同时期，里昂惕夫的投入产出表在世界范围内迅速传播。另外，美国经济学家 M. 柯普兰的资金流量表可以提供一国的规模经济对货币收支情况，并且提出了对存量进行分析的国民资产负债表和国民财富表。R. 斯通领导的国民经济核算专家小组积极引入相关成果，开始对旧 SNA 进行全面修订，于 1968 年公布了新的《国民经济核算体系》，被称为新 SNA。新 SNA 以国民收入和生产账户为中心，将投入产出表、资金循环表、国民资产负债表、国际收支平衡表纳入国民经济核算体系，成为新的国际标准。20 世纪 90 年代，已有 170 多个国家采用并推行新 SNA。之后 SNA 经过不断改进和完善，形成了 SNA1993 和 SNA2008，目前国际上所有国家均采用 SNA 体系的国民经济核算，SNA 体系成为真正的国际标准。

在 SNA 体系发展的同时，以苏联为代表的十几个国家实行的是 MPS 体系，这两大核算体系均为各国进行国民经济核算的国际标准。1972～1993 年，联合国投入了大量人力、物力对两大核算体系进行沟通及完善。1984 年对 MPS 实施了重大修订，形成了新 MPS，增加了部门联系平衡表、居民收入和消费指标、非物质服务平衡表，扩充了劳动平衡表。但是，随着市场经济在全球范围的展开，适用于市场经济的 SNA 体系成为世界上绝大部分国家使用的国民经济核算标准，而使用 MPS 体系的国家逐渐减少，最终所有国家都选用了 SNA 体系，MPS 体系退出了历史舞台。

第一节　系统记录经济的总体情况

国民经济核算以账户（Accounts）的形式将经济的方方面面放入一个体系中进行整体记录，正如被称为"国家总账簿"或"一国经济的会计"一样，是一种可以综合体现一国经济循环结构的统计，包括产品和劳务以及相应资金的流量和存量，经济部门之间交易的实际情况。

国民经济循环包括期初资产、生产、消费、积累、国外、调整及期末资产 7 个过程。在"期初资产"上投入劳动，进行"生产"，生产出来的产品和劳务，用于"消费"或"积累"。一部分产品和劳务向"国外"出口，同时也从"国外"进口。积累的产品和劳务经过必要调整之后，加上"期初资产"变为"期末资产"，在下一次循环中作为"期初资产"发挥作用。国民经济核算体系提供了使经济的流量和存量记录体系化并且综合化所需的完整且详细的结构，将"国民收入账户"在生产过程中与"投入产出表"相结合，在积累过程中与"资金循环表"相关联，在记录"国外"部分时联结"国际收支平衡表"，在期初和期末的资产变化过程与"国民资产负债表"相对应，组成完整的核算体系。产品和劳务的流量计入"生产账户"和"资本形成账户"，资金流量计入"收入支出账户"和"资本筹集账户"，物和资金的存量反映在"资产负债表"上，流量和存量在"调整账户"上进行反馈，国外交易通过"国外账户"进行处理。①

图1-1显示了1年期间的经济循环状况。由期初资产和负债等存量（Stock）（＝前期期末存量）开始，以账户的形式记录生产、分配、支出、资本积累等过程（流量 Flow）（包括海外交易在内的1年间的经济活动）；另外，将上述经济活动之外影响存量的其他要素计入调整账户，记录经济运行的成果，成为期末的资产和负债（存量 Stock）。

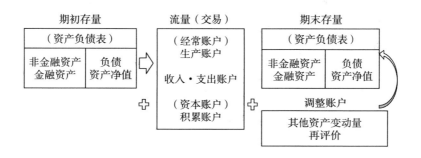

图1-1 经济循环示意图

上文所述的存量与流量都是反映所有经济活动的指标，其大小在一定时间内可以计算得出。在一定时期积累的总量称为存量，某一时期内增减的数量称为流量。具体而言，存量是指某段时期积累的数量，没有时间维度，如人口数量、企业数量、资产额等；流量是指一定期间内的流动量，具有时间维度，如出生人数、死亡人数、生产额、收入等，流量不断积累形成存量，两者之间具有密切

① 日本经济企划厅国民所得部．新国民经济核算体系通俗讲话［M］．铁大章译．北京：中国统计出版社，1985.

联系。

期初存量 + 期间流量（本期流入 – 本期流出）= 期末存量

例如，中国的人口普查是每 10 年进行一次，通常人口普查年份的下一年度的人口是由普查年份的人口数（存量）与下一年人口的自然数（出生人数 – 死亡人数）（流量）和社会增减人数（迁入人数 – 迁出人数）（流量）相加求得的。国民经济核算中所描绘的经济循环也与上述例子类似。

通过一国的国民经济核算可以更加清晰地了解经济是如何进行循环的。图 1 – 1 显示的经济循环中，资产负债表有着非常重要的作用，显示一国经过 1 年经济活动之后积累了多少财富。虽然中国于 1992 年将资产负债核算正式纳入国民经济核算体系，并且自 1995 年起国家统计局开展了一定的实践工作，但是由于编制工作起步较晚，而且基础数据比较薄弱，至今未能公布相关数据。发达国家基本都编制了资产负债表，发展中国家只有墨西哥等少数国家公布了结果。日本是编制了资产负债表的国家之一，本章以日本为例，对国民经济核算如何显示经济循环进行说明。

图 1 – 2、图 1 – 3 和图 1 – 4 利用日本 1991 年（SNA1968）、2004 年（SNA1993）和 2016 年（SNA2008）公布的《国民经济核算年报》绘制出经济循环示意图，这几个年份是日本 SNA 体系发生变化的时期，可以发现 SNA 体系的变更所引起核算内容发生的变化。

日本在进行国民经济核算的过程中，随着时间推移核算内容发生了一些改变，因此，不同年份的经济循环示意图中，核算内容的名称也发生了变化。例如，图 1 – 2 中 1991 年的生产账户记录的是 GNP 的核算结果，图 1 – 3 中 2004 年，GNP 更名为 GNI。在 1991 年和 2004 年的积累账户中，记录的是资本筹集核算，而图 1 – 4 中 2016 年变更为资本核算和金融核算。日本的资产负债表中，1991 年期初存量中的实物资产，在 2004 年变更为非金融资产，非金融资产所包含的范围较实物资产更广泛。为了明示这些变化，图中的各项名称与当年日本国民经济核算时使用的名称一致。

图 1 – 2 是根据日本《1991 年国民经济核算年报》绘制的，图中包含期初存量、期间流量、调整账户和期末存量四个部分。

首先来看国民经济核算中的存量，分为期初存量和期末存量。SNA 对存量进行了如下定义："存量是指某一个时点的资产和负债头寸或持有，是一定资产或负债在持有期内伴随某些物量或价值变化而连续增减的结果。"（引自 SNA2008 的第 3.4 节）。通俗来说，就是反映某个时间点的财富或价值量。在国民经济核算中，期初和期末的资产负债表中记录了存量。如图1-2所示，期初存量和期末存量包括实物资产（2004年变更为非金融资产）、金融资产和负债。将各种类型的资产加总后减去负债所得到的总价值，称作资产净值。1991年日本的期初存量就是1990年期末资产负债表所记录的资产减去负债的总值——资产净值，也就是一国的国民财富。

期初存量（1991年）

1991年从业人数 6707万人 其中劳动者人数 5427万人	1990年期末资产负债表	
	实物资产 3491.8	负债 3612.2
	金融资产 3661.4	资产净值 3541.0

劳动　　　　⬇　　　　资本

期间流量（1991年）

概念类别　　　日本的综合账户

（经常账户）

生产账户　→　1.国内总生产和总支出账户

（主要指标：总产出 924.2，GDP 450.8，劳动者报酬 251.9，营业盈余 100.7，固定资本损耗 68.3，［参考］GNP 454.0）

收入·支出账户→ 2.国民可支配收入和分配账户

（主要指标：国民可支配收入 386.9，居民最终消费支出 255.3，政府最终消费支出 41.2，储蓄 90.0）

（资本账户）

积累账户　→　3.资本筹集账户

（主要指标：总固定资本形成 142.8，［减］固定资本损耗 68.3，库存增加 3.2，资金过多或不足 9.8）

4.国外账户

［主要指标：出口 46.8，进口 38.5，来自国外的收入（纯）3.2，经常转移（纯）▲0.3，资本转移（纯）▲1.4］

调整账户（1991年）

实物资产 ▲202.0	负债 ▲10.3
金融资产 ▲17.6	资产净值 ▲209.3

期末存量（1991年）

1991年期末资产负债表	
实物资产 3367.4	负债 3752.6
金融资产 3704.3	资产净值 3319.1

图1-2　1991年日本经济循环示意图（单位：兆日元）

资料来源：日本经济企画厅经济研究所．平成3年国民经济计算年报（1968SNA·昭和60年基準）［M］．大藏省印刷局，1993．

根据图 1-2 的数据可知，日本在 1990 年期末，实物资产为 3491.8 兆日元，金融资产为 3661.4 兆日元，负债为 3612.2 兆日元，资产减去负债得到的资产净值为 3541.0 兆日元，这也是日本 1991 年期初所拥有的国民财富。1991 年日本经过 1 年的生产活动，期末存量中，实物资产为 3367.4 兆日元，金融资产为 3704.3 兆日元，负债为 3752.6 兆日元，总资产减去负债得到的资产净值为 3319.1 兆日元，期末的国民财富与期初相比减少了 221.9 兆日元。

其次，关注图 1-2 中的期间流量部分。SNA 如此定义经济流量，"经济流量是反映经济价值的产生、转换、交换、转移或消失；它会涉及机构单位之资产和负债在物量、构成或价值方面的变化"（引自 SNA2008 的第 3.6、第 3.7 节）。根据 SNA，自然灾害和价格变化造成的资产负债价值的损失，同样属于经济流量。

图 1-2 的期间流量包括经常账户、资本账户及国外账户。经常账户记录了国内所有的货物及服务的生产活动以及收入如何进行分配，包括生产账户和收入·支出账户。1991 年日本的生产账户显示 GDP 为 450.8 兆日元。积累账户在 1991 年通过资本筹集账户来体现，调整账户则包括资产物量变化账户以及重估价账户。其中重估价账户记录了从核算初期或者是从资产或负债进入存量之时开始，到资产或负债退出存量之时或者核算期末为止的时期内，由于资产和负债之价格变化而导致的资产或负债价值的全部变化（引自 SNA2008，第 2.115 节）。

日本经过 1 年的生产，国民财富未见增加反而减少的原因是什么？由图 1-2 可知，期末存量不仅是期初存量加上期间流量，还存在调整账户。调整账户中的实物资产减少了 202.0 兆日元，金融资产减少了 17.6 兆日元，资产净值（国民财富）减少了 209.3 兆日元。调整账户中包括重估价账户，价格变动也将导致资产发生变化。日本实物资产的减少很可能与日本泡沫经济破灭后土地及房地产价格大幅下降有关。尽管实物资产的物量并未减少，但是由于房地产价格大幅下跌，用当期价格表示的实物资产出现减少现象。

在 2004 年日本经济循环示意图（见图 1-3）中，期初的存量是 2003 年期末的资产净值 2654.7 兆日元，此时的实物资产的概念已被非金融资产所替代，非金融资产包含的范围与实物资产相比有所扩大。2004 年期初的非金融资产为 2481.9 兆日元，较 1991 年期末的实物资产 3367.4 兆日元又减少了 885.5 兆日元，在此期间非金融资产平均每年减少 73.8 兆日元。尽管 2004 年的非金融资产的核算范围相较于 1991 年的实物资产的核算范围更大，但是仍然出现减少现象，说明日本的实物资产在 1991~2003 年依然在贬值。

从 2004 年的期间流量看，日本 GDP 为 496.1 兆日元，这是通过 1 年的生产活动创造的价值。日本累积的财富需要参照期末存量。图 1－3 显示，2004 年期末日本的非金融资产为 2461.2 兆日元，比期初减少了 20.7 兆日元，资产净值即国民累积的财富为 2647.0 兆日元，与年初相比，累积财富减少了 7.7 兆日元，较1991～2003 年减少幅度大大缩小。从公布的数据来看，1991～2004 年，尽管日本每年都在创造产值，但是资产净值仍然在减少。换言之，日本累积的国民财富没有增加反而在减少，日本逐步变穷了。

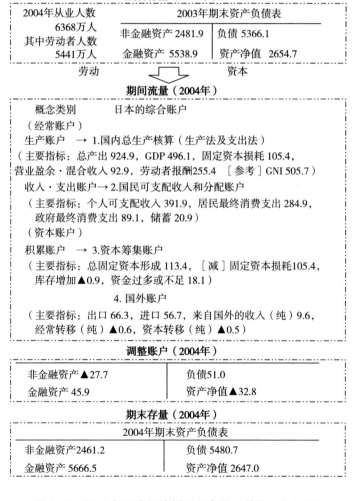

期初存量（2004年）

2004年从业人数 6368万人 其中劳动者人数 5441万人	2003年期末资产负债表	
	非金融资产 2481.9	负债 5366.1
	金融资产 5538.9	资产净值 2654.7

劳动　　　　　　　　　　资本

期间流量（2004年）

概念类别　　　　日本的综合账户
（经常账户）
生产账户　→ 1.国内总生产核算（生产法及支出法）
（主要指标：总产出 924.9，GDP 496.1，固定资本损耗 105.4，营业盈余·混合收入 92.9，劳动者报酬255.4　［参考］GNI 505.7）
收入·支出账户→ 2.国民可支配收入和分配账户
（主要指标：个人可支配收入 391.9，居民最终消费支出 284.9，政府最终消费支出 89.1，储蓄 20.9）
（资本账户）
积累账户　→ 3.资本筹集账户
（主要指标：总固定资本形成 113.4，［减］固定资本损耗105.4，库存增加▲0.9，资金过多或不足 18.1）
4. 国外账户
（主要指标：出口 66.3，进口 56.7，来自国外的收入（纯）9.6，经常转移（纯）▲0.6，资本转移（纯）▲0.5）

调整账户（2004年）

非金融资产▲27.7	负债51.0
金融资产 45.9	资产净值▲32.8

期末存量（2004年）

2004年期末资产负债表	
非金融资产2461.2	负债 5480.7
金融资产 5666.5	资产净值 2647.0

图 1－3　2004 年日本经济循环示意图（单位：兆日元）

资料来源：日本内阁府经济社会研究所国民经济计算部. 平成 16 年国民经济计算年报（1993SNA·平成 12 年基准）［M］. メディアランド株式会社，2006.

　　图 1-4 的 2016 年日本期初（2015 年期末）的非金融资产为 2957.7 兆日元，与 2004 年末期相比增加了 496.5 兆日元，这期间平均每年增加 45.1 兆日元，金融资产增加 1580 兆日元，与负债的增加相抵，最终代表国民财富的资产净值增加了 649.9 兆日元，平均每年增加 59.1 兆日元，说明实物资产的贬值已经结束，资产净值开始了正增加。换言之，日本的国民财富减少的时期结束，开始了正常的正积累。

期初存量（2016年）

2016年从业人数 6685万人 其中劳动者人数 5876万人	2015年期末资产负债表	
	非金融资产 2957.7	负债 6907.3
	金融资产 7246.5	资产净值 3296.9

劳动　　　⇩　　　资本

期间流量（2016年）

　　概念类别　　　　日本的综合账户
　（经常账户）
　生产账户　→ 1.国内生产总值核算
　（主要指标：总产出 1001.6，GDP 538.4，固定资本损耗 119.9，
　　营业盈余·混合收入 105.3，劳动者报酬 269.0　［参考］GNI 555.7）
　收入·支出账户→ 2.国民可支配收入和分配账户
　（主要指标：个人可支配收入 431.6，居民最终消费支出 299.9，
　　政府最终消费支出 106.5，储蓄 25.2）
　（资本账户）
　积累账户　→ 3.资本账户·金融账户
　（主要指标：总固定资本形成 126.8，［减］固定资本损耗 119.9，
　　库存变动 0.1，资金过多或不足 19.8）
　　　　　　4. 国外账户
　（主要指标：出口 86.8，进口 81.6，来自国外的收入（纯）17.2，
　　经常转移（纯）▲1.9，资本转移（纯）▲0.7）

调整账户（2016年）

非金融资产 36.9	负债 ▲21.8
金融资产 ▲31.7	资产净值 27.0

期末存量（2016年）

2016年期末资产负债表	
非金融资产 3001.5	负债 7146.0
金融资产 7495.1	资产净值 3350.7

图 1-4　2016 年日本经济循环示意图（单位：兆日元）

　　资料来源：日本内阁府经济社会研究所国民经济计算部. 平成 28 年国民经济计算年报（2008SNA·平成 23 年基準）［M］. メディアランド株式会社，2018.

2016 年日本的 GDP 为 538.4 兆日元，与 2004 年相比增加了 42.3 兆日元。从期末存量来看，非金融资产为 3001.5 兆日元，与期初相比增加了 43.8 兆日元，资产净值为 3350.7，与期初相比增加了 53.8 兆日元。调整账户中，非金融资产由原来的负值转为正值，说明 2004 年之后，资产价格已经不再回落，而是保持相对稳定，因此日本的国民财富也随着 GDP 的增加而增加。从日本的经济循环示意图可以看到，一国的非金融资产以及资产净值（国民财富）的增减不仅与 GDP 相关，还与土地和资本价格有着密切关系。

虽然中国未公布资产负债表，但是可以预想，处于经济高速增长时期的中国，随着土地及资产价格急速上升，非金融资产及资产净值（国民财富）的增长应当是巨大的。

第二节　制定国际比较的标准

国民账户体系（SNA）是一套按照基于经济学原理的严格核算规则进行经济活动测度的国际公认的标准建议。这些建议的表现形式是一套完整的概念、定义、分类和核算规则，其中包含了测度诸如国内生产总值（GDP）之类项目的国际公认的标准（引自 SNA2008 的第 1.1 节）。总而言之，SNA 是由联合国等国际机构制定的国民经济核算的国际标准。为了比较各国的收入水平及经济增长率，了解各国经济的实际情况，几乎所有的国家都会进行国民经济核算，编制包括 GDP 统计在内的相关的收入及生产核算统计。

SNA 有 60 多年的历史，迄今为止已经进行了数次修订，修订内容包括 GDP 的定义、范围，甚至 SNA 的体系都可能发生变化。

最早的"SNA1953"也被称作"旧 SNA"，是指在经济循环中，特别是以国民收入的生产、分配、支出（国民收入账户）为对象，核算范围相对较小的体系。在 SNA1960 和 SNA1964 对 SNA1953 进行了小规模修订后，1968 年开始对已有 SNA 进行了大幅修订，将之前已经存在的关于国民经济的各种统计放入了 SNA 体系，形成由五大经济账户组成的 SNA 体系（见表 1-1），包括投入产出表（SNA 的 U 表、V 表）、资金循环统计（SNA 的资金筹集账户中的资金流量表）、国际收支核算（SNA 的国际收支平衡表）及国家资产负债表。"SNA1968"也被称作"新 SNA"，包含了实物、金融、流量及存量等所有方面的内容，逐渐发展成为一个记录"经济总体情况"的庞大体系。

表 1-1　国民经济核算的五大经济账户

国家资产负债表（NBS）	全国平衡表（存量）
投入产出表（IO）	商品和服务的生产成本结构和需求结构
国民收入账户（NIA）	国家整体收入和支出账户
资金循环统计（FOF）	国民经济的资金流动
国际收支统计（BOP）	出口、进口等与海外的经常交易

日本已有的统计体系较完善，各类统计在完成与 SNA 体系高度对接后，于 1978 年过渡到庞大的 SNA1968 体系。新中国成立初期，我国采用的是苏联的物质产品平衡表体系（以下简称 MPS 体系）。MPS 体系与 SNA 体系不同，包含内容仅限物质生产部门以及生产性服务部门，不包含非物质生产性的服务。中国由计划经济体制向社会主义市场经济体制转变之后，MPS 体系已经不能满足当时的统计需求，因此开始向 SNA 体系过渡。1984 年中国成立国民经济核算领导小组，由国家统计局制定了《中国国民经济核算体系（试行方案）》，该方案既采纳了 SNA1968 体系的基本核算原则，同时也保留了 MPS 体系的部分内容，开始向 SNA1968 体系过渡（见表 1-2）。

表 1-2　SNA 的历史及中国和日本的收入核算体系

国际标准	主要内容	中国	日本
SNA1953 （旧 SNA）	强调经济"流量"的"国民收入账户体系"	1984 年以前引进并发展 MPS（Material Product System）体系	自 1953 年以来每年公布《国民收入报告》，1966 年根据旧 SNA 进行统计
SNA1968 （新 SNA）	形成了包括五大核算表在内的更完整的国民经济核算体系	1984 ~ 1992 年 MPS 与 SNA1968 共存，1993 年过渡到 SNA1968	1978 年过渡到 SNA1968
SNA1993	进一步细分收入支出核算，提倡卫星账户的编制，引入 GNI 的概念	2002 年过渡到 SNA1993	2000 年过渡到 SNA1993
SNA2008	引入"知识产权产品"（R&D 的资本化），应对金融资产的多样化	2016 年过渡到 SNA2008	2016 年过渡到 SNA2008

SNA1968 发布后，专家组召开多轮会议，讨论了 SNA 的修订方案，25 年后推出的 SNA1993 是对 SNA1968 进行了全面修订的核算体系。SNA1968 是冷战时期西方发达资本主义国家的国民经济核算的指南，但随着冷战的结束，SNA1993 成为包括社会主义国家在内的所有国家的核算指南。可以说，自 SNA1993 开始，SNA 成为真正意义的"国际标准"。

另外，SNA1993 由联合国（UN）、欧洲共同体（EC）委员会、国际货币基金组织（IMF）、经济合作与发展组织（OECD）和世界银行共同组织修订并发行，IMF 主导的资金循环统计和国际收支统计也与 SNA 的指南保持一致，所有统计都朝"向 SNA 靠拢"的方向协调。

SNA1993 提出了"混合收入"的概念，并且明确了"消费概念的二元化"、扩大了固定资产概念。账户体系也进行了相应的调整，特别是对原有的收入支出账户进行进一步分解（分为收入初次分配账户、收入二次分配账户、实物收入再分配账户、收入使用账户）。另外，在原有的主体系统的基础上，提倡编制"卫星账户"① 作为扩展的核算体系。

SNA1993 公布后，中国国家统计局根据 SNA1993 的标准对原有的国民经济核算体系进行了大幅修订，删除了原来保留的 MPS 核算内容，制定了《中国国民经济核算体系（2002）》并于 2003 年发布实施，真正意义上全面转向 SNA，与国际标准正式接轨。日本是最早采用 SNA 体系的国家之一，相关机构根据 SNA1993 积极进行核算标准的修订工作，于 2000 年过渡到 SNA1993 体系（将 1990 年标准改为 1995 年标准）。

在 SNA1993 公布 10 年后，为了应对全球化等新的经济形势，自 2003 年提出对 SNA1993 进行修订的决议后，经过 5 轮修订讨论，2008 ~ 2009 年联合国公布了 SNA2008，它是目前最新的国际标准核算体系。与 1993 年对 SNA1968 的修订幅度相比，SNA2008 保持了 SNA1993 中的国民经济核算的基本框架，在体系上并未进行改变，只是对有关内容进行了丰富和完善。SNA2008 引入了新的"资本服务"的概念，还进一步强调了知识产权产品的重要性，将研究开发（R&D）作为资本形成处理。特别是针对急速发展变化的金融部门，明确并细化各种相关概念，对各种核算处理方法进行了改进。随着全球化的发展，中介贸易和加工贸易的处理方式也发生了变化。另外，进一步明确了一般政府、公共部门、民间部

---

① 卫星账户是指在与主体系保持一致性的同时，对政策方面重要领域相关信息进行整合的核算，如环境与经济的综合核算卫星账户（Satellite System for Integrated Environmental and Economic Accounting, SEEA）、无偿劳动的货币评价账户、保育卫星账户等。

门的分类标准。

自 2013 年开始，中国根据 SNA2008 的规定对国民经济核算体系进行修订，2016 年国家统计局印发实施《中国国民经济核算体系（2016）》，标志着中国的国民经济核算与 SNA2008 基本衔接，正式过渡到 SNA2008。日本也在 2016 年修改了核算标准（将 2005 年标准改为 2011 年标准），正式过渡到 SNA2008。

第三节　SNA 和基础统计

反映经济整体状况的 SNA 是经济统计的集大成，是经过高度加工的统计方式。通常来说，基础统计是一次统计，由调查统计及业务统计收集的数据形成，如图 1-5 所示。对基础统计进行加工后形成二次统计，也就是加工统计。日本的统计法将经过重新加工的国民经济核算指定为基础统计，并将 SNA 定位为经济统计体系改进及完善的核心位置。中国国家统计局在 1993 年之后，将 SNA 作为国民经济核算的基本原则，并根据 SNA 的改进，不断修正核算方法，成为中国国民经济核算体系改革和发展的基本目标。

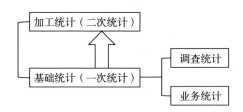

图 1-5　基础统计和加工统计

对 SNA 中的核心指标 GDP 进行核算时，几乎需要动用所有与社会经济相关的调查及抽样调查的结果，另外，需要配合大量的业务数据和资料。基于各种基础统计估算出的 GDP，精确度当然依赖于基础统计资料的丰富程度和准确度。

虽然 SNA 是公认的国际标准，但由于各国统计制度的不同，现有的基础统计（一次统计）也存在差异，因此，在推算 GDP 时不同国家可能会采用不同的估算方法。例如，迄今为止，日本的"季度 GDP 速报"只公布支出系列（消费、投资、进出口等需求方面）的季度 GDP，而中国只推算了生产方面的季度 GDP。

但是，其他发达国家几乎都是以生产、分配、支出这三个尺度估算和公布季度GDP 的。本书的第四章考察了中国和日本 GDP 的核算方法，由于中日在 SNA 的引进以及基础数据等方面存在较大差异，因此，所采用的 GDP 核算方法也存在较大差异。

第四节　SNA 与 MPS 体系

SNA 与 MPS 都是联合国承认的核算体系。由于市场经济在全世界范围内的推广，SNA 逐渐取代了 MPS 成为现在唯一被采用的核算体系。虽然 MPS 核算体系已经成为历史，但是其中的一些理念仍然具有参考价值。以下对 SNA 及 MPS 的差异及主要指标进行比较。

一、SNA 与西方宏观经济理论

SNA 是建立在西方宏观经济理论基础上的核算体系，其中效用论对 SNA 体系有着深刻影响。效用论认为，生产不是创造物质而是创造效用，并且生产不仅创造效用，也创造价值，商品的价值取决于效用。创造任何具有效用的物品，就等于创造财富，这是因为物品效用就是物品价值的基础（萨伊，1963）。

根据效用论，商品的价值由效用决定，因此，除了劳动能够创造商品价值，资本和土地也同样可以创造价值。劳动获取工资、土地获取地租、资本创造利润，三种生产要素创造效用时付出的代价就是生产费用。效用论将"生产三要素"看作价值的源泉，要素活动均属于生产活动。另外，按照分配法计算的国民收入是工资、利润、地租及税收的加总。早在 18 世纪，上述的效用论及收入分配理论就已提出，SNA 继承了这些理论的观点。在效用论的基础上建立的国民经济核算，不区分物质生产领域和非物质生产领域，将所有的生产和服务都包含在生产的概念中加以核算。

宏观经济学是在凯恩斯的《就业、利息和货币通论》一书出版后发展起来的，SNA 也产生于同一时代，成为政府干预经济、管理经济的有力工具。宏观经济学以整个国民经济活动为考察对象，探求经济中的总量变化。宏观经济中的国民收入均衡公式为：$Y = C + I + (X - M)$，总需求和总供给相等，这也是 SNA 的重要内容之一。SNA 是以宏观经济学的均衡理论为基础的一套完整的指标体系，既系统反映了经济循环的全貌，也说明了经济循环过程中的均衡情况。

宏观经济学将整体的经济活动定义为企业、政府、居民和国外四大部门之间的交易，分四大部门来考察收入流量。SNA 的账户以此为依据，次级账户分为产业部门、政府劳务生产者、居民家庭及非营利私人非劳务生产者。宏观经济学的均衡理论也表现在 SNA 账户体系的设计上，SNA 的账户分为生产账户、收入·支出账户、积累账户和国外账户，包含了宏观经济四大部门之间的交易。宏观经济学不仅包括流量分析，而且还进行存量分析，SNA 除了上述表现流量的账户外，还设立了期初与期末的资产与负债，反映了期末价值的变动，这也表现了一国的经济存量。

总之，宏观经济理论是 SNA 的理论基础，效用论、流量、存量以及均衡理论决定了 SNA 的账户设置、部门分类及各项指标的内涵，进而决定了 SNA 体系的构建。

二、SNA 与 MPS 的指标比较

SNA 对生产的定义与 MPS 不同，SNA 的生产活动原则上是所有经由市场交换的货物及服务的生产，而 MPS 是依据马克思经济理论对生产进行定义的，认为唯有生产劳动创造物质产品，而非生产劳动是再分配对象。因此，MPS 体系对国民经济进行核算时，仅仅核算物质生产部门的价值，在物质生产领域中，除了产品生产活动外，农业、矿工业、建筑业、运输（指货物运输，不包括旅客运输）、通信以及商业和餐饮业的产品流通环节（货物运输、货物交易）消耗的劳动也属于生产，是生产过程的延长，被称为生产性服务。

非物质生产活动是为了满足社会成员的个人文化和日常需求及集团社会需求所提供的有益服务。非物质生产活动所投入的社会劳动并不能增加社会的物质总量。非物质生产活动既包括住宅及家庭服务、医疗、教育及文化等，也包括社会福利的相关服务。非物质生产活动由于不生产任何产品，生产的结果并不能形成国民收入，只能作为生产成果的再分配。

SNA 体系的中心指标是 GDP，MPS 体系中的主要统计指标为：①社会生产的总产品（物质生产部门的产出额）；②国民收入或产品的净生产（＝①的社会生产的总产品减去产品和产品服务的中间使用和固定资本损耗）。由表 1-3 的封闭经济投入产出模型可以反映出 SNA 和 MPS 体系的主要指标在定义上的差异。

表 1－3　投入产出模型（封闭经济）　　　　　　　单位：兆日元

SNA 体系

中间投入		中间使用		最终使用		总产出
		物质生产部门	非物质生产部门	最终使用	总资本形成	
中间投入	物质生产部门	①	⑤	⑨	⑪	A
	非物质生产部门	②	⑥	⑩	⑫	B
增加值	净增加值	③	⑦			
	固定资本损耗	④	⑧			
总投入		A	B			

MPS 体系

中间投入		中间消费		最终消费		总产出
		物质生产部门	非物质生产部门	最终使用	总资本形成	
中间投入	物质生产部门	①	⑤	⑨	⑪	A
	非物质生产部门	②	⑥	⑩	⑫	B
	净增加值	③	⑦			
	固定资本损耗	④	⑧			
总投入		A	B			

根据 SNA 体系，可得到以下关系：

总产出（中间使用＋最终使用）＝总投入（中间投入＋增加值）

如表 1－3 所示的 SNA 体系的主要指标存在以下关系：

$$经济活动的产出 = [\underbrace{①＋⑤＋⑨＋⑪}_{A(总产出)}] + [\underbrace{②＋⑥＋⑩＋⑫}_{B(总产出)}]$$

$$= [\underbrace{①＋②＋③＋④}_{A(总投入)}] + [\underbrace{⑤＋⑥＋⑦＋⑧}_{B(总投入)}]$$

那么，国内生产总值由以下公式得出：

GDP（生产法）＝（A－①－②）＋（B－⑤－⑥）＝（③＋④）＋（⑦＋⑧）

GDP（支出法）＝⑨＋⑩＋⑪＋⑫

国内净生产 NDP＝③＋⑦

根据 MPS 体系，除物质生产部门的中间使用外，都称作社会总消费（非物质生产部门的中间消费＋最终消费），主要核算指标如下：

社会总产品 GSP（物质生产部门的生产产品）

＝A［物质生产部门（①＋⑪）＋社会总消费（⑤＋⑨）］

国民收入（社会净生产 NSP）＝A－（①＋④）＝②＋③

表 1－4 就是将日本 2010 年投入产出的数据分为生产部门与非生产部门，得到 MPS 的相关指标。

表 1-4　2010 年日本投入产出表　　　　　单位：兆日元

		中间使用		最终使用
		物质生产部门	非物质生产部门	
中间投入	物质生产部门	253	74	225
	非物质生产部门	54	42	253
净增加值		200	174	
固定资本损耗		45	59	
总产出		552	349	

资料来源：根据日本内阁府发布的《2010 年 SNA 投入产出表》计算（https：//www.esri.cao.go.jp/jp/sna/data/data_ list/sangyou/files/files_ sangyou.html）。

根据表 1-4 对比 SNA 和 MPS 的主要指标，SNA 体系的主要指标为：总产值 901 兆日元，国内生产总值 478 兆日元，国内生产净值 374 兆日元；MPS 体系的主要指标为：社会总产品 552 兆日元（物质生产部门的产出额），国民收入 254 兆日元 ［ =552 -253（物质生产部门的中间投入）-45（固定资本损耗）］。

三、开放经济条件下的 MPS

由于 MPS 体系仅仅考虑物质生产部门，因此，在封闭经济条件下，非物质生产部门的服务并不在生产及国民收入核算的范围内，被当作再分配项目进行处理。但是，在开放经济条件下，包含了进口及出口等项目，而这些项目将影响国民收入，不能够当作再分配项目。因此，本书将非物质生产部门的净出口（出口 -进口）当作 MPS 的生产进行处理后，扩大了社会总产品及国民收入所涵盖的内容。

根据表 1-5，开放经济条件下，SNA 体系下的 GDP 存在如下关系：

GDP(生产法) =（A -① -②）+（B -⑤ -⑥）=（③ +④）+（⑦ +⑧）

GDP(支出法) =（⑨ +⑩）+（⑪ +⑫）+（⑬ +⑭）-（⑮ +⑯）

MPS 体系在加上进口和出口之后，存在以下关系：

社会总产品 GSP（物质生产部门的生产 +非物质生产部门的净出口）= A +⑭ -⑯

国民收入(社会净生产 NSP) =（A +⑭ -⑯）-（① +④）=② +③ +⑭ -⑯

上述公式中，② +⑭ -⑯是劳动、资本及非物质生产部门对社会总产品的贡献。

表1-5　竞争进口性投入产出模型

		中间使用		最终使用			进口（扣除）	总产出
		物质生产部门	非物质生产部门	最终使用	总资本形成	出口	进口（扣除）	总产出
中间投入	物质生产部门	①	⑤	⑨	⑪	⑬	⑮	A
	非物质生产部门	②	⑥	⑩	⑫	⑭	⑯	B
增加值	净增加值	③	⑦					
	固定资本损耗	④	⑧					
	总投入	A	B					

表1-6是将日本2017年投入产出的数据分为包括进出口数据在内的物质生产部门与非物质生产部门，得到MPS的相关指标。

表1-6　2017年日本投入产出表　　　　　单位：兆日元

		中间使用		最终使用			进口（扣除）	GDP（支出法）	总产出
		物质生产部门	非物质生产部门	最终使用	总资本形成	出口	进口（扣除）	GDP（支出法）	总产出
中间投入	物质生产部门	295	75	174	114	80	-89	278	648
	非物质生产部门	60	48	238	23	15	-11	264	372
增加值	净增加值	232	232						
	固定资本损耗	61	61						
	总投入	648	372						

资料来源：根据日本内阁府发布的《2017年SNA投入产出表》计算（https://www.esri.cao.go.jp/jp/sna/data/data_list/sangyou/files/contents/snaio_b27_menu1.html）。

由于日本的SNA投入产出表中，无法将运输及邮政行业中的货物运输和旅客运输进行分离，因此表1-6的非物质生产部门仅包括了金融保险业、房地产业、科学技术、商务服务业、公务、教育、卫生保健及其他服务业，未包含运输服务业。

根据表1-6可知，SNA体系的主要指标为：总产出1020兆日元，国内生产总值542兆日元，国内生产净值464兆日元；MPS体系的主要指标为：社会总产品648+15-11=652兆日元，国民收入648+15-11-(295+61)=296兆日元。

本章小结

最早的国民经济核算起源于魁奈的《经济表》，雏形是单纯的国民收入计算，之后结合宏观经济学理论，从市场经济理论角度出发，逐步发展成为包括国民收入账户、投入产出表、资金循环表、国际收支核算表及国家资产负债表五大经济账户在内的一个庞大的体系。SNA 体系是现在各国所采用的国民经济核算体系，成为世界各国进行国民经济核算的国际统一标准。

国民经济核算通过五大经济账户，记录一国的期初资产、生产、消费、积累、国外、调整及期末资产等过程，综合体现一国经济循环的状况。可以说，国民经济核算体系记录了国民经济循环的方方面面，是一国的"国家总账簿"或"一国经济的会计"，反映了各经济部门之间交易的实际情况、产品和劳务以及相应资金的流量和存量。国民经济核算体系成为记录一国"经济总体情况"的记账簿。

当今世界各国都采用 SNA 体系作为国民经济核算的标准，但 SNA 并不是唯一的国民经济核算体系，MPS 体系也是被联合国承认并曾经被苏联、东欧各国及中国等实行社会主义计划经济的国家所采用，但是由于这些国家逐步实行市场经济，其国民经济核算体系也由 MPS 体系转为 SNA 体系。

虽然现在已经没有任何国家采用 MPS 体系了，但是 SNA 体系对于服务业范围的不断扩大及对服务业统计的暧昧性被广泛质疑。MPS 注重生产忽视服务业的统计方式被广泛诟病，但是近年来，生产性服务这个概念被许多学者关注，并且将生产性服务业作为研究对象，也体现了生产及生产性服务业在经济中的重要地位。了解 MPS 核算体系是否能对 SNA 存在的问题提供一定的解决方案，也是值得今后深入思考和探讨的问题。

第二章 国内生产总值（GDP）核算中存在的问题

国内生产总值（Gross Domestic Product，GDP）是国民经济核算体系（System of National Accounts，SNA）中最重要的指标，SNA2008 第 6.82 节指出，"经济总体之国内生产总值这一概念的理论基础是，它应当衡量经济中所有常住机构单位生产的总增加值的合计"。GDP 统计无论在中国还是在日本抑或是其他国家，都是非常重要的核算指标，同时也是对各国宏观经济体量进行判断的依据。

GDP 核算是 SNA 的核心内容，由最初的体系的建立到最新的 SNA2008，都对 GDP 核算进行了细致的规定，并且在不同版本更新时，也都对 GDP 的核算方法和内容进行了不断的改进和完善。由于各国经济状况不同，尽管 GDP 核算在不断修订和完善，但是依旧存在很多问题。以下从 GDP 概念的定义、核算范围、核算方法等方面探讨 GDP 核算存在的问题。

第一节 GDP 相关概念

GDP 是衡量一个国家在一定时期内所生产的全部商品包括劳务的总和。在衡量 GDP 时，首先需要了解 GDP 的相关概念，包括"产品"（Product）的范围、"国内"（Domestic）的概念以及"总"（Gross）的含义等。以下对相关概念进行解释。

一、GDP 的生产范围

进行 GDP 核算时，首先需要对生产的概念进行界定并确定核算范围。GDP 中的 P（产品、生产），代表了生产。

"生产"是经济学中非常重要的概念，不同的学派对"生产"有不同的理解。例如，重商主义者认为，产品出口获得的货币价值大于产品的货币价值的那个部分是生产概念的劳动；18 世纪重农主义者认为农业生产是一国财富的唯一源泉；亚当·斯密认为工业生产与农业生产同等重要，均属于生产，但是排除了服务劳动。MPS 体系对生产的定义与亚当·斯密的定义接近，生产的概念仅限于物质生产，曾经采用 MPS 的中国及其他一些社会主义国家在很长一段时期只核算与物质生产相关的经济活动。到了 19 世纪末 20 世纪初，非物质生产在生产活动中日益重要，马歇尔提出包括服务在内的所有生产活动均为生产的观点，SNA 采纳了此种观点对生产进行界定。在 SNA 描绘的经济循环图中，生产是所有经济活动的起点，也是所有财富的源泉。SNA2008 对生产进行了以下定义："经济生产可以定义为在机构单位的控制与负责下，利用劳动、资本、货物和服务作为投入以生产货物和服务的活动。"[1] 换言之，只要这项活动为他人提供效用，该活动就属于生产，不仅限于有形的物质生产，也包括无形的服务活动，因此，所有具有效用并且能够获取收入的活动均被视为生产，应当纳入 GDP 的核算当中。

对于"生产"究竟涵盖什么，SNA2008 对生产的范围做了详细规定，包括：①生产者提供或准备提供给其他单位的所有货物或服务的生产，包括在生产这些货物或服务过程中所消耗的货物或服务的生产；②生产者为了自身的最终消费或资本形成所保留的所有货物的自给性生产；③生产者为了自身的最终消费或资本形成所保留的知识载体产品的自给性生产，但（按照惯例）不包括住户部门的自给性产品生产；④自有住房者的自给性住户服务；⑤雇佣付酬家政人员提供的家庭和个人服务的生产。[2]

对生产范围的界定，出于种种原因，存在一些不可忽视的问题，最典型的是未剔除生产中负的外部效应，以及住户部门的自给性生产等问题，它们成为学者批判的焦点。

根据 SNA2008 的第 6.47 节，"非法生产不涉及外部效应的产生，如污染物的排放。外部效应可能产生于完全合法的生产过程。外部效应的产生并不需要得到受影响单位的同意，SNA 也不虚拟估算其价值"。生产中的污染物不仅未被剔除，反而成为生产的一部分。日本公害政治经济学的倡导者，同时也是三面等值原则的提出者及命名者的著名学者都留重人（1976），举出以下例子："假如 A 国和 B 国拥有完全相同的人口、资源，经济活动也都一致，唯一的区别是 A 国有蚊子而 B 国没有蚊子，在有蚊子的 A 国中，由于蚊香的畅销产生了额外收入，

①② 联合国等. 2008 年国民账户体系［M］. 国家统计局国民经济核算司，中国人民大学国民经济核算研究所译. 北京：中国统计出版社，2012.

而 B 国由于没有蚊子而导致蚊香不畅销，不能产生相关收入，因此收入规模相对较小。从健康、福利的角度来看，应该是收入较低的 B 国更受青睐，但是，显然 B 国的 GDP 低于 A 国。"当然也可以将蚊子换成污水和噪声，蚊香换成污水处理和噪声处理等，现实中类似的例子有很多。

从上述批判中可以知道，GDP 这个经济指标与真正反映一国的富足美满的指标还有一定差距，有时甚至存在相反的关系。日本在 20 世纪 60 年代的国民收入倍增计划中，曾经期待家庭收入及生活水平随着国民收入的倍增有大幅的提高，但是，伴随经济高速增长而来的是各种公害的发生及环境的恶化。日本民众开始质疑国民收入倍增计划，甚至当时新闻中出现了"见鬼吧 GNP"这样的极端词汇。现在中国的经济正在快速增长，环境污染也成为亟待解决的问题。

SNA2008 对生产的概念进行定义时，特别强调生产的范围不包括住户部门的大部分自给性服务，并在第 6.28 节中列出了具体的自给性服务内容，包括："①住户对其所住房屋的清洁、装饰和维护，包括通常由房主和承租人进行的小修；②包括家用车辆在内的住户耐用消费品或其他货物的清洁、保养和维修；③膳食的准备和提供；④儿童的看护、培养和管教；⑤病人、体弱者或老人的照顾；⑥住户成员或其货物的运输。"同时第 6.25 节指出，"另一方面，洗衣、做饭、照看儿童、看护病人、照顾老人等活动都可以由其他单位提供，因此在一般生产范围之内"。宏观经济学中经常有以下的例子，"某个男主人和女佣人结婚，男主人结婚前接受的是带薪的市场服务，结婚后，女佣人做相同的工作，只是由带薪服务变为无偿家庭劳动。虽然社会财富和福利没有发生任何改变，但是 GDP 却减少了"。以上是住户部门的自给性服务交由其他单位提供时，就成为"生产"的统计范畴的经典例子。日本前首相安倍晋三为了促进日本经济的增长，提出了"安倍经济学"，其中"女性的活跃"是非常重要的一部分，主张将从前主要由女性担当的家务、育儿等无偿劳动进行市场化，指出如果日本女性都加入市场的生产活动，就能使日本的 GDP 增加，带动日本整体经济的增长。安倍的主张可以说是上述例子的相反版本。上述例子反映出，GDP 的增长或减少很可能反映的是数字的变化，而并非经济实际状况的改变。

表 2-1 的 GDP 的生产范围反映出，物质生产原则上都包含在 GDP 中。例如，农民留为自用的粮食生产及企业自用的设备生产等虽然未进入市场交易，但是也包含在 GDP 中。关于服务的生产，原则上仅限定于提供给其他经济主体而进行的生产，住户成员为自身最终消费而进行的服务生产则不包含在内。

表 2 - 1　GDP 的核算范围

	面向市场的生产	政府和非营利团体的非市场生产	自给性生产
属于 GDP 的生产	所有商品和服务的生产	所有商品和服务的生产	实物生产、自有住房服务
不属于 GDP 的生产			住户部门的大部分自给性服务、"自己动手"进行的耐用消费品和住房的维修和保养

表 2 - 1 中，"自有住房服务"是 SNA 中具有代表性的一种虚拟计算（Imputation），是国民经济核算中特有的概念，是指虽然享受的生产及服务并未提供给其他经济体，在市场上不存在交易的实际过程，但是，可以将未发生的交易过程虚拟为发生过的样子，对这种虚拟交易可能产生的支付金额进行计算。

通常，住在自有住房中的住户不需要缴纳房租，但是租住他人房屋时需要缴纳。如果没有虚拟计算，当拥有自我住房的居民租住他人的房屋，并且将房屋出租时，GDP 将计算自有住房的服务，如果拥有自我住房的居民住在自己的住房中，不用于出租，那么 GDP 就无法计算自有住房的服务。为了避免这种情况的发生，SNA 规定，住在自有住房的这部分人，虽然不需要缴纳房租，但是假设自己租用自己的住宅，根据市场的房屋租用价格，计算出"私有住宅的虚拟房租"，这就是 SNA 的虚拟房租的计算。换言之，各国在进行 GDP 核算时，实际上 GDP 没有发生改变，但是 GDP 核算的范围以及核算方法的不同，最终会导致核算结果产生很大差异。

对于虚拟计算一直存在赞成和反对两种不同观点。虽然针对自有住房进行了虚拟计算，但是对于没有报酬的家务、育儿等无偿劳动（Unpaid Work）未进行虚拟计算，未包含在现有的 GDP 统计当中（狭义的生产范围），许多学者对此提出异议。但是，这类生产活动未统计入 GDP 的原因，除了未经过市场难以进行准确核算之外，更重要的是如果将住户的自给性服务算入 GDP 中，宏观经济政策中 GDP 的有效性将受到损害。正如 SNA2008 的第 6.31 节所指出的："如果将生产范围扩大至包括住户服务的自给性生产，则几乎所有成年人口都是经济活动人口，失业也就不存在了。"那么，GDP 就难以成为经济景气动向判断的指标。

不同国家的非市场家庭服务的规模不同，随着经济发展，非市场的家庭服务可能发展为有偿服务。例如，"美团""饿了吗"及"盒马生鲜"等服务的出现，许多家庭改变了原有家庭中制作膳食的方式，将一部分或者是大部分的膳食变为由其他机构提供，原有的无偿服务转变为有偿服务。因此，经济越发达地区非市场的家庭服务比重越小，而有偿的市场服务比重越大。

经济发展水平越高，原有非市场的家庭服务越会走向市场，GDP 规模快速扩大，而现有将非市场家庭服务排除在外的 GDP 核算，导致由于不同国家的非市场服务规模不同，出现各国测算的经济规模并不完全可比的现象。为了把握这些非市场的家庭服务的准确数值，从 SNA1993 开始推荐开发卫星账户，提出基于第三方标准（可以代替人的活动）的广义生产范围与原有的生产范围平行存在的方案。对此类服务进行虚拟计算，对无偿劳动的货币价值进行评价，当作衡量GDP 及物质丰富程度的一种工具。现阶段以欧美各国为中心，正在尝试将无偿劳动转换为可以与市场经济活动可比的某种形式，推算出无偿劳动的货币价值，便于更清楚地了解各国实际的经济状况。

对无偿劳动的货币价值进行估算时，通常根据各项劳动的消耗时间以及应支付工资进行评价。当前货币价值的估算方法包括以下几种：①机会成本法（以下简称 OC 法），就是假设人们不在自家从事家务劳动，原有在自家从事家务劳动的时间成为外出工作赚取工资收入的时间。将在自家从事家务劳动放弃的外出劳动赚取工资收入的机会成本作为家务劳动的货币价值。但是在现实中，如何估算家务劳动时间是一个难点。人们不可能将所有在家时间都用于家务劳动。如果将所有除吃饭睡觉以外的在家时间均作为家务劳动时间，将过高估算无偿劳动的价值。②分行业替代成本法（RC－S 法），就是计算在市场购买类似服务所需要的费用，即利用从事该职业的工资作为评价无偿劳动的货币价值。但是由于一般人员在进行家务劳动时的劳动生产率往往低于专门从事该职业的劳动人员，利用专业人员的工资标准可能高估无偿劳动的价值。③综合替代成本法（RC－G 法），就是通过计算雇佣保姆进行家务劳动时用于支付保姆的工资作为评价无偿劳动货币价值的方法。但是某些无偿劳动，例如对子女的教育、对家中病人的看护等，非专业人员难以胜任，因此会低估无偿劳动价值。

表 2－2 是日本内阁府采用以上三种方法估算的日本无偿劳动的货币价值。比较三种推算值可知，OC 法的估算值最高，RC－S 法次之，RC－G 法最低。由于不同的方法存在不同的问题，可以根据三种方法综合考虑无偿劳动的货币价值。根据日本测算的数据显示，无偿劳动在 GDP 中的占比为 14% ～30%。由于无偿劳动的计算需要大量的基础数据，包括中国在内的很多国家并未进行相关统计，也未公布相关的统计数据，因此本章未能列出中国的无偿劳动的规模。

表 2 - 2　日本无偿劳动的货币价值及在 GDP 中的占比

单位：10 亿日元，%

年份	名义 GDP	OC 法		RC－S 法		RC－G 法	
		货币价值	GDP 占比	货币价值	GDP 占比	货币价值	GDP 占比
1981	268831	53264	19.8	52412	19.5	37339	13.9
1986	350345	71828	20.5	67750	19.3	49037	14.0
1991	482845	98858	20.5	90983	18.8	66723	13.8
1996	525807	116115	22.1	105733	20.1	76069	14.5
2001	523005	128815	24.6	110777	21.2	86946	16.6
2006	526880	131869	25.0	107483	20.4	90629	17.2
2011	491409	138506	28.2	108194	22.0	97383	19.8
2016	538446	143084	26.6	111955	20.8	101412	18.8

注：1996～2016 年名义 GDP，引自 2016 年国民经济核算（2011 年基年，SNA2008）（2017 年 12 月公布）；1981～1991 年名义 GDP，引自 2011 年基年，支出法 GDP 系列（2018 年 1 月公布）。

资料来源：日本内阁府 2018 年发布的《关于家务活等的评价》（2019 年 6 月 17 日修订）。

　　根据日本公开发布的无偿劳动的数据可知，对无偿劳动的估算方法的不同将导致估算结果产生非常大的差异。如果将无偿劳动算入 GDP，各国可能由于采用不同的估算方法导致 GDP 的结果产生较大差异，因此，现阶段的 GDP 不包含无偿劳动，而是作为卫星账户进行统计的方式是值得推荐的。

二、国内概念和国民概念

　　GDP 中间的 "D"（Domestic）代表的是 "国内"，这是 "P"（生产）的第一个修饰词，说明 "生产" 是被限定在 "国内" 的活动。

　　在 SNA2008 中，"国内" 是指一国的经济领土，即以该国的地理领土为主体加上本国在国外的 "飞地"（包括海外的大使馆、领事馆、科研站、军事基地、援助机构等用地范围），减去国内的其他国家在本国的 "飞地"。

　　SNA 中与 "国内" 概念对应，"国民" 概念是大众所熟知的另一个总量概念。对于 "国民生产总值"（GNP）的概念通常将 "国民" 等同于 "国籍"，会出现各种误解。SNA 的目的是衡量一国的经济，因此，"国民" 并不是国籍的概念，而是以 "经济的利益中心" 作为基准，采用的是 "国民" = "居住者" 的概念。"居住者" 原则上是在当地居住 1 年以上的常住居民。企业的 "居住" 可以替换为 "经营活动"，也就是在一个国家区域内进行 1 年以上的经营活动就被认为是该国的 "居住者"。中国的 "居住者" 不仅仅包括中国的国内企业，在中国境内从事经营活动的外国企业的分公司、分店，如日本 AEON（永旺）超市的广州店铺也被当作是中国的"居民"企业，而中国在国外的分公司，并不属于中国的"居民"企业，因此不计入中国的 GNP 核算范围。

GDP 衡量的是国内的生产，而 GNP 衡量的是常住居民进行的生产活动。但是如果将 GNP 作为国民生产去理解的话，这个概念并不恰当，这是因为区分国内居民的生产和国外居民的生产在统计上是无法实现的。例如，用于生产的资本无法区分由国内居民提供还是由国外居民提供；另外，工厂的生产统计中也无法辨别哪些产品由本国居民生产，哪些由非本国居民生产。鉴于 GNP 统计的不可实施，SNA1993 中将 GNP 更名为 GNI（Gross National Income，国民总收入），进一步明确 GNP 衡量的不是居民生产而是居民收入，不能用"P"而应该用"I"，标志着 GNP 概念的废止。日本参照 SNA1993 的提议，在 2000 年过渡到"SNA1993"时，停止了对 GNP 名称的使用，中国也于 2003 年采用 SNA1993 后废弃了 GNP 指标的公布。

图 2-1 清晰地说明了 GDP 和 GNI 的区别。图中显示，居住者（常住居民）将劳动和资本的大部分提供给居民生产者（国内），小部分提供给非居民生产者（国外），从而获取收入；同样非居住者将所拥有的大部分劳动和资本提供给非居民生产者（国外），少部分提供给居民生产者（国内），获取相应的收入。GDP 是衡量国内居民生产者进行商品生产及服务的指标，不考虑生产要素由谁（居住者还是非居住者）提供。另外，GNI 衡量的是居住者提供劳动和资本所获取的收入，不考虑是提供给居民生产者（本国）还是非居民生产者（外国）所获取的收入。GNI 可以从 GDP $\pm\alpha$，即 GDP 加上居住者从海外获取的工资、利息以及分红等要素收入，再减去向海外支付的要素收入计算得到。换言之，GNI 是衡量作为居住者的"国民"将生产要素提供给国内外生产者所获取收入的一种指标。

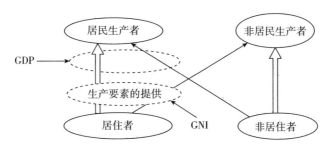

图 2-1　GDP 与 GNI 的区别

资料来源：作间逸雄. SNAが分かる经济统计学［M］. 有斐阁，2003.

日本在 1953 年第一次公布 GNP，GNP 伴随着日本的经济增长，成为"二战"后日本经济高度增长的代名词。图 2 - 2 描述了中国和日本的 GNI（GNP）和 GDP 差值率的变化。

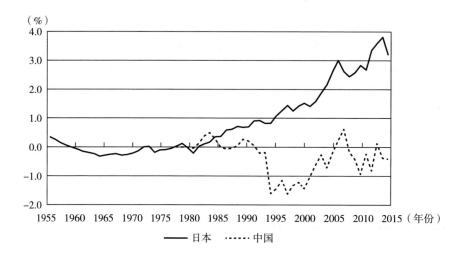

图 2 - 2　中日 GNI（GNP）和 GDP 的差值率趋势的比较

注：这里的差值率是根据（GNP - GDP）÷GDP 计算得出的。

资料来源：日本 1955～1998 年根据内阁府（2001）《国民经济核算报告（长期追溯主要系列　1955～1998 年)》算出，其后根据内阁府（2018）《2016 年国民经济核算年报》算出；中国的数据根据《中国统计年鉴 2018》计算得出。

日本在企业未走向海外时，GNP 和 GDP 在数字上没有太大差异。国民基本居住在本国国内，仅作为国内企业的生产要素的供给者获取收入，因此国民收入基本是依赖于国内的生产活动，换言之，生产 = 收入。随着经济国际化的进展，国际资本的流动性大幅提升，GNI（GNP）和 GDP 的差值开始增大。自 20 世纪 70 年代后半期，日本企业的海外业务开始活跃，海外利润增加在最初几年并不明显，但是 20 世纪 80 年代后半期开始迅速攀升。日本从海外获取的收入和对海外支付的收入之间的差额——"海外净收入"，在 1985 年第一次超过了 1 兆日元，之后继续稳步增长，2007 年达到 16 兆日元，2015 年进一步攀升到 20 兆日元以上。1996 年日本的 GNI（GNP）和 GDP 的差值率就达到了 1%，2015 年高达 3% 左右。

来自海外的要素收入和对海外支付的要素收入由于受决算期等因素影响，可能发生不规则的变动，因此 GNI（GNP）不规则的增减率，尤其会对季度景气的动向判断产生不良影响。从 20 世纪 90 年代后期开始，GNI（GNP）被 GDP 所替代，GDP 成为经济增长及经济景气判断的指标。

图 2-2 显示了中国的 GNI（GNP）和 GDP 的差值率的变化方向与日本相反，GDP 高于 GNI（GNP），说明中国来自海外的要素收入远远低于支付给海外的要素收入。中国 GDP 核算始于改革开放初期的 1978 年，直至 20 世纪 90 年代前半期，GNI（GNP）与 GDP 之间几乎没有差距。1993 年邓小平南方谈话以后，中国开始大量引进外国资本，1995 年起与日本的反方向变动的 GNI（GNP）和 GDP 之间的差距日渐明显，说明外国资本对中国经济的高速增长做出了巨大贡献。2000 年以后，由于中国资本开始流向海外，GNI 和 GDP 的差距出现逐步缩小的趋势。

三、"总"概念和"净"概念

GDP 开头的字母 G（Gross，总）也是"生产"的修饰词，换言之，就是作为"总"概念的"国内生产"。对于这个"总"概念最多的误解，来自以下一些对 GDP 定义的解释。

GDP 可以定义为"一个国家（或地区）所有常住单位在一定时期内生产增加值的总额"。定义本身没有任何问题，但是对定义的解释常常会出现以下问题：P 是生产，D 是国内的，G 翻译为"总"，也就是总额、合计的意思，但是，由于 D 是"国内"，当然是"一国整体"，并不是一部分，因此没有合计的必要。

在 SNA 中的 G 是相对于 N（Net，净）的概念，"表示某些部分应该剔除，但是没有进行剔除"的状态，并非"加总"的概念。因此，GDP 中的 G 指的是未剔除"固定资本损耗"。

将各产业的产出（称为总产出）减去采购的原材料、零部件等中间投入所得的增加值（也称为净产出）作为当期生产成果的衡量指标仍然是不完全的。因为当期生产活动需要使用之前投资的机器设备等固定资产，因此应当剔除固定资产的损耗。GDP 剔除了固定资本损耗的部分就是当期新增的增加值，也就是净增加值，表示为 NDP（Net Domestic Product，国内净生产）。

支出方面 GDP 的"总固定资本形成"同样如此，"总"的概念不是由当期生产活动重新形成的"固定资本"的"合计"，而是实际计算的固定资本形成未剔除当前生产活动所消耗现存的固定资本。如果"总固定资本形成"与"固定资本损耗"等额，那么经济只能是单纯再生产，只有大于"固定资本损耗"的部分才是扩大再生产，成为新增固定资本。

净固定资本形成则真正反映了新增固定资本的数量。图 2-3 显示的是日本净固定资本形成的变迁过程。虽然日本自 1955 年开始 SNA 统计以来，扩大再生产成了常态，但是自 2008 年受到金融危机冲击之后至 2013 年期间，首次经历了"缩小再生产"。

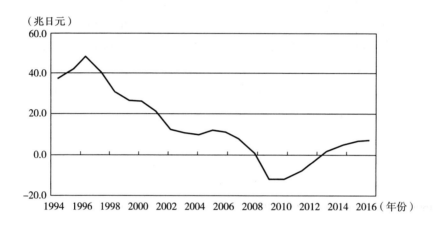

图 2-3 日本净固定资产形成的变迁

资料来源：根据日本内阁府（2018）《2016 年国民经济核算年报》计算得出。

但是，现实的固定资本损耗的估算在实际操作上是非常困难的。固定资本损耗不是流量，而是存量，因此迄今为止积累的固定资本的准确统计实际上几乎不存在。另外，由于当代技术的日新月异，设备迭代更换年限不断缩短，以致对固定设备使用年限的估算等也非常困难。因此，比起 NDP，GDP 在现实中得到更加广泛的应用。

第二节　GDP 核算时存在的问题

理论上，对 GDP 可以从价值形成角度进行核算，衡量生产所创造的价值；也可以从分配角度进行核算，衡量收入的分配；还可以从支出角度进行核算，衡量收入的使用。以上三个角度的核算结果分别称为生产法 GDP、收入法 GDP 和支出法 GDP，三者应当保持一致。各国进行 GDP 核算时采用何种方法，通常根据实际数据的可获取状况来决定。利用三种方法进行 GDP 核算时都会产生现阶段无法解决的问题。以下针对 SNA2008 中关于 GDP 核算的具体方法，指出核算过程中可能存在的问题。

一、生产法 GDP 核算中存在的问题

生产法 GDP 的公式为：GDP = 总产出 − 中间投入（消耗），因此核算的关键是对产出和中间消耗进行核算。虽然 SNA 对各产业甚至产品如何进行核算进行了细致详尽的规定，但是往往由于各国的数据采集及现实状况的不同，仍然出现各国 GDP 的不完全可比。以下分别对产出及中间消耗的规定所涉及的问题进行分析。

首先，对产出的核算。各国在衡量产出时采用的价格不同，导致各国核算的 GDP 并不完全可比。SNA2008 中第 6.75 节指出："中间投入通常按购买者价格计算，而产出按基本价格计算，当基本价格无法获得时就按生产者价格计算。"基本价格和生产者价格的差异在于，基本价格不包括产品税，但是包括政府补贴，而生产者价格包括产品税，但不包括政府补贴。通常来说，产品税大于政府补贴。因此，按照生产者价格计算的产出往往高于按照基本价格计算的产出。不同的国家根据各自的数据来源可能采用不同的价格，采用生产者价格计算产出的国家就会出现高估本国 GDP 的现象。

其次，对中间消耗的核算。SNA2008 的第 6.213 节对中间消耗进行了如下定义："中间消耗是指生产过程中作为投入所消耗的货物和服务的价值，但这里的投入不包括固定资产，对后者的消耗要记录为固定资本消耗。"并且指出："中间消耗也不包括企业所拥有固定资产的逐渐磨损而引起的成本；核算期内固定资产价值的下降额被记录为固定资本消耗。但是，中间消耗中包含为使用固定资产所支付的租金，包括通过经营租赁从其他单位租借的设备或厂房，以及上述许可协议中应付的服务费佣金和版税等。"以上解释可以这样去理解，如果所用的固定资产是租借而来的，那么就应当计入中间消耗，不计入增加值。但是，如果购买自用，就记录为固定资本损耗，计入增加值。如第 6.238 节所指："通过经营租赁租用而不是购买来取得建筑物、机器或设备，此类行为可能会对中间消耗与增加值的比例以及增加值在生产者之间的分配产生很大影响。经营租赁之下建筑物、机器或设备的租金支出构成了服务的购买，应记录为中间消耗。但是，如果一个企业拥有自己的建筑物、机器和设备，与其使用相关的大部分成本都不计入中间消耗。"如果某设备生产企业并非以销售的形式将设备交付给客户，而是以出租的形式租给客户，虽然是相同的设备，但是由于处理方式的不同，第一种会成为增加值的一部分，而第二种则成为中间消耗的一部分。SNA2008 第 7.14 节

也指出："相比生产者自有资产的情形，租用固定资产而导致的租金支付将会减少总增加值。"

在中间消耗的核算中，问题较大的就是中间消耗和固定资本形成之间的界限问题。依据 SNA2008 第 6.230 节规定，将研究开发视为资本形成，而并非中间消耗。通常研究开发是为企业服务，从经济学的角度看是一种成本，研究开发是否均能转化为产出或者转化效率如何，不同国家、不同地区间都可能存在差异。虽然 SNA2008 第 6.230 节进一步规定："除非这项活动明确地不会给其所有者带来任何经济利益，在这种情况下它被作为中间消耗处理。"但是，是否能带来经济效益的评定的时间性及权威性同样存在问题。

另外，SNA2008 第 6.226 节指出："保养、修理与固定资本形成之间的界限并不清晰。一般来说，对生产中所使用固定资产进行的日常定期保养和修理应作为中间消耗处理，包括更换坏损零件在内的日常保养和修理，是典型的辅助活动，但这些服务也可以由同一企业的独立基层单位提供或者从其他企业购买。"上述规定可以这样理解，同样是保养修理，如果是企业内部提供，则中间消耗不算入 GDP 中，如果由其他独立单位提供，则成为 GDP 的一部分，这与家庭服务存在类似之处。

二、收入法 GDP 核算中存在的问题

总增加值是一种生产测度，由产出和中间消耗决定，与上文提到的 GNI 的概念不同。SNA2008 第 7.20 节和第 7.21 节指出，国民总收入（GNI）是所有部门初始收入总额加总后的总值。二者涉及的常住机构单位相同，二者的差异等于常住者从非常住者处获得的初始收入与常住者应付给非常住者的初始收入二者的差额（即来自国外的净收入）。但是，既然 GDP 与 GNI 都是通过对相同的常住机构单位集进行加总而获得，那就没有充分的理由将一个称为"国内"，将另一个称为"国民"。两项总量指标的测度对象都是由全体常住机构单位或部门所构成的经济总体，两者的差别不在于指标所覆盖的范围，而在于 GDP 是测度生产的，而 GNI 是测度收入的。

在进行收入法 GDP 核算时，是将增加值各要素进行加总。增加值各要素包括雇员报酬、营业盈余、混合收入、生产税和进口税、补贴以及财产收入等。财产收入中包含利息、公司分配收入、投资收入和地租等。与生产法 GDP 相比，收入法 GDP 核算的项目增加了许多，并且有些项目如雇员报酬与混合收入之间，难以划分明确的范围。

由于收入法 GDP 核算项目繁多，而且非常复杂，很多项目存在不确定性。举例来说，员工在完成工作时，可能涉及一些服装、旅费、搬迁费用等报销。报销费用应作为中间消耗处理，但是由于各公司的制度不同，有的公司作为薪酬发放给员工，由员工自行解决，那么这部分费用就成了雇员报酬而不是中间消耗。

虽然 SNA 在收入初次分配账户和收入再分配账户中对增加值各要素进行了具体细致的规定，但由于收入法 GDP 的核算烦琐而且难度很大，尤其是虚拟计算的内容庞杂，难以准确推算，因此绝大部分国家不采用收入法计算 GDP。

三、支出法 GDP 核算中存在的问题

支出法 GDP 是由支出角度测算的 GDP，反映了最终需求各项的使用。具体就是将最终消费支出、固定资本形成总额、出口减进口的余额进行加总，是各国在进行 GDP 核算时常用的方法。

支出法 GDP 中，最终消费支出占据份额较大，通常分为住户最终消费支出、一般政府部门的消费支出及 NPISH[①] 的最终消费支出。运用支出法 GDP 核算时，通常存在以下一些问题：

首先，最终消费支出与中间消耗的界限并不十分清晰。例如，通常以经营为目的发生的所有支出均不列入住户消费支出，只有直接满足人的需求的那部分支出才能包括在住户部门的最终消费支出中，但在部分企业，尤其是中小企业的企业主经常将汽车、家电等个人最终消费支出当作企业经营支出，而成为中间消耗，不计入 GDP。对于"自己动手"的房屋装饰及修理，如果是房东负责的，相关支出属于住房服务生产过程中的中间费用；如果是房客自己动手进行的，则属于最终消费支出，将计入 GDP。

其次，固定资本形成总额是指生产者在核算期内获得的固定资产减处置的固定资产，加上对附着于非生产资产价值上的某些服务的特定支出，是以固定资本形成总额、存货变化和贵重物品获得减处置的总价值来度量的（引自 SNA2008 的第 10.31 节和第 10.32 节）。

为了准确定义固定资本形成总额的覆盖范围，有必要先定义哪些是固定资产，哪些不是固定资产。SNA2008 的第 10.35 节这样定义固定资产，"固定资产是指那些在生产过程中使用超过一年的货物和服务"，这样的定义虽然可以说是

---

① NPISH 是为住户服务的非营利性机构或部门。

资产的界限，但是哪些服务应该包括在资产范围之内，难以一言以蔽之。

另外，对诸如建筑物或计算机软件等现有固定资产进行改良，可以作为固定资本形成总额的一种形式，而一般的维护和修理作为中间消耗处理。一般维修与资产的重大改良之间的界限并不明显，很难提供一个能使改良与修理相区别的简单的客观标准（引自 SNA2008 的第 10.43 节和第 10.45 节）。不同的区分将导致支出法 GDP 发生变化。

关于作为固定资本形成的研究和开发（R&D）的价值的计算问题，SNA2008 的第 10.103 节规定，原则上不向其所有者提供经济利益的 R&D 不形成固定资产，而应视作中间消耗。R&D 的价值应该按照它未来预期可提供的经济利益来决定，但是如何准确地对未来可提供的经济利益进行计算却是一个难题。除非能够直接测算 R&D 的市场价值，否则按照惯例，只能以其费用之和对 R&D 进行估价。但是这种估算受人为因素影响，估算结果会由于具体环境和状况的变化导致金额发生变化。

关于土地的价值，房屋或其他构筑物以及种植园往往与它们所坐落的土地一起被购买或出售，而不是对土地和构筑物分开估价。如果构筑物已经存在，那么，即使无法得到构筑物和土地各自的价值，但可以确定在其共同价值中是土地占大部分还是构筑物占大部分，从而可以根据价值较大者认定该笔交易属于土地购买还是构筑物购买。如果不能确定土地价值大还是构筑物价值大，那么按照惯例，这笔交易应算作购买构筑物，需要计入固定资本形成总额（引自 SNA2008 的第 10.177 节）。因此，即使是相同的土地，随着经济发展，建筑物价格上升，土地价格也随之上升，土地的价值会随着经济状况的变化而改变，从而影响 GDP 的大小。

由以上讨论可知，尽管 SNA 对 GDP 核算制定了非常详尽的细节规则，但是仍然存在很多目前无法解决的难题。由于各国的基础统计数据存在差异，虽然都采用 SNA 进行 GDP 核算，但是统计结果仍然会由于人为因素而产生很大差异。因此，对比各国 GDP 时，应当注意其中的不可比性。

第三节　中央与地方两级 GDP 数据的差异

GDP 是经过高度加工后的统计结果，从上文可知，其核算过程会受到很多人为因素的影响。各国在进行 GDP 统计时可能会因为基础统计数据或者数据来源的不一致而导致最终数据的不统一。这种现象不仅反映在不同国家 GDP 的统计结果中，同时也反映在各国中央和地方两级 GDP 的核算结果中。

多数人认为，地方 GDP 加总后应该和一国 GDP 一致，而 21 世纪初期，中国地方 GDP 的合计高于国家统计局公布的 GDP，引起国内外媒体的高度关注，许多媒体认为中国 GDP 造假，地方 GDP 有"水分"，同时怀疑中国 GDP 的真实性。中国中央和地方两级 GDP 不一致的问题成为当时人们关注的焦点。但是，地方数据的合计值与一国公布的 GDP 不相等并非中国独有的现象，日本在 20 世纪 90 年代也存在同样的问题，地方 GDP 加总后与中央的 GDP 值的差值率超过 10%，也是当时的焦点话题。近几年虽然有所改进，但是日本的地方合计数据与内阁府公布的一国的 GDP 仍然存在差异。

日本内阁府网站上对日本的县民经济核算进行以下说明："县民经济核算是指通过把握都道府县（以下称作县）内或者县民经济的循环和结构在生产、分配、支出等各方面的数据，明确县经济总体的实际状况，目的是作为综合性的县经济指标，对县的行政财政和经济政策制定提供帮助。"尽管日本内阁府对日本整体进行国民经济核算，但是日本各地方政府会针对各自的需求进行相应的统计。

日本的各都道府县从 1983 年开始过渡到 SNA1968，从 2002 年开始过渡到 SNA1993，均比国家晚两年实施新的 SNA，从 2018 年开始根据 SNA2008 标准进行了统计数据的编制和发布等工作。与此同时，日本内阁府提取整理所有都道府县的县内生产总值、县民收入、县内总支出及主要构成项目，以及实际经济增长率等主要指标，公布在《县民经济核算年报》上，同时也公布在内阁府"国民经济核算"（GDP 核算）的网站上。日本的"国民经济核算"由内阁府负责，将国内生产总值和国民总收入（Gross National Income，GNI）作为中心指标，而各地方政府分别自主进行"县民经济核算"，将县内生产总值（Gross Regional Product，GRP）和县民收入（=县民劳动者报酬+财产收入+企业收入）作为主要指标。另外，"人均县民收入"也是备受瞩目的指标。表 2－3 将县民经济核算划分为七个区域，公布了 2012 年和 2014 年七个区域的主要指标。

如表 2－3 所示，日本内阁府公布的县内生产总值的合计与日本国内生产总值（GDP）并不相等，2012 年的差值率为 5.4%，2014 年有所缩小，但也有 5.0%。另外，县民的收入合计与国民收入也不相等，2012 年的差值率为 7.7%，2014 年为 6.6%。

表2-3 日本县民经济核算和国民经济核算

单位：兆日元（总额），万日元（人均）

县民经济核算（1993SNA·2005 年基年计算）						
区域	县内生产总值		县民收入		人均县民收入	
	2012	2014	2012	2014	2012	2014
北海道·东北	58.0	59.8	43.3	44.3	255.1	264.4
关东	199.4	205.0	151.9	156.2	333.1	341.5
中部	76.2	78.5	57.3	58.7	316.3	325.2
近畿	77.8	80.7	58.9	60.9	282.6	293.6
中国	27.7	28.6	21.0	21.6	279.5	290.0
四国	13.5	13.8	10.1	10.4	257.8	269.1
九州	47.5	47.9	36.5	36.4	250.6	251.3
全县合计（平均）	500.2	514.3	379.0	388.5	297.2	305.7
国民经济核算（1993SNA·2005 年基年计算）						
	国内生产总值		国民收入（要素成本）		人均国民收入	
日本	474.5	489.6	352.0	364.4	276.0	286.8
差值率（%）	5.4	5.0	7.7	6.6	7.7	6.6

注：差值率＝（全县合计 - 日本）÷日本×100。

资料来源：日本内阁府（2017）《2014 年度县民经济核算年报》、日本内阁府（2016）《2014 年度县民经济核算年报》、日本内阁府（2015）《2012 年度县民经济核算年报》、日本内阁府（2015）《2012 年国民经济核算年报》。

究其原因，上文提到的关键词可能是解答这个问题的重要提示，就是国民经济核算是经过高度加工的统计，依赖于基础统计数据。日本基于统计法进行国民经济核算资金充足，而且基础统计也相当完备；而县民经济核算作为各都道府县的自主统计，仅由少数人员（各县 2~3 人）和仅有的预算进行，与内阁府主导的国民经济核算相比，各县的基础统计数据可以说相当贫乏。另外，各都道府县根据内阁府制定的《县民经济核算标准》进行估算，各县的基础统计资料的完备状况、估算的发展层次各不相同，各都道府县使用的推算方法也并不完全一致，因此，各县之间统计的精确程度也存在差异。日本内阁府计算的 GDP 并不是地方数据的加总，日本的县民统计和内阁府的统计是两套统计，两者之间出现差异是必然的。

中国的 GDP 核算采用的是分级核算制度，各地区统计局推算本地区的 GDP，国家统计局推算全国的 GDP。21 世纪初，各省份核算的 GDP 加总后与国家统局公布的数值出现了较大差异，尤其是 2004 年差值率达到了 19.3%（见表 2-4），引起广泛讨论。地方与中央数据的不一致源于统计方法和口径的不同，除地方预算较贫乏等与日本类似的原因之外，还存在企业跨地区经营而导致地区之间 GDP 的重复计算、资料来源存在缺口，以及个别地方政府出于政绩考虑高估 GDP 等因素（许宪春，2009）。为了防止中央和地方 GDP 统计差异扩大，中国对地区 GDP 核算方式进行改革，由国家统计局直接统一计算各地区 GDP 数据，以保证地区与国家 GDP 数据的一致性。虽然由中央统一核算地方 GDP 能够保持中央与地方统计数据的一致性，但是，地方统计在反映各地经济发展及建设的需求方面是不可或缺的，需要避免中央统一核算地方 GDP 而导致的地方统计的缺失及弱化，引起针对各个地方的特殊需求统计的消失。

表 2-4　1999~2018 年中国地区 GDP 总和与全国 GDP 的差值率　　单位：亿元

| 年份 | 生产法 GDP | | 差值率 | 年份 | 生产法 GDP | | 差值率 |
	地区合计	全国	（%）		地区合计	全国	（%）
1999	82494	81911	0.7	2009	365304	340507	7.3
2000	97209	89468	8.7	2010	437042	408903	6.9
2001	106766	97315	9.7	2011	521441	484124	7.7
2002	117515	105172	11.7	2012	576552	534123	7.9
2003	135539	117390	15.5	2013	634345	588019	7.9
2004	163240	136876	19.3	2014	684349	636139	7.6
2005	199206	184937	7.7	2015	722768	685506	5.4
2006	232815	216314	7.6	2016	780070	744127	4.8
2007	279736	265810	5.2	2017	847140	827122	2.4
2008	333314	314045	6.1	2018	914707	900310	1.6

注：差值率 =（地区合计 - 全国）÷ 全国 ×100。

资料来源：1999 年数据出自《中国统计年鉴 2000》，2000~2004 年数据出自《中国统计年鉴 2005》，2005~2009 年数据出自《中国统计年鉴 2010》，2010~2014 年数据出自《中国统计年鉴 2015》，2015 年数据出自《中国统计年鉴 2016》，2016 年数据出自《中国统计年鉴 2017》，2017 年数据出自《中国统计年鉴 2018》，2018 年数据出自《中国统计年鉴 2019》。

本章小结

GDP 是国民经济核算体系中最重要的指标，也是备受社会关注的指标，同时 GDP 作为经过高度加工的数据，需要根据统一的标准进行核算。SNA 的特征之一就是建立可比的国际标准，自 1953 年最初建立以来，经过不断发展和完善，它已成为现在各国进行 GDP 核算的国际标准。但是 GDP 核算依赖于基础统计数据，由于基础统计数据的不同，采用的核算方法也可能存在差异。在利用各国的 GDP 指标时，只有对 GDP 的概念、生产范围及核算方法中存在的问题有大致的了解，才能够更准确地对经济现象进行分析研究。

尽管 GDP 核算的细则和方法在不断完善，但是仍然存在很多现阶段无法解决的问题。例如，GDP 核算中一直被诟病的负的外部效应未被剔除，住户部门的自给性服务未能计入 GDP 等问题。除这些已被写入宏观经济教科书的问题外，由 SNA2008 可以了解到，GDP 的核算还存在很多不为大家所知的问题。

首先，在对产出进行核算时，各国可能采用不同的价格，采用生产者价格核算产出的国家就会高估产出，GDP 相对较高，而采用基本价格核算时，GDP 相对较低。其次，中间消耗与固定资本消耗的界限问题。设备的拥有形式影响 GDP 的总额，如果是租借，那么是中间消耗的一部分；如果是自有资产则成为固定资本损耗，是增加值的一部分。另外，保养、修理与固定资本形成的界限也不清晰，会根据提供保养的单位不同，GDP 的算法不同。在用支出法核算时，也存在最终消费支出与中间消耗的界限不清晰的问题，另外，固定资本形成的定义也是难以清晰界定的。这些问题都可能影响 GDP 的核算结果。

正是由于 GDP 核算的复杂性，在进行 GDP 核算时，可能会因为各种因素导致结果出现偏差。中国和日本均存在中央和地方两级 GDP 核算结果不一致的现象，也进一步证实了上文所提及的 GDP 核算存在很多模糊及难以准确核算的问题。在利用 GDP 指标进行比较研究时，需要了解其内在的一些问题，如此才能更加客观和准确地对它进行利用和判断一国的经济状况。

第三章 GDP 的三方等价
原则与投入产出表

GDP 的三方等价是经济研究中最重要的基本概念之一，理论上的三方等价在统计上是否可以实现？或者为了实现三方等价，在统计上应当如何处理？为了更好地阐述三方等价原则，本章引入投入产出表进行说明。

第一节 GDP 的三方等价原则

宏观经济学的三方等价原则是指在经济循环过程中，无论采用生产法、收入法还是支出法进行计算，GDP 均相等。GDP 的三方等价原则高度概况了经济循环的全部过程。

一、从简化经济看 GDP 的三方等价

图 3-1 通过简化的经济模型对三方等价进行描述。假设一国只由生产小麦的农户和将小麦加工成面粉的面粉厂及用面粉制作面包的面包店三个生产者组成，农户的生产不使用原材料，所需的生产要素只有土地和劳动，生产出价值 300 的小麦全部卖给面粉厂；面粉厂仅使用小麦作为原材料，利用设备进行生产加工，生产出价值 500 的面粉后，由面包店购入；面包店将面粉进行加工，形成了价值 1000 的面包。这个国家的公民消费了价值 800 的面包后，剩下价值 200 的面包成为库存。那么，从增加值的角度来看为 1000，如果计算最终产品，价值同样是 1000。

上述简化经济中，各生产者的生产账户（Production Account）如表 3-1 所示，增加值是总产出和中间投入的差值，成为生产账户的平衡项。以下通过表 3-1 考虑 GDP 的三方等价原则。

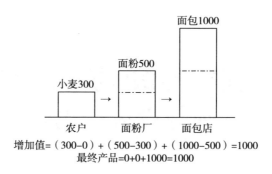

增加值=（300-0）+（500-300）+（1000-500）=1000
最终产品=0+0+1000=1000

图 3-1　从简化经济看 GDP 的三方等价

表 3-1　个体经济的生产账户

农户		面粉厂		面包店	
（借方）	（贷方）	（借方）	（贷方）	（借方）	（贷方）
中间投入 0	中间消费 300	中间投入 300	中间消费 500	中间投入 500	中间消费 0
增加值 300	最终消费 0	增加值 200	最终消费 0	增加值 500	最终消费 800
	总资本形成 0		总资本形成 0		总资本形成 200
总投入 300	总产出 300	总投入 500	总产出 500	总投入 1000	总产出 1000

　　首先，根据生产法计算 GDP。由于假定农户生产中的原材料使用为 0，右侧（称作"贷方"）的总产出（也称作"产出额"）为 300，直接成为左侧（称作"借方"）的增加值。面粉厂从 500 的总产出中减去生产中作为原材料所使用的小麦（称作"中间投入"）300，剩下的是 200 的增加值。面包店同样从 1000 的产出额中扣除作为中间投入的 500 的面粉，剩下的是 500 的增加值。将各个生产者的增加值加总得到的 1000 就是这个国家的 GDP（生产法）。

　　在 1000 的增加值中，有设备的折旧（称作"固定资本损耗"），有支付给面粉厂和面包店员工的工资（称作"劳动者报酬"），有支付给政府的税金（称作"生产税"），还有将剩余的余额记录在个体户的情况下就是"混合收入"，对于法人企业来说，是"营业盈余"（从中再支付给地主的地租和利息等，剩余的就是企业盈利）。

　　因此，由生产形成的增加值分配给各生产要素，或者根据各经济主体对生产活动的贡献所得到的第 1 次收入（也被称为要素收入）称为收入法 GDP。根据"营业盈余和混合收入"的定义（余值），收入法 GDP 和生产法 GDP 必定相等。如果用账户的形式表示，就是表 3-2 的"收入账户的产生（Generation of Income

Account)"说明的增加值及其各分配项目，"营业盈余和混合收入"是该账户的平衡项目。

表 3 - 2　收入账户的产生

（借方）	（贷方）
固定资本损耗	增加值
生产税	
（扣除）补助	
劳动者报酬	
营业盈余和混合收入	

支出法 GDP 基本上是最终产品的总和。首先，从生产账户的贷方开始，由于农户生产 300 的小麦作为原材料出售给面粉厂，面粉厂生产了 500 的面粉贩卖给面包店，因此，上述生产的产品均作为中间产品计入"中间消费"（或者说"中间使用"）当中，这个经济的最终产品是面包店生产的 1000 的面包。消费者（居民）购买了 800 的面包，成为"家庭最终消费支出"，面包店库存的 200 是投资（这种情况是"库存变动"），与"总固定资本形成"一起成为"总资本形成"，宏观经济学叫作"投资"，作为最终产品计入"最终消费"（或者说"最终使用"）。

如果面粉厂生产的 500 的面粉并非全部由面包店买入，一部分由家庭购入时（例如，自己制作面饼等），这部分就成为"家庭最终消费支出"的最终产品。

另外，由政府产生的非市场生产的产出额以成本进行核算，其中不被任何经济主体所使用（没有产生支付）的部分，被当作政府自身消费，计入"政府最终消费支出"当中。

表 3 - 3 是将表 3 - 1 的生产账户进行合计。合计的方法有两种：一种是将借方和贷方单纯进行加总，称作结合账户（Combination）；另一种是借方和贷方互相抵消，称作合并账户（Consolidation）。

如果将生产账户进行合并，贷方的中间消费（农户和面粉厂将原料出售给其他生产者 300 + 500）和借方的中间投入（面粉厂和面包店购买原材料 300 + 500）将会互相抵消，最终形成 GDP 账户（国内生产总值账户）。

在上述的简化经济中，没有出现"国外"部分。如果包含国外部分，如表 3 - 4 所示，生产账户中产出将新增面向海外需求的"商品和服务的出口"，另外，贷方中的中间投入将新增来自海外的"商品和服务的进口"。作为合并生产账户,由于满足国外需求的出口是最终产品,因此,"商品和服务的出口"也包含在贷方中。借方中作为中间投入的进口不会被贷方中(国产的)的中间消费抵消,仍旧会保留,但将从借方移至贷方,成为扣除项目。

表3-3 单纯加总的生产账户和互相抵消的生产账户

单纯加总的生产账户		互相抵消的生产账户	
(借方)	(贷方)	(借方)	(贷方)
中间投入 800	中间消费 800	增加值 1000	最终消费 800
增加值 1000	最终消费 800		总资本形成 200
	总资本形成 200		
总投入 1800	总产出 1800	GDP(生产法)1000	GDP(支出法)1000

表3-4 国内生产总值的账户

(借方)	(贷方)
固定资本损耗	居民最终消费支出
生产税	政府最终消费支出
(扣除)补助	总固定资本形成
劳动者报酬	库存增加
营业盈余和混合收入	商品和服务的出口
	(扣除)商品和服务的进口
国内生产总值(生产法)	国内生产总值(支出法)

二、国内生产总值的三方等价原则

国家统计局每年都公布国民经济核算的数据,可以在每年公开发行的《中国统计年鉴》上查找,以下从国家统计局发布的 GDP 数据来看 GDP 的三方等价原则。

表3-5是《中国统计年鉴》公布的 GDP 数据,其中,"国民总收入"是收入法 GDP,"国内生产总值"是生产法 GDP,"支出法国内生产总值"就是支出法 GDP。从 GDP 的三方等价原则来看,三者应当相等,但是从表3-5的实际公布数据来看,三者并不完全相等,有一定差额。总体来看,三种方法的测算值基本保持一致。根据《中国统计年鉴》中的说明,收入法 GDP 与生产法 GDP 的差额是来自国外的初次分配收入净额,而与支出法 GDP 的差额是由不同方法导致

的统计误差所致。

表 3 – 5　中国历年 GDP 的三方等价　　　　单位：亿元

	年份	收入法 GDP	生产法 GDP	支出法 GDP
《中国统计年鉴 2005》	1984	7207	7171	7164
	1990	18598	18548	18320
	1995	57495	57478	58511
	2000	88254	89468	89341
	2003	116741	117252	121730
《中国统计年鉴 2006》	1984	7244	7208	7363
	1990	18718	18668	19348
	1995	59811	60794	63217
	2000	98001	99215	98749
	2003	135174	135823	136399
《中国统计年鉴 2009》	2005	184089	183217	188692
	2007	259259	257306	263094
《中国统计年鉴 2010》	2005	185809	184937	187131
	2007	267764	265810	265834
《中国统计年鉴 2011》	2005	183619	184937	187131
	2007	266411	265810	265834
	2010	403260	401202	394308
《中国统计年鉴 2012》	2003	134977	135823	136613
	2005	183617	184937	187423
	2007	266422	265810	266599
	2010	399760	401513	402817
《中国统计年鉴 2015》	1984	7262	7226	7294
	1990	18825	18774	18968
	1995	60147	61130	61329
	2000	98562	99776	100073
	2003	135719	136565	137457
	2005	184576	185896	187767
	2007	268631	268019	269486
	2010	407138	408903	406581
	2014	634043	636139	640697

续表

	年份	收入法 GDP	生产法 GDP	支出法 GDP
《中国统计年鉴 2016》	1984	7314	7279	7346
	1990	18923	18873	19067
	1995	60357	61340	61539
	2000	99066	100280	100577
	2003	136576	137422	138315
	2005	185999	187319	189190
	2007	270844	270232	271669
	2010	411265	413030	410708
	2014	644791	643974	647182
《中国统计年鉴 2019》	2007	270704	270092	271669
	2010	410354	412119	410708
	2014	642098	641281	647182
	2016	737074	740061	745632
	2018	896916	900310	884426
《中国统计年鉴 2020》	2014	644380	643563	646548
	2016	988529	990865	745981
	2018	914327	919281	9194927

注：①2005 年，根据 2004 年第一次经济普查资料，按照《经济普查年度 GDP 核算方案》的要求，重新计算了经济普查年度（即 2004 年）国内生产总值数据，并利用趋势离差法（即先根据经济普查数据计算出历史数据的趋势值，然后利用原有历史数据实际值和趋势值的比率修订根据经济普查数据计算的历史数据趋势值，得到新的历史数据修订值）修订了 2004 年之前国内生产总值的历史数据。2006 年的年鉴中的数据是修订后的数据，2005 年数据是在修订后的 2004 年数据基础上计算出来的。

②2008 年是第二次经济普查年度，采用第一次经济普查的方法，修订了 2005 ~ 2007 年 GDP 的历史数据，2010 年的年鉴发布的数据是根据第二次经济普查的数据进行修订后的数据。

③2013 年是第三次经济普查年度，按照《中国第三次经济普查年度国内生产总值核算方法》的要求，重新计算了经济普查年度 2013 年的国内生产总值，并利用趋势离差法，修订了 1952 ~ 2012 年国内生产总值的历史数据。2015 年的年鉴中的数据是修订后的数据。

④2016 年，国家统计局改革研发支出的核算方法，将能够为所有者带来经济利益的研发支出不再作为中间消耗，而是作为固定资本形成处理。根据新的核算方法，国家统计局修订了 1952 ~ 2015 年国内生产总值历史数据，2016 年的年鉴中的数据是修订后的数据。

⑤2018 年是第四次经济普查年度，国家统计局依据经济普查数据和相关部门资料，修订了 1952 年以来的国内生产总值的历史数据，2020 年的年鉴中的数据是修订后的数据。

⑥根据《中国统计年鉴》的说明，国民收入与国内生产总值的差额是来自国外的初次分配收入净额。

⑦1984 ~ 1992 年，MPS 与 SNA1968 共存，1993 年过渡到 SNA1968，2002 年过渡到 SNA1993，2016 年过渡到 SNA2008。

资料来源：国家统计局出版的各年份的《中国统计年鉴》。

从表 3-5 公布的数据可知，国家统计局经常对已经公布的历史 GDP 进行修订。根据《中国统计年鉴》的说明，2006 年、2010 年、2015 年及 2020 年《中国统计年鉴》发布的 GDP 是根据经济普查（简称经普）的资料进行修订的，其中 2006 年和 2015 年是追溯修订了 1952 年以来的生产法 GDP 的历史数据，而 2010 年和 2020 年修订了相近年份的生产法 GDP，2020 年对支出法 GDP 进行了全面修订（表3-5进行了省略）。2016 年中国由 SNA1993 过渡到 SNA2008，GDP 的核算方法发生改变，随之数据也进行了全面的修订。2019 年公布的数据是根据新的核算方法，将 2007 年以后的数据进一步进行了修订。数据显示，中国 GDP 在几次重大修订时，均上修 GDP，以 2003 年的生产法 GDP 为例，2004 年第一次经济普查实施后，上调了 15.8%，2012 年再次上调 0.5%，2016 年继续上调 0.6%。

GDP 数据的不断修订，说明在进行 GDP 核算时，可能由于资料的完善以及核算方法的更新，GDP 数据发生了改变，也体现了 GDP 的高度加工性及复杂性。

如第二章所述，对于 GDP 核算来说，区分中间产品和最终产品是非常重要的，可能由于商品和服务作为中间产品还是最终产品的不同，会导致 GDP 的金额大小发生变化。原则上原材料、零部件和能源等用于本期生产的是中间产品，而作为满足消费者需求和下一年经济活动的投资需求的生产则是最终产品。在理论上，中间产品和最终产品有着明确的定义，但实际上两者间的划分是极其困难的。

例如，如果资本的定义发生变化，同一企业的"中间消费"和"总固定资本形成"的分类就会发生变化。SNA1968 将所有购买的计算机软件全部作为中间消费处理，并未体现在 GDP 中，但 SNA1993 将委托开发的计算机软件作为固定资本处理；SNA2008 又进一步将企业研究与开发（R&D）的部分也作为资本加以处理，由表 3-5 的数据可知，随着资本定义的不断扩大，GDP 的数值也在上升。

另外，对于如何区分中间消费和最终消费也存在争议。银行等金融中介机构的产出是根据贷款和存款的利率进行计算的，如果是提供给储户（主要是居民）的服务，应当作为居民最终消费，算入 GDP 中；如果是提供给借贷方（主要是企业）的服务，则变成企业的中间消费，不包含在 GDP 中。实际上区分金融中介服务是向哪一方提供服务的统计是非常困难的，这也是每次修订 SNA 时均被提及的问题。

第二节　GDP 的三方等价原则和投入产出表

GDP 的三方等价原则最初只是在理论上成立。投入产出表的出现，将原来仅在理论上成立的三方等价原则借助投入产出表（Input – Output Table）清晰地反映出来。同时，由于三方等价原则在国民经济核算中的重要地位，从 SNA1968 开始，投入产出表成为 SNA 的重要组成部分。

表 3 – 6 是将图 3 – 1 的简化经济通过投入产出表的形式表示出来。首先，由表 3 – 6 横向来看，第 1 行显示的是作为农户的总产出，小麦 300 成为面粉厂的中间消费需求，第 2 行显示的是作为面粉厂总产出的面粉 500 成为面包店的中间消费需求，第 3 行显示的是作为面包店总产出的面包 1000 当中，有 800 的消费是家庭最终消费支出，200 的库存增加是总资本形成。表 3 – 6 的横向体现了表 3 – 1 的各经济体生产账户的贷方。接下来看列向的数据。为了简单起见，第 1 列农户的中间投入为 0，从总投入（＝总产出）300 中减去中间投入 0，就形成了 300 的增加值。第 2 列表示面粉厂的总投入（＝总产出）500 中减去中间投入的小麦 300 形成 200 的增加值。第 3 列表示面包店的总投入（＝总产出）1000 减去中间投入的面粉 500 形成 500 的增加值。纵向表现了表 3 – 1 的各个经济体生产账户的借方。

表 3 – 6　简化经济的投入产出表

| | | 中间需求 | | | 最终需求 | | 总产出 |
		农户	面粉厂	面包店	最终消费支出	总资本形成	
中间投入	农户	0	300	0	0	0	300
	面粉厂	0	0	500	0	0	500
	面包店	0	0	0	800	200	1000
增加值		300	200	500			
总投入		300	500	1000			

由于没有对各个经济体借方的"中间投入"和贷方的"中间消费"进行相互抵消，而直接进行记录，所以可以理解为投入产出表以矩阵形式记录了各经济体的生产账户的单纯加总。另外，如果将"中间投入"和"中间消费"包围的部分除去，剩下的部分就是互相抵消后的生产账户。由于表 3 – 6 表现的是简化

的经济，所以表中的多数项目为0。

以下利用一般形式的投入产出表来体现现实经济，分为封闭经济下的投入产出表和开放经济下的投入产出表。

一、封闭经济下的投入产出表和 GDP 的三方等价

封闭经济是不考虑进出口情况下的一国的经济状况。表3-7是假设一国经济无进出口，只有2个产业情况下的投入产出表，其中，A 产业为农业，B 产业为制造业，通过表3-7中的数据可以了解封闭经济下的三方等价在投入产出表中是如何实现的。

表3-7 封闭经济下的投入产出表和 GDP 三方等价原则

		中间需求			最终需求			总产出
		A 产业	B 产业	合计	最终消费支出	总资本形成	合计	
中间投入	A 产业（农业）	10	40	50	40	10	50	100
	B 产业（制造业）	30	80	110	50	40	90	200
	合计	40	120	160	90	50	140	300
	劳动者报酬	25	40	65				
	营业盈余和混合收入	20	10	30				
	固定资本损耗	10	20	30				
	净生产税	5	10	15				
	增加值合计	60	80	140				
	总产出	100	200	300				

注：①生产法 GDP = A 产业增加值 60 + B 产业增加值 80 = 140；
②分配法 GDP = 劳动者报酬 65 + 营业盈余和混合收入 30 + 固定资本损耗 30 + 净生产税 15 = 140；
③支出法 GDP = 最终消费支出 90 + 总资本形成 50 = 140。

首先，表3-7横向的第1行显示的是 A 产业农业的总产出，共100单位，其中使用了本部门农业10单位的原材料（如耕作用的种子、畜牧业用的饲料等），使用了他部门制造业的原材料40，一共是50的中间使用（也称作中间需求）；家庭消费为40，企业投资为10（这里的总资本形成是指前面提到的"总固定资本形成"和"库存增加"的加总，例如，奶牛为前者，牛肉的库存为后者，两者均为资本形成），一共是50的最终使用（也称作最终需求）。同样在第2行中，说明了 B 产业制造业的总产出 200 的使用方及用途。由横向可以得到以下的收支平衡：中间使用＋最终使用＝总产出。

其次，表 3－7 列向的第 1 列 A 产业的农业，从本部门的农业购买 10，从他部门的制造业购买 30 的原材料，一共是 40 的原材料作为中间投入，A 产业农业的劳动者进行加工生产，生产出 100 的总产出，减去 40 的中间投入，剩下的 60 是农业的增加值。从 60 的增加值中减去支付给劳动者 25 的劳动者报酬（个体户及家庭从业者的收入不包含在此项），再减去支付给政府的"生产税"中扣除"补助金"剩下的是"净生产税"为 5，最后减去固定资本损耗 10，剩余的 20 就是"营业盈余"（个体经营者的盈余叫作"混合收入"）。同样，第 2 列表示的是制造业的总产出 200 所需的成本结构。各列向遵循以下的收支平衡：中间投入＋增加值＝总产出。而且，中间使用与中间投入的总和相等，因此，可以得到下列平衡式：最终使用合计＝增加值合计。

最后，分析投入产出表与个别生产账户的关系。第 1 行是 A 产业的生产账户的贷方，第 1 列是生产账户的借方，第 2 行的 B 产业也同样。作为合计项目的第 3 行是 A 产业和 B 产业的单纯加总的生产账户的贷方，第 3 列是借方。如果进一步去掉"中间投入"和"中间使用"包围的部分，剩下部分则是互相抵消的生产账户。

此时的 GDP 三方等价是指表 3－7 的下部所示各产业增加值合计的生产法 GDP、分配项目（劳动者报酬、营业盈余、固定资本损耗、净生产税）合计的收入法 GDP 以及针对最终产品支出的最终使用支出和总资本形成合计的支出法 GDP，三种方法得到的 GDP 相等。

二、开放经济下的投入产出表和 GDP 的三方等价

开放经济是在封闭经济的基础上加上国外部分，考虑进出口部门的经济。在国际分工不断深化的国际形势下，开放经济更接近于现实的经济状况，表 3－8 是加入进出口部门后的投入产出表，通过简单的数值揭示各部门之间的关系。开放经济条件下，为满足来自国外对本国的产品及服务的需求的出口部分，无论出口的是原材料还是最终产品，对于本国来说都是本国的最终产品。进口是由海外提供的产品及服务，进口产品有可能成为本国的中间品，也可能是本国居民的最终消费品，由于进口品由国外厂商生产，并未对国内产生需求，因此不算作本国的生产，应当加以剔除。比较表 3－8 和表 3－7，可以看到开放经济的投入产出表在最终使用项目中新增了"出口"和"进口"项目，各产业的产品及服务的

供需平衡符合以下平衡式：中间使用 + 最终使用（含出口）= 总产出 + 进口，将进口移到左边，成为扣除项，满足以下的国内供求平衡关系：中间使用 + 最终使用（含出口）- 进口 = 总产出。

表 3 - 8　开放经济下的投入产出表和 GDP 三方等价原则

		中间需求			最终需求			（扣除）进口	总产出
		A 产业	B 产业	合计	最终消费支出	总资本形成	出口		
中间投入	A 产业	8	48	56	35	9	10	-30	80
	B 产业	24	96	120	55	45	64	-44	240
	合计	32	144	176	90	54	74	-74	320
劳动者报酬		20	48	68					
营业盈余和混合收入		16	12	28					
固定资本损耗		8	24	32					
净生产税		4	12	16					
增加值合计		48	96	144					
总产出		80	240	320					

注：①生产法 GDP = A 产业增加值 48 + B 产业增加值 96 = 144；
②收入法 GDP = 劳动者报酬 68 + 营业盈余和混合所得 28 + 固定资本损耗 32 + 净生产税 16 = 144；
③支出法 GDP = 最终消费支出 90 + 总资本形成 54 + 出口 74 - 进口 74 = 144。

开放经济下的投入产出表的列向的中间投入，不仅包括国内产品的中间投入，还包括进口产品的中间投入，各列向与封闭经济的表 3 - 7 一样存在以下的收支平衡：中间投入 + 增加值 = 总产出。与封闭经济一样，由于中间使用总量和中间投入总量相等，可以得到以下的平衡式：最终使用（含出口）合计 - 进口合计 = 增加值合计。

表 3 - 8 中，A 产业的出口为 10，低于进口的 30，国内使用的一部分由进口（外国）提供，产出由封闭经济的 100 缩减到 80。与此对应，从纵向看，中间投入（40→32）和增加值（60→48）也出现缩减。另外，B 产业由于出口（64）较多，总产出从 200 扩大到 240，在成本结构方面，中间投入（120→144）和增加值（80→96）变大。

此时支出法的 GDP 是在"最终消费支出"（90）、"总资本形成"（54）等国内最终使用（144）的基础上，再加上来自海外的需求"出口"（74），扣除中间

使用和国内最终使用中包含的海外产品"进口"，与生产法 GDP 和收入法 GDP
相等。

表 3 - 8 的开放经济的投入产出表显示，利用生产法、收入法和支出法所得
到的 GDP 相等，很好地体现了 GDP 三方等价的原则。

第三节　SNA 的投入产出统计

上一节假设了一种简单经济，利用假设的数值对 GDP 的三方等价进行说明，
表 3 - 6 假设的小麦种植户、加工小麦的面粉厂及生产面包的面包店等生产者都
是只生产一种产品。但是现实中的生产者进行生产时，并非只生产一种产品，除
了生产主产品之外，还可能生产副产品，例如，养牛场的主产品是牛肉，而皮带
就是副产品。因此，某个产业是指以生产某种商品为主体的某一类行业，换言
之，以"各商品和各产业有一一对应关系"为假设前提。

虽然存在一定的假设前提，但现实中的经济统计并不那么简单。在各国的统
计调查中，作为统计调查基本单位的各单位和企业都可能生产多种产品和服务，
通常根据调查单位和企业主要的经济活动对单位和企业进行产业划分，这样的统
计被称为产业分类统计。例如，种植小麦的农户，同时也种植了苹果，如果小麦
是主要产品（农户生产的多种产品中，产出或增加值最大的是小麦），那么该农
户的产出，包括苹果的产出，全部被归类于小麦种植业。通常可以获得的各产业
的统计数据，大多是基于这样的假设进行的产业分类。

另外，并非把生产单位或企业统一归类于某一产业，而是按照按所生产的商
品、服务的种类来进行分类统计的被称为商品分类（或商品和服务分类）的统
计。

以生产单位或企业为基础进行的统计，无法把握各商品及服务的实际生产成
本，制定 SNA 体系时考虑到这一实际问题，采用了产业分类和商品分类的双重
分类。虽然在供求结构中采用商品分类，但是在把握生产成本和增加值形成时采
用产业分类。

SNA1968 指南中指出，首先，以企业单位为基础编制 U 表（分产业商品投
入表）·V 表（分产业商品产出表：对角元素是主要产品，非对角元素是次要产
品），然后在"商品技术假定"（某一商品，不论在哪个产业生产，都具有相同
的投入结构）或者在"产业技术假定"（某一产业不管其产品结构是什么都具有
相同的投入结构）的基础上，用数学的方法计算出 X 表（见表 3 - 9）。

表 3 – 9　SNA1968 的投入产出表体系

	商品	产业	最终需求	产出
商品	X	U	f	q
产业	V			g
增加值		y'		
产出	q'	g'		

注：X 表示商品×商品的交易表，U 表示各产业商品投入表，V 表示各产业商品产出表，q 表示各商品产出额，g 表示各产业产出额，f 表示各商品最终使用，y 表示各产业增加值，"'"表示表示倒置。

在日本 5 年 1 次 10 府省厅共同制作的《産業連関表（投入产出表）（基本表）》中，先制作"商品×商品"的基本交易表（X 表）以及各产业商品产出表（V 表），之后由日本内阁府参照 SNA 对这些表进行调整，与 SNA 的概念保持一致，并估算出 U 表。这些表的比率则成为每年 GDP 统计的基准。

SNA1993 以及 SNA2008 的手册中将改进后的"供给·使用表"（Supply and Use Tables，SUT），取代原来的 U 表和 V 表。如表 3 – 10 所示，供给表（S 表）在明确流通利润的基础上记载由谁（国内的某项经济活动还是海外进口）提供产品和服务，使用表（U 表）则表示在横向上，产品和服务是如何作为中间品或最终品被各部门或主体使用的。另外，关于各种经济活动的生产成本，在纵向上记录了对哪种产品和服务进行了中间使用，并且产生了多少增加值，对构成增加值的各个项目也进行了详细记录。

表 3 – 10　供给·使用表（SUT）

日本 2014 年供给表（S 表）　　　　　　单位：100 亿日元

经济活动\产品·服务	1. 农林水产业	2. 工业·建筑业	3. 服务业	国内生产额	进口	进口品税收（包含关税）	总供给（生产品价格）	运输·商业利润	总供给（购买者价格）
1. 农林水产业	1212	7	1	1220	247	22	1489	581	2070
2. 工业·建筑业	35	36310	324	36669	8350	837	45856	10100	55956
3. 服务业	6	1800	59887	61694	1611	9	63313	−10681	52633
小计	1253	38118	60212	99582	10207	869	110658	0	110658
（扣除）总资本形成征收消费税	—	—	—	491			491		491
合计	—	—	—	99091	10207	869	110167	0	110167

日本 2014 年使用表（U 表）　　　　　　　　　单位：100 亿日元

经济活动 产品·服务	1. 农林 水产业	2. 工业· 建筑业	3. 服务业	进口品税收 （包含关税）	（扣除） 总资本形成 征收消费税	合计	最终 消费	总资本 形成	出口	总需求
1. 农林水产业	170	894	352			1415	617	27	11	2070
2. 工业·建筑业	423	20342	8398			29163	10330	9478	6986	55956
3. 服务业	117	3863	14032			18012	29417	3276	1927	52633
小计	710	25098	22782			48590	40364	12781	8924	110658
（扣除）总资本形成征收消费税								491		491
合计	710	25098	22782			48590	40364	12290	8924	110167
固定资本损耗	204	3270	8376			11850				
生产品·进口品税收（扣除）补助金	−12	1372	2037	869	491	3774				
劳动者报酬	227	7078	18538			25843				
营业盈余·混合收入（净）	124	1300	8479			9903				
增加值合计	543	13019	37431	869	491	51370				
产出额	1253	38118	60212	869	491	99960				

资料来源：根据内阁府（2018）《平成 28 年度国民经济计算年报》编制。

在日本，《2015 年産業連関表（投入产出表）（基本表）》的部分（如服务业），《2020 年産業連関表（投入产出表）（基本表）》的全部，采用由 SUT 成为导入投入产出表（IOT）的编表方法。由日本内阁府开展的 GDP 统计从 2016 年 12 月（2011 年标准）开始，采用 SUT 框架提高生产法 GDP 和支出法 GDP 的准确性，并力图使两个数据尽可能保持一致（缩小统计的不匹配）。

本章小结

GDP 的三方等价是经济中最重要的基本概念之一，是指分别采用生产法、收入法和支出法计算 GDP 时，结果应当相等。通过考察中国各年份的三种方法进行的 GDP 统计，结果趋于一致。

依据宏观经济理论，GDP 三方等价原则是必然存在的，但是进行现实统计时，由于采用各种方法收集数据的途径不一，统计口径不同，可能产生较大差异。自从引入里昂惕夫开发的投入产出表之后，通过投入产出表在统计上可以实现三方等价。本章通过运用封闭经济下的投入产出表及开放经济下的投入产出表的简单模型，对投入产出表中的三方等价进行了说明。

也正因为引入了投入产出表，GDP 的三方等价原则可以真实地反映在现实的统计中，这也是投入产出表被引入国民经济核算体系的原因之一。GDP 作为衡量一国经济体量的指标，在各种统计指标中占据着非常重要的位置。引入投入产出表之后，能够更全面地体现一国的经济循环，并且通过各部门之间的相互关系及投入和产出的均衡关系，可以对 GDP 的三方等价原则进行检验，并通过投入产出法对利用生产法、收入法及支出法得到的 GDP 的推算值进行调整平衡，可以使 GDP 的推算值更加准确。

第四章 中日 GDP 核算方法的比较

如前文所述，GDP 是经过高度加工的统计，是各国统计机构利用所有可以利用的与经济社会相关的统计数据推算而成的，可以说是经济统计的集大成。虽然它依据国际标准的国民经济核算体系（SNA）进行统计，但是由于各个国家现存的统计基础和统计制度不同，事实上 GDP 的核算方法在各国间存在很大差异。特别是作为 SNA 统计的先进国家的日本与 20 世纪 90 年代后由 MPS 体系转化为 SNA 体系的中国的 GDP 的核算方法之间，无论是 SNA 导入的原因、统计制度还是现有的统计等均存在巨大差异。

以下通过对中日两国 GDP 的核算方法及基础统计数据进行考察，对比中日两国 GDP 核算方法的差异，对正确了解及使用两国 GDP 指标有一定帮助。

第一节 日本的 GDP 核算

日本早在 20 世纪 30 年代就开始进行国民收入的核算，而且非常重视基础统计数据的收集，它也是最早采用 SNA 体系的国家之一。日本的 GDP 是在严格遵循 SNA 推荐方法的前提下进行推算的结果。

一、日本国民经济核算的历史

日本的国民收入核算有较长的历史，由政府主导的国民收入的估算可以追溯到日本内阁统计局 1928 年对 1925 年国民收入的测算，之后，1930 年开始为核算国民收入进行实地调查，并估算了 1930 年和 1935 年的国民收入（奥本佳伸，1997）。日本在第二次世界大战后的 1947 年设立国民收入调查室，完成了个人收入、国民分配收入及国民总支出等核算，扩大了核算范围。从 1952 年开始，日本在经济审议厅下设置国民收入科室，估算并公布每年的国民收入报告。在 SNA 体系建立之前，日本依据当时美国的国民收入核算准则进行核算，为后来实施

SNA 体系打下了良好基础①。

1953 年联合国公布了以国民收入统计为核心的最初的 SNA 体系。日本的国民经济调查委员会和国民经济计算审议会在 1959~1964 年对 SNA 体系的实施进行了详尽的讨论和审议,并在 1966 年 4 月开始启用以 1953 年 SNA 体系为核算标准的国民经济核算体系,同时对外公布推算结果。1968 年,联合国公布了包括国内生产总值核算、投入产出核算、资金流量核算、国际收支核算、资产负债核算 5 大核算在内的新 SNA 体系后,日本于 1970 年设立国民经济核算委员会,经过 3 年的准备,1974 年设置了国民经济调查会议,1978 年正式采用 SNA1968 体系,完成了由旧的国民收入核算向 SNA1968 体系转换的过程。日本季度 GDP 自 1959 年开始进行统计,直至 1971 年才开始对外公布推算结果。

1993 年 SNA 修订方案公布之后,日本相关机构积极响应,于 2000 年开始依据 SNA1993 进行核算,SNA2008 公布后,日本在长时间的准备和筹划后,2016 年正式采用 2008 年 SNA 体系。日本属于较早采用 SNA 体系进行国民经济核算的国家之一,可以说是统计基础较好、制度完善,同时也是 SNA 统计的先进国家之一。

二、日本 GDP 的核算方法

日本的 GDP 核算是在投入产出数据基础上进行的。SNA1968 引入投入产出统计后,投入产出表作为平衡调整生产法 GDP 与支出法 GDP 的手段,成为国民经济核算的重要组成部分,也成为 SNA 推荐使用的方法。日本作为 SNA 统计的先进国家,严格按照 SNA 推荐的方法,以投入产出表为基础核算本国的 GDP。

投入产出分析表的历史可以追溯到 1936 年列昂惕夫编制的第一张投入产出表。由政府层面编制的第一张投入产出表是美国劳动统计局(BLS)编制的 1939 年美国投入产出表。投入产出表的普及源于当时美国 BLS 用此表进行就业预测分析,1944 年美国的战时生产计划部也利用此表进行当时的经济预测。预测结果与之后的实际经济状况高度吻合证实了投入产出表的实用性和可靠性,因此在各国迅速传开。

第二次世界大战后,日本政府认识到投入产出表对制定经济政策和经济计划有着重要作用,因此经济审议厅(后来的经济计划厅、现在的内阁府)、通商产业省(现在的经济产业省)以 1951 年的数据为对象编制了日本最初的投入产出表。1955 年后,每隔 5 年由包括内阁府在内的 10 个中央及地方政府机构共同协

---

① 日本内阁府经济社会总合研究所. 2008SNAに対応した我が国国民経済計算について [EB/OL].
http：//www. esri. cao. go. jp/jp/sna/seibi/2008sna/pdf/20161130_ 2008sna. pdf, 2016.

助，由日本总务省的统计局完成投入产出表最终数据的整理编制。日本的国民经济核算体系由内阁府负责编制，在每 5 年的投入产出表编制完成之后，对原有标准进行修订，成为日本 GDP 核算的新标准。

图 4-1 左侧的投入产出表揭示了国内及进口商品的生产活动，表的纵向表示的是各商品进行生产时所需的各种原材料及服务的投入，横向说明了各商品的用途。投入产出表主要以把握产品 × 产品的投入与产出结构为目的，英文称作 Input – Output Table 也是出于上述原因。部门分类是以产品的基本活动为原则，忽略产品生产时所产生的副产品，图 4-1 的左侧部分表示的是投入产出表的基本结构。

另外，国民经济核算记录了各单位及企业的活动，生产核算的产业分类是按照企业、事业单位、机关和私人生产经营活动的性质进行分类，因此，投入产出表和国民经济核算中的生产核算之间在基本结构方面存在差异。图 4-1 的右侧部分说明了生产账户的基本结构。

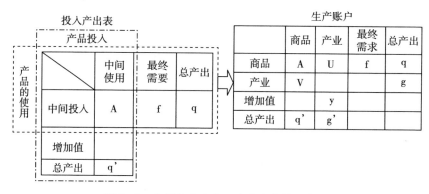

图 4-1　由投入产出表至生产账户的示意图

为了将投入产出表的产品 × 产品的投入与产出结构转换为生产核算的结构，在"产品技术一定的假定"（假设同一种产品具有相同的投入结构）和"产业技术一定假定"（假设产业部门所生产的产品和服务只有一种）的前提下，从投入产出表（产品 × 产品表）和它的附带表的 V 表（按经济活动分类的产品和服务的产出表，即使用表）推导出 U 表（按经济活动分类的产品和服务的投入表，即供给表)①。

---

① SNA 首先编制 V 表和 U 表，然后由这两张表，在产业技术一定以及产品技术一定的基础上，间接地推算出产品 × 产品的投入产出表，但是日本以前的投入产出表的基本流量表是根据基础数据直接推算得出的。但是 2015 年开始的基本表，一部分引入了 SNA 的制表方法。

　　将从附带表 V 表得到的各产业（经济活动）的总产出 g 减去从 U 表中得到的各产业中间投入 U，估算出各产业 GDP（增加值）y。另外，商品流量法是日本核算年度 GDP 时通常使用的方法，就是将投入产出表的横向进行重新组合，维持生产与支出的两面等价，估算出各项需求部门金额。具体方法是，假定利润率以及分配率一定，从生产者价格的供给（产出 + 进口）估算出各项消费者价格的需求的金额（中间消费 + 最终消费 + 总资本形成 + 出口）。另外，将以上各产业增加值按照比例分配到劳动者报酬、固定资本损耗、生产税、补助金等各项目，余值作为营业盈余（法人企业）或者混合收入（个体户）。

　　对未编制投入产出表的年份进行生产核算时，由于 V 表是每年都会编制的表，在基年编制的 U 表的基础上，加上每年的工业统计调查资料、各种财务报表以及其他一些统计数据推算出投入产出表的延长表。在支出核算中，参考"家计调查"获取的数据变化的趋势，利用商品流量法可以估算出居民消费支出作为最终居民消费支出；根据商品流量法可以估算出机械等设备投资，再以建筑商品流量法为基础利用各种建筑业方面的统计资料估算住宅投资[①]等最终得到资本形成总额。

　　日本采用的是分散型统计制度，GDP 统计严格按照 SNA1968 所提倡的以投入产出表为基础进行核算。具体做法是，日本的各省厅（政府机构）针对自身的行政需求，进行各自组织的统计调查并收集各类需求面及供给面的相关统计数据。在各地方提供的丰富的基础统计数据的基础上，主要参照上文投入产出表的编制方法，使用工业统计、物流统计等反映产品流向的方法进行估算[②]，每年编制并提供投入产出统计，将支出法 GDP 和生产法 GDP 之间的差值率控制在最小范围内[③]。

　　日本内阁府每年公布的《国民经济核算年鉴》有 500 页以上，既有反映日本的生产、分配、支出、资本储蓄等宏观经济状况的流量数据，也有体现资产、负债等的存量数据。其中，以综合核算的第 1 张表"国内生产总值核算"（生产及

---

　　① 参照作间逸雄编《SNAがわかる経済統計学》（有斐閣，2003 年）及日本内阁府网页《SNA 推計手法解説書（2007 年改訂版）》（http://www.esri.cao.go.jp/jp/sna/data/reference1/h12/sna_kaisetsu.html）。

　　② 近年来，由于技术革新产生的经济结构的迅速变化导致一直采用的商品流量法已不适应新的变化。特别是作为现有方法核心的由供给向需求进行分配所采用的各种商品的分配比率，需要依照各类资料进行经常性的调整，而且每年都需要重新评价流通的路径。另外，随着服务业的迅速发展，特别是劳动派遣等劳动形式的多样化导致"对企业服务"更加复杂，因此需要迅速调整对应企业的概念范围。另外，也有意见指出，随着电子结算的普及，现有的商品流量法对把握与之相关业务的需求有一定的难度。

　　③ 在理论上，无论采用何种方法核算 GDP，结果应当一致，但是在实际统计过程中，由于支出法和生产法在 GDP 推算的方法上存在差异，推算结果不完全一致是必然的。

支出）中的支出系列的"国内生产总值"（支出法）[①] 为基础表，与增加值核算法计算的各产业合计的差额作为"统计的误差"项单列在"国内生产总值"（生产法）中。由此可见，日本是以支出法为 GDP 的标准值，可以说最重视的是支出法 GDP[②] 的核算。

表 4-1 明示了日本支出法 GDP（最终消费、资本形成、出口等支出项合计）和生产法 GDP（各产业增加值合计）之间的差异。数据显示，支出法与生产法的 GDP 非常接近，除了以 2000 年为基准年的 2001 年、2007 ~ 2009 年 GDP 差值率超过 1% 以外，其他均在 1% 以下。另外，2000 年标准除了 1980 ~ 1984 年，2005 年标准除了 2011 年、2012 年和 2014 年 3 个年份外，支出法 GDP 均大于生产法 GDP。以 2011 年为基准年的 GDP 差值率均低于 1%，且大部分年份的支出法 GDP 小于生产法 GDP。

表 4-1 日本生产法 GDP 与支出法 GDP 的差值率

单位：10 亿日元，%

年份	支出法 GDP (a)	生产法 GDP (b)	差值率 (%) (a-b)/a	支出法 GDP (a)	生产法 GDP (b)	差值率 (%) (a-b)/a	支出法 GDP (a)	生产法 GDP (b)	差值率 (%) (a-b)/a
	2000 年基准·93SNA·GDP 不包含 FISIM			2005 年基准·93SNA·GDP 包含 FISIM			2011 年基准·98SNA·GDP 包含 FISIM		
2015							530545	528797	0.33
2014				486939	487428	-0.10	513698	512927	0.15
2013				479084	479081	0.00	503176	503358	-0.04
2012				475332	475731	-0.08	494957	494946	0.00
2011				471579	471905	-0.07	491409	491462	-0.01
2010				482677	481028	0.34	500354	501085	-0.15
2009	470937	462425	1.81	471139	469295	0.39	489501	490593	-0.22
2008	504378	496851	1.49	501209	499245	0.39	520716	522035	-0.25
2007	515520	509174	1.23	512975	511816	0.23	531688	533762	-0.39
2006	507365	503227	0.82	506687	505715	0.19	526880	529039	-0.41

① 最初称作国内总支出（GDE），2006 年由内阁府改为现有名称。

② 日本重视支出法 GDP 的原因虽然不明确，但很有可能是日本过渡到 SNA 体系前的国民所得（NI）的统计时代遗留下来的传统。笔者估计有可能日本一向在"家计调查"以及"法人季报"等需求方面的统计数据较为丰富是重要的原因，但是根据日本负责相关统计核算的人员解释，是由于日本社会对支出法 GDP 的需求也相对较多。以上两种解释可以互为因果关系，都是支持支出法 GDP 的原因。

续表

年份	支出法 GDP（a）	生产法 GDP（b）	差值率（%）(a−b)/a	支出法 GDP（a）	生产法 GDP（b）	差值率（%）(a−b)/a	支出法 GDP（a）	生产法 GDP（b）	差值率（%）(a−b)/a
	2000 年基准·93SNA·GDP 不包含 FISIM			2005 年基准·93SNA·GDP 包含 FISIM			2011 年基准·98SNA·GDP 包含 FISIM		
2005	501734	499832	0.38	503903	502517	0.28	524133	527113	−0.57
2004	498328	493502	0.97	503725	500461	0.65	520965	522084	−0.21
2003	490294	487187	0.63	498855	495760	0.62	515401	516722	−0.26
2002	491312	487484	0.78	499147	496420	0.55	515986	516787	−0.16
2001	497720	492156	1.12	505543	501307	0.84	523005	521142	0.36
2000	502990	500368	0.52	509860	508734	0.22	526706	527871	−0.22
1999	497629	496523	0.22	504903	504928	0.00	519652	522004	−0.45
1998	504905	502160	0.54	512439	509477	0.58	527877	528412	−0.10
1997	515644	511086	0.88	523198	518011	0.99	534143	533738	0.08
1996	505012	501840	0.63	511935	507321	0.90	525807	523818	0.38
1995	495166	490668	0.91	501707	496336	1.07	512542	509751	0.54
1994	488450	485889	0.52	495743	491801	0.80	501538	500814	0.14
1993	483712	482686	0.21						
1992	480783	480131	0.14						
1991	469422	469162	0.06						
1990	442781	439465	0.75						
1989	410122	406761	0.82						
1988	380743	379557	0.31						
1987	354170	353893	0.08						
1986	340560	338657	0.56						
1985	325402	324173	0.38						
1984	302975	303893	−0.30						
1983	285058	286010	−0.33						
1982	274087	275306	−0.45						
1981	261068	262513	−0.55						
1980	242839	244739	−0.78						

注：FISIM 是间接估算的金融中介服务。

资料来源：日本内阁府《国民经济计算年报平成 27 年版》（2011 年基准）、《国民经济计算年报平成 26 年版》（2005 年基准）和《国民经济计算年报平成 23 年版》（2000 年基准）。

综上所述，日本采用的是分散型统计制度，各地方政府收集了大量的基础统计数据，在丰富的基础数据之上，每年都进行投入产出统计。因此，日本年度 GDP 可以实现以投入产出表为基础进行核算，可以说，日本 GDP 统计对投入产出统计（U 表和 V 表）的依赖性很强，并通过投入产出表将支出法 GDP 和生产法 GDP 的差值率控制在最小范围内。日本在生产法、分配法和支出法三项 GDP 的估算值中，最重视的是支出法 GDP，将支出法 GDP 作为标准值对外公布。

第二节　中国的 GDP 核算

中国国民经济核算起步相对较晚，1956 年中国开始采用苏联和东欧等国在计划经济时期实行的以物质生产领域为中心的物质产品平衡表体系（A System of Material Product Balances，MPS）。改革开放后，随着中国由实行计划经济体制向实行社会主义市场经济体制转变，同时国民经济核算也由原来的 MPS 体系逐渐过渡到 SNA 体系。现阶段，虽然中国和日本同样采用的是 SNA2008，但是由于中国的基础统计仍然薄弱，未能采用 SNA 推荐的方法，而是采用了替代方法。以下对中国的国民经济核算历史及 GDP 的核算方法进行说明。

一、中国国民经济核算的历史

迄今为止，中国存在两套国民经济核算体系：一套是苏联和东欧等计划经济国家采用的物质产品平衡表体系，即 MPS 体系；另一套是产生于西方市场经济国家的国民账户体系，即 SNA 体系。MPS 是以马克思经济理论为基础，是实行计划经济的国家实施的核算体系，仅测算物质部门的生产和生产过程中附带的运输业、商业饮食业等服务行业的产值，称作"社会生产总值"。在此核算体系中，金融、保险、房地产业、科学研究、教育等社会活动被视为非物质生产部门的生产活动，不被计入核算范围。

SNA 以西方宏观经济学为理论基础，是以市场经济为基础的西方各国采用的核算体系。SNA 采用了"一般生产范围的界定"，根据"第三方原则"，也就是依据"是否由他人代劳进行的活动"对生产进行定义。"一般生产范围"包括的生产活动非常广泛，进入市场的各种产品和服务所产生的生产活动都被定义为"体系内的生产"。因此，SNA 与 MPS 最大的区别在于，为相关经济体提供的非生产性服务也包括在 GDP 的核算范围之内。

由表 4 - 2 中国国民经济核算变迁的概略可知，中国于 1956 年开始国民经济核算，可以分为 MPS 体系的建立和发展阶段（1952 ~ 1984 年），MPS 体系与 SNA 体系并用阶段（1985 ~ 1992 年）和 SNA 体系发展阶段（1993 年至今）三个阶段①。

表 4 - 2　中国国民经济核算体系的变迁

年份	MPS 体系	SNA 体系
1956	统计编制的开始	
1981 ~ 1982	投入产出表的编制	
1985		建立 SNA 体系的年度 GDP 生产核算
1987		投入产出表的编制
1992		资金流量表的编制
1993	MPS 体系的废止	中国国民经济核算体系（试行方案）的公布
2003	所有相关用语的使用废止	中国国民经济核算体系（2002）的公布
2017		中国国民经济核算体系（2016）的公布

资料来源：许宪春. 中国国民经济核算与统计问题研究［M］. 北京：北京大学出版社，2010：1 - 37.

1978 年改革开放以来，中国政治经济形势的变化对统计制度的变革产生了重大影响。中国于 1980 年加入 IMF（国际货币基金组织），2001 年加入 WTO。随着中国加盟各类国际机构，与世界各国的比较成为必然。1991 年苏联解体后，东欧及苏联的各加盟共和国都由计划经济体制转变为市场经济体制。1992 年中国共产党第十四次全国代表大会确立了建立社会主义市场经济体制的目标，对统计改革的方向产生了重大影响，国家统计局作为中国过渡到社会主义市场经济的一环，开始以国际比较为视角编制政府统计。

中国于 1984 年开始制定《国民经济核算体系（试行方案）》②（以下简称《试行方案》），于 1992 年完成，是中国开始实行 SNA 体系时期的 GDP 统计指南。《试行方案》汲取了 SNA1993 核算体系的框架，但是仍然保留了 MPS 体系的内容。1999 年中国开始对《试行方案》进行全面修订，完全以 SNA 体系作为

———————

① 中国国民经济核算的历史可参照以下文献：岳巍. 当代中国的统计事业［M］. 北京：中国社会科学出版社，1989；张塞. 新国民经济计算全书［M］. 北京：中国统计出版社，1993；许宪春. 详说中国 GDP 统计——从 MPS 到 SNA（日文）［M］. 作間逸雄监修，李洁译. 新曜社，2009.

② 未公开出版，但是以下著作中提到相关内容：许宪春. 中国国民经济核算的改革与发展［M］. 北京：经济科学出版社，1997；张塞. 新国民经济核算全书［M］. 北京：中国统计出版社，1993.

标准，制定了新的《国民经济核算体系（2002）》，标志着中国由 MPS 体系向 SNA 体系的全面过渡。2003 年开始，中国统计进入以 SNA 为目标体系的发展阶段，随着 SNA2008 的发布，国家统计局根据相关原则制定了《中国国民经济核算体系（2016）》，并于 2017 年发布并实施。

中国经济的基础数据的统计制度也发生较大变化，在计划经济时期，基础统计数据主要依靠各企业单位上报的数据完成。但是在计划经济向社会主义市场经济过渡的过程中，个体工商户等小规模企业增加，原有的由各单位企业进行数据上报的统计制度容易出现统计遗漏等问题，因此数据收集逐渐转变为以自上而下的统计调查为主要的手段。从 MPS 体系向 SNA 体系过渡的过程中，正确认识和把握被定义为非物质生产部门的服务业成为要务，为了正确把握第三产业的实际状况，1985 年提出实施第三产业统计的必要性，1993 年实现了第三产业普查，1994 年开始"以定期进行全数调查作为基础，以经常性抽样调查为主体"作为统计体系改革目标模式中关键的目标之一。在实施的全数调查中，除了全国第三产业普查（10 年一次，在尾数为 3 的年份实施）以外，还有人口普查（10 年一次，在尾数为 0 的年份实施）、全国矿工业普查（10 年一次，在尾数为 5 的年份实施）、全国农业普查（10 年一次，在尾数为 6 的年份实施）及基本单位普查（5 年一次，在尾数为 1 和 6 的年份实施）等。2004 年进一步将矿工业普查、第三产业普查和基本单位普查以及未实施的建筑业普查合并为"经济普查"，每 5 年普查一次（尾数为 3 和 8 的年份），成为国家统计数据的重要来源。

关于抽样调查，建立了城市与农村的家庭抽样调查制度，另外作为消费者价格指数（CPI）的基础数据的流通及消费价格的调查、测算工业价格指数（PPI）的矿工业生产者价格调查、固定资本投资价格及房地产价格调查等实施了抽样调查，以调查统计为基础的统计大幅增加。

虽然原有的基础数据的统计上报制度在各地方仍然具有较大影响，但是现在国家统计局直接设置各企业调查队、社会经济调查队，进行数据调查和收集，成为中国编制各种统计数据的主要来源，意味着中国基础数据的收集方式由原来的单位上报转变为以自上而下开展的统计调查为主、单位上报为辅的方式。

二、中国 GDP 核算的方法

与依赖于投入产出统计来进行 GDP 核算的日本不同，中国受传统的统计报表制度的影响，并受到基础统计数据较缺乏的限制，无法每年开展投入产出数据的统计，因此，中国的 GDP 核算不依靠投入产出表，而是利用生产法和收入法对增加值进行核算，或者是对各项最终使用进行核算。

与一向重视需求方面的日本的 GDP 统计不同，中国国民经济核算受到以马克思经济学为理论基础的 MPS 体系的影响，一直传承以生产为中心进行统计的习惯，因此，最初的 GDP 核算采用生产法和收入法对增加值进行估算。注重生产法 GDP 核算不仅是由于缺乏足够的统计数据，而且在改革开放初期，中国处于供给约束型经济状态之下，社会上存在大量需求，而供给严重不足，当时的社会更关注供给方面的数据。生产法 GDP 核算符合当时宏观经济分析及政策制定的需求。虽然之后社会状况发生了改变，现在中国由供给约束型经济转变为需求约束型经济，GDP 核算也增加了支出法核算，但历史方面的传统影响一直持续至今，中国是以生产法 GDP 为标准值，经济增长率也是根据生产法 GDP 进行估算的。

中国最初的 GDP 是通过对 MPS 体系指标进行再加工后得到的[①]，自 1993 年放弃 MPS 体系后，改为由基础数据直接核算 GDP。为了规范 GDP 的核算方法，1995 年开始，国家统计局国民经济核算司依次发布了《中国年度国内生产总值计算方法》《中国季度国内生产总值计算方法》以及《中国国内生产总值核算手册》。第一次经济普查之后，以经常性的抽样调查作为数据收集的重要手段，很大程度上丰富了 GDP 核算所需要的基础数据。在新的形势下，2006 年国家统计局发布了《非经济普查年度国内生产总值的核算方法（试行方案）》，2008 年正式推出《非经济普查年度国内生产总值的核算方法》。以下内容是根据上述文献，整理考察的经济普查后中国 GDP 的核算方法[②]。

（一）根据生产法及收入法对各产业增加值的估算

各产业 GDP（增加值）的估算方法有两种：一是生产法，从生产角度估算，即将产出扣除中间投入得到的差值作为 GDP 值；二是收入法，从分配角度估算，即将增加值的各个分配项目如劳动者报酬、固定资本损耗、生产税净额、营业盈余等进行加总得到 GDP 值。

中国迄今为止并未公布 GDP 的分配项目，仅公布了增加值。根据可利用的基础数据的不同，各产业增加值的推算方法也不同，有的部门采用生产法，有的部门采用收入法。具体核算公式如下：

---

① 物质生产部门是由纯生产额减去非物质部门的服务的投入后，加上固定资本损耗得到推算值。非物质生产部门是根据政府的决算资料、税收资料、工资数据以及就业人员统计资料等推算出增加值。

② 经济普查之前的推算方法参照：许宪春. 中国国内生产总值核算［J］. 经济学（季刊），2002，6（1）.

生产法：各产业增加值＝各产业总产出－各产业中间投入；

收入法：各产业增加值＝劳动者报酬＋生产税净额＋固定资本折旧＋营业盈余。

这里的"劳动者报酬"是指从业人员从事生产活动所获取的现金及实物，其中，公费医疗、交通补贴、社会保险及住房公积金等企业的负担部分也包含在内。关于"劳动者报酬"的概念，在不同时期定义略有不同。经济普查之前，个体经营者被当作劳动者，获取的收益包含在劳动者报酬当中，是日本的"生产者报酬"和"混合收入"两者合并的概念。在《中国非经济普查年度国内生产总值核算方法》的手册中，对 SNA1993 所规定的"混合收入"部分划入"营业盈余"①，除农林水产业外，"劳动者报酬"等于"雇佣者报酬"的概念。对于农林水产业，将国有及集团的所有农场获得的收益一起并入"劳动者报酬"，并未作为"营业盈余"部分的收入。

"生产税净额"是生产税扣除生产补贴的差额。生产税是生产者从事生产活动时所缴纳的各种税金，或者说是对生产中使用固定资产、土地、劳动等生产要素所征收的税金，具体来说包含销售税、增值税、营业税、印花税、房地产税及车船使用税等。生产补贴是为了干预生产及价格水平政府给予的各种转移支付，包括政策性补贴和价格补贴等。

"固定资本折旧"是生产过程中所消耗的固定资本的价值，是一种虚拟计算。企业及自负盈亏的事业单位的固定资本损耗是在估计企业和单位的固定资本使用年限后，将固定资本的金额除以使用年限得到的估算值；而政府机构、政府财政覆盖的事业单位及自购住宅等固定资本损耗则采用统一规定的折旧率和固定资本的购买价格估算资本损耗的虚拟值。②

"营业盈余"是从增加值中扣除上述的劳动者报酬、生产税净额及固定资本损耗等得到的差额。收入法估算各产业 GDP 时，基本上是依据经济普查的相关资料及针对编制投入产出表进行相关调查得到的数据，推算出产出（或者增加值），再估算出各产业的营业盈余率，乘以该产业的产出（或者是增加值）最终估算出营业盈余。

在经济普查后，基本上所有的产业都采用生产法和收入法两种方法推算增加值，对于一定规模以上的工矿企业，采用的是将两种方法推算的增加值进行单纯平均作为最终的标准增加值。但是在推算地区 GDP 时，按照生产法的推算值占

---

① 即 SNA1968 中"营业盈余"的概念。

② SNA1993 中，固定资本损耗是固定资本使用时的当期市场价格，但是中国没有相关数据。

75%，收入法的推算结果占 25% 的比重进行加权平均作为最终的标准值。另外，对一定规模以下企业①以及副产品生产活动进行统计时，将采用收入法推算的增加值作为最终结果，建筑业和第三产业的各部门也是采用收入法的估算值作为这些部门的最终推算值，农林水产业采用生产法 GDP 作为最终结果。生产法和收入法推算的增加值作为中国公布的标准"国内生产总值"，衡量中国的经济规模及经济增长都采用的是此标准值。

（二）支出法的 GDP 推算值

如前文所述，国家统计局最早并未进行支出法 GDP 的推算，从 1989 年开始进行实验性估算，1993 年起正式进行支出法 GDP 的核算。与日本采用投入产出统计数据进行估算的方法不同，中国采用的是对各支出项目分别进行估算。最初公布的支出法 GDP 仅粗略分为"最终消费""资本形成总额"和"商品和服务的净出口"三个项目。另外在"支出法的国内生产总值的结构"表中，GDP 分为"最终消费"和"资本形成总额"两个项目。为了与生产法和收入法推算的"国内生产总值"进行区别，采用"支出法国内生产总值"的方式进行公布。

在第 1 次经济普查的 2004 年以后，由于基础数据的不断丰富，支出法 GDP 开始公布更加详细的支出项目的数据。"最终消费支出"分为"居民消费支出"和"政府消费支出"②。其中，"居民消费支出"公布的数据非常详尽，城市与农村的消费数据存在非常大的差异也反映了中国的现实状况。"居民消费支出"分为"城镇居民消费"和"农村居民消费"，这些消费项目分别有食品、衣着、居住、自来水、电力和天然气、家庭设备用品及其服务、医疗保健、交通和通信、教育文化娱乐用品及服务、金融服务、保险及其他消费支出 11 个项目③。而"政府消费支出"仅有一项，政府消费支出包含非营利团体的消费，由各种决算资料算出最终值。

中国最新的国民收入核算体系中将原来包含在"政府消费支出"的非营利机构消费支出中的为住户服务的部分剥离出来，单独进行设置，而且增加了"实际最终消费"，将"实际最终消费"分为"居民实际最终消费""政府实际最终消费"和"为住户服务非营利机构实际最终消费"三个部分（许宪春，

---

① 规模以下企业是指主营业务收入在 500 万元以下的法人工业企业。

② 关于日本的"民间最终消费支出"中"对家庭民间非营利团体最终消费支出"的部分，采用 SNA2008 之前，中国将此部分归入"政府消费支出"。另外，根据 SNA1993 中关于消费有两种概念，也就是除了最终消费支出外，还新设了"实际最终消费"，我国在最新的核算体系中引入了此概念。

③ 推算手册中还包括公费医疗、自有住宅、现金支付等项目，但未公开相关统计数据。

2016)。

"资本形成总额"由"固定资本形成总额"和"库存增加"两个项目组成。"固定资本形成总额"中包括有形固定资本形成和无形固定资本形成。其中，无形固定资本形成中包括埋藏矿产量的勘探及开发计算机软件获得减处置的净额①，依据最新的国民收入核算体系，增加了贵重物品的获得减处置的分类，并且依照 SNA2008 将固定资本形成分为住宅、其他建筑和构筑物、机器和设备、培育性生物资源、知识产权产品、非生产资产所有权转移费、其他七个类别，而且，在知识产权产品中列入了研发支出的类别（许宪春，2016）。"存货增加"是以市场价格衡量的存货量的增减，根据各产业相关的会计资料进行估算。具体是利用价格指数将期初存货价值换算为期末存货价值之后，减去期初存货价值的差额，再扣除当前由于价格变动而产生的持有收益获得最终的存货变动。

"货物及服务的净出口"未公布进口与出口的金额，仅用出口与进口的差额表示。净出口的数据来自国际收支统计，其金额是利用年平均汇率将美元转换为人民币来表示，进口及出口的具体金额及各项目的具体数值可由国际收支的数据中获取。

表 4-3 是中国实施经济普查及改变核算方法前后的生产法 GDP 与支出法 GDP 以及二者之间的差值率。从表中可以看到，进行第一次经济普查后的 2004 年 GDP 上调 16.8%，第二次经济普查后的 2008 年 GDP 上调 4.45%，第三次经济普查后的 2013 年 GDP 上调 3.37%。生产法 GDP 与支出法 GDP 的差值率在第二次经济普查后大幅缩小。依据《中国统计年鉴 2014》，经济普查之前两者之间的差值率普遍大于 1%，有的年份高达 5% 以上，只有 2002 年及 2007 年实行投入产出统计年份附近的差值率较小。虽然中国没有进行每年的投入产出统计，但是近年来改变了原有的推算方法，采用投入产出方法对生产法 GDP 与支出法 GDP 进行了调整。因此，从《中国统计年鉴 2015》及《中国统计年鉴 2016》公布的数据可以发现，采用投入产出法进行调整后的大部分年份的 GDP 差值率都在 1% 以内。这说明在第三次经济普查之后，重视通过投入产出法对数据进行调整，缩小了生产法 GDP 与支出法 GDP 之间的差距。

---

① 1993 年 SNA 中设置了贵重物品增加项作为新的生产资产，其中包括贵金属及宝石、古董及其他艺术品等。上述贵重物品并不用于生产及消费，主要是作为价值的储存手段所保有的资产。这样的资产的纯流量（即贵重物品获得减处置）是无形资产形成的项目之一。

表 4-3 中国生产法 GDP 与支出法 GDP 的差值率

单位：亿元

年份	《中国统计年鉴2016》			《中国统计年鉴2015》			《中国统计年鉴2014》			《中国统计年鉴2005》		
	生产法GDP (a)	支出法GDP (b)	差值率(%) (b-a)/a	生产法GDP (a)	支出法GDP (b)	差值率(%) (b-a)/a	生产法GDP (a)	支出法GDP (b)	差值率(%) (b-a)/a	生产法GDP (a)	支出法GDP (b)	差值率(%) (b-a)/a
2015	685506	696594	1.62									
2014	643974	647182	0.50	636139	640697	0.72						
2013	595244	596963	0.29	588019	589737	0.29	568845	586673	3.13			
2012	540367	540989	0.12	534123	534745	0.12	519470	529399	1.91			
2011	489301	486038	-0.67	484124	480861	-0.67	473104	472619	-0.10			
2010	413030	410708	-0.56	408903	406581	-0.56	401513	402816	0.32			
2009	349081	349883	0.23	345629	346431	0.23	340903	348775	2.31			
2008	319516	319936	0.13	316752	317172	0.13	314045	315975	0.61			
2007	270232	271699	0.54	268019	269486	0.55	265810	266599	0.30			
2006	219439	221207	0.81	217657	219425	0.81	216314	222713	2.96			
2005	187319	189190	1.00	185896	187767	1.01	184937	187423	1.34			
2004	161840	162742	0.56	160714	161616	0.56	159878	160957	0.67	136876	142394	4.03
2003	137422	138315	0.65	136565	137457	0.65	135823	136613	0.58	117390	121730	3.70
2002	121717	122292	0.47	121002	121577	0.48	120333	120476	0.12	105172	107898	2.59
2001	110863	111250	0.35	110270	110657	0.35	109655	109028	-0.57	97315	98593	1.31
2000	100280	100577	0.30	99776	100073	0.30	99215	98749	-0.47	89468	89341	-0.14
1999	90564	90824	0.29	90188	90447	0.29	89677	91125	1.61	82067	82673	0.74
1998	85196	85486	0.34	84884	85175	0.34	84402	86532	2.52	78345	79003	0.84

续表

年份	《中国统计年鉴 2016》			《中国统计年鉴 2015》			《中国统计年鉴 2014》			《中国统计年鉴 2005》		
	生产法GDP (a)	支出法GDP (b)	差值率(%) (b−a)/a	生产法GDP (a)	支出法GDP (b)	差值率(%) (b−a)/a	生产法GDP (a)	支出法GDP (b)	差值率(%) (b−a)/a	生产法GDP (a)	支出法GDP (b)	差值率(%) (b−a)/a
1997	79715	80025	0.39	79430	79739	0.39	78973	81659	3.40	74463	74894	0.58
1996	71814	72102	0.40	71572	71861	0.40	71177	74164	4.20	67885	68330	0.66
1995	61340	61539	0.32	61130	61329	0.33	60794	63217	3.99	58478	58511	0.06
1994	48674	48823	0.31	48460	48645	0.38	48198	50217	4.19	46759	46691	−0.15
1993	35673	35900	0.64	35524	35751	0.64	35334	36938	4.54	34634	34501	−0.39
1992	27195	27334	0.51	27068	27208	0.52	26923	27565	2.38	26638	25864	−2.91
1991	22006	22124	0.54	21896	22014	0.54	21781	22577	3.65	21618	21280	−1.56
1990	18873	19067	1.03	18774	18968	1.03	18668	19348	3.64	18548	18320	−1.23
1989	17180	17360	1.05	17090	17270	1.05	16992	17311	1.88	16909	16466	−2.62
1988	15180	15332	1.00	15101	15253	1.01	15043	15389	2.30	14928	14704	−1.50
1987	12175	12294	0.98	12102	12222	0.99	12059	12277	1.81	11963	11785	−1.49
1986	10376	10474	0.94	10309	10406	0.95	10275	10509	2.27	10202	10133	−0.68
1985	9099	9180	0.89	9040	9122	0.90	9016	9077	0.67	8964	8792	−1.92
1984	7279	7346	0.93	7226	7294	0.93	7208	7363	2.15	7171	7164	−0.09
1983	6021	6079	0.96	5976	6033	0.97	5963	6216	4.25	5935	6076	2.39
1982	5373	5426	0.98	5333	5386	0.99	5323	5590	5.01	5295	5489	3.67
1981	4936	4957	0.43	4898	4920	0.44	4892	5009	2.40	4862	4901	0.80

续表

年份	《中国统计年鉴 2016》			《中国统计年鉴 2015》			《中国统计年鉴 2014》			《中国统计年鉴 2005》		
	生产法 GDP (a)	支出法 GDP (b)	差值率 (%) (b−a)/a	生产法 GDP (a)	支出法 GDP (b)	差值率 (%) (b−a)/a	生产法 GDP (a)	支出法 GDP (b)	差值率 (%) (b−a)/a	生产法 GDP (a)	支出法 GDP (b)	差值率 (%) (b−a)/a
1980	4588	4575	−0.27	4552	4539	−0.27	4546	4593	1.04	4518	4551	0.74
1979	4101	4078	−0.55	4068	4045	−0.55	4063	4093	0.74	4038	4074	0.89
1978	3679	3634	−1.22	3650	3606	−1.22	3645	3606	−1.09	3624	3606	−0.51

注：①《中国统计年鉴 2005》的数据是经济普查之前的数据。

②《中国统计年鉴 2014》的数据是第三次经济普查实施之前的数据。2004 年是第一次经济普查年度，按照《经济普查年度 GDP 核算方案》的要求，重新计算了经济普查年度（即 2004 年）国内生产总值，并利用趋势离差法，然后利用经济普查数据计算历史数据的趋势值，得到新的历史数据趋势值）修订了 2004 年之前国内生产总值）修订了 2004 年之前的历史数据。2008 年是第二次经济普查年度，按照《经济普查年度 GDP 核算方案》的要求，重新计算了经济普查年度 2008 年 GDP，并利用趋势离差法，修订了 2005～2007 年 GDP 的历史数据。2009～2014 年的数据是在修订后的 2008 年数据基础上计算出来的数据。

③《中国统计年鉴 2015》的数据是第三次经济普查实施之后的数据。2013 年是第三次经济普查年度，按照《中国第三次经济普查年度国内生产总值核算方法》的要求，重新计算了 2013 年的国内生产总值，并利用趋势离差法，修订了 1952～2012 年国内生产总值的历史数据，2015 年公布的 GDP 是修订后的数据。

④《中国统计年鉴 2016》是国家统计局改革研发支出的核算方法后重新估算的数据。2016 年核算 GDP 时，将能够为所有者带来未来经济利益的研发支出不再作为中间消耗，而是作为固定资本形成处理。2016 年发布的数据是根据新的核算方法对 1952～2015 年国内生产总值的数据重新追溯修订后的数据。

资料来源：《中国统计年鉴 2005》《中国统计年鉴 2014》《中国统计年鉴 2015》《中国统计年鉴 2016》。

第三节　中日年度 GDP 核算的差异

上文对中国和日本 GDP 核算的历史及方法进行了分析，两国无论是统计制度还是统计方法都存在较大差异。基于本章第一节和第二节的内容，以下对中日统计制度和统计过程的差异进行比较分析。

首先，中国和日本的 GDP 统计制度存在差异。各国政府的统计制度反映了各国行政机构职能范围以及历史文化背景的不同，大致分为"集中型"和"分散型"两种。"集中型"是指各国的统计调查活动及数据编制均集中在特定机构（如国家统计局）进行，而"分散型"是指各国的统计活动及数据的编制在多个行政领域独立进行（见表4-4）。

表4-4　分散型与集中型统计制度的比较

	分散型	集中型
组织结构	根据各个行政机关所管辖的领域分别进行统计	统计集中于单一机构
优点	·根据行政需求，可以尽快进行应对	·作为专业的统计部门，能够更好发挥自己的统计专长
	·各行政机关可以将各自管辖的行政领域所拥有的知识及经验应用到本领域统计调查的规划及实施当中	·容易实现统计的体系化
缺点	·容易忽视统计间的相互对比	·难以迅速进行相关统计调查去应对特定行政需求
	·容易造成统计调查的重复及统计体系上的欠缺	·各行政机关难以将各自管辖的行政领域所拥有的知识及经验应用到本领域统计调查的规划及实施当中
国家	美国、英国、日本	加拿大、德国、中国

日本的统计属于"分散型"统计。各行政机关完成各自管辖的行政领域方面的统计，例如，"人口普查"和"消费者价格指数"由日本的总务省编制，"法人企业统计调查"由财务省编制，"人口动态调查"由厚生劳动省编制，"工业统计调查"和"商业统计调查"由经济产业省编制，"国民经济核算"（GDP核算）由内阁府实施并制作。

中国的统计属于"集中型"统计。中国所有的统计工作实行由国家统计局统一领导，逐级负责的制度。近年来，国家统计局加大了对统计工作的管控力度，例如，2019 年以前各省级 GDP 数据由各省级统计局进行，但是，2019 年以后，中国对地区 GDP 核算方式进行改革，由国家统计局组织各省（自治区、直辖市）统计局制定地区生产总值核算方法，制定和规范统一的核算工作流程，开展统一核算。地区生产总值汇总数与国内生产总值基本衔接，避免出现地方 GDP 加总与国家统计局核算的 GDP 不相等的状况。

其次，上文具体描述了中日 GDP 统计方法存在的差异，图 4-2 揭示了中日在统计过程中存在的差异。日本 GDP 统计的特征就是投入产出数据发挥了重要作用。日本的生产法 GDP 采用增加值法，支出法 GDP 采用商品流量法，核算结果必然出现差异。为了减少不同方法带来的过大差异，日本通过投入产出统计的平衡过滤作用对不同方法的"统计上的误差"进行调整。中国早期的 GDP 核算，由于没有使用投入产出统计进行平衡调整，而是利用各种统计数据直接估算，导致生产法 GDP 与支出法 GDP 的差值率非常大。2014 年以后，在第三次经济普查数据的基础上，国家统计局开始利用投入产出数据对生产法 GDP 和支出法 GDP 进行调整，使差值率大幅缩小。

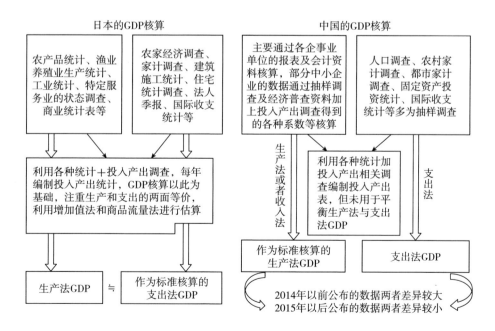

图 4-2　中日 GDP 统计过程的差异示意图

图 4 - 3 显示了中日两国生产法 GDP 与支出法 GDP 估算值之间差值率的推移。日本除核算基准改变前的最后几年外，差值率基本控制在 1% 以内。日本 2000 年与 2005 年基准的支出法 GDP 普遍高于生产法 GDP，但是 2011 年基准重新估算的支出法 GDP 在大部分年份低于生产法 GDP；中国的差值率在 2014 年以前存在较大差异，且无明显规律，但是第三次经济普查之后，即 2015 年公布的修订后数据显示的差值率明显缩小，大多数年份控制在 1% 以内，2016 年按照新的国民经济核算标准进行核算的两者之间的差值率进一步缩小，除了最新公布的 2015 年以外，基本在 1% 以下。总体来看，中国的支出法 GDP 普遍略高于生产法 GDP。

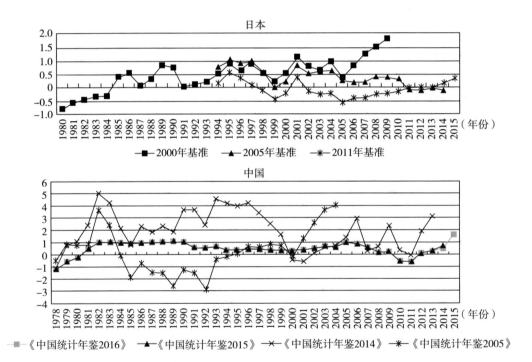

图 4 - 3 中日生产法 GDP 与支出法 GDP 差值率变动的比较

注：日本的差值率 = （支出法 GDP - 生产法 GDP）÷作为基准的支出法 GDP；中国的差值率 = （支出法 GDP - 生产法 GDP）÷作为基准的生产法 GDP。

资料来源：日本 2000 年基准（1980 ~ 2009 年）的数据根据内阁府《国民经济年报平成 23 年》算出；2005 年基准（1994 ~ 2014 年）根据内阁府《国民经济计算年报平成 26 年》算出；2011 年基准（1994 ~ 2015 年）根据内阁府《国民经济计算年报平成 27 年》算出。中国数据分别由《中国统计年鉴 2005》《中国统计年鉴 2014》《中国统计年鉴 2015》和《中国统计年鉴 2016》算出。

第四节　中日季度 GDP 发布的比较

GDP 统计分为年度 GDP 和季度 GDP。季度 GDP 可以及时反映一国国民经济的发展趋势，是判断经济景气的基础资料，同时可对短期宏观经济分析及政策提案提供数据支撑，因此，各国都非常重视季度 GDP 的发布速度。

一、日本的季度 GDP 的发布

1990 年以前的日本"季度 GDP 速报"（Quarterly Estimates，QE）是根据基础年份的统计数据，以"家计调查""四半期别法人企业统计"（法人企业的季度统计）等需求方面的统计资料为中心进行延长估算，在季度结束后的 70 天左右公开结果。1999 年开始改为季度后的 45 天发布关于支出系列及劳动者报酬方面的"第 1 次速报"，也就是初步核算结果，加快了公布的速度。由于"第 1 次速报"未能使用"季度法人企业统计"等基础数据，只能利用上一期的数据进行估算，虽然公布时间提前了，但是欠缺精确度。因此，在"季度法人企业统计"等相关数据公布后，将原有关于民间企业设备投资及库存变动等估值改为实际数值，在季度后 70 天左右公布"第 2 次速报"，提供进一步核实的数据。日本季度 GDP 的"第 2 次速报"是更真实可信的数据。

日本自 2002 年开始，随着供给侧统计资料的不断丰富，QE 从原来以需求方面数据为主进行估算变为综合利用需求和供给统计进行估算。供给侧的数据有"生产动态统计调查"以及"特定服务产业动态统计调查"等资料，并采用与年度估算所使用的商品流量法接近的估算方法。2004 年，需求方面的统计资料除原来的"家计调查"外，还增加了"家计消费状况调查"等资料，力求估算出更加精确的 QE（野木森稔，2011；山本龍平，2011）。

许多发达国家都同时核算并公布支出法和生产法及收入法的季度 GDP，而日本现在仅估算支出法 QE 和部分分配项目。在 G7 各国中，只有日本还未公布生产法和收入法的季度数据，是由于日本的 GDP 的估算是在投入产出数据的基础上进行的，对四个季度的 U 表进行延长估算存在很多困难，难以实现生产法和分配方面的季度 GDP 估算。随着供给数据不断完善，日本内阁府在 2001 年开始探讨在三面等价原则的基础上建立季度国民经济核算体系（Quarterly National Account，QNA）的方案，增加生产法及收入法 QE。2014 年内阁府经济社会研究所针对生产方面 QE 估算的方法及发布时间等进行了具体讨论（吉沢裕典等，2014）。

二、中国季度 GDP 的发布

中国从 1992 年开始进行季度 GDP 的核算。与日本不同，中国仅估算了生产法的季度 GDP（许宪春，2006a）。受基础统计数据限制，截至 2015 年第 2 季度，国家统计局采用生产累计的核算方法，未进行当季 GDP 核算，在中国经济受到全球广泛关注的情况下，这种方法被国内外所诟病。经过数年准备，2015 年 10 月，随着中国采用国际货币基金组织针对经济统计制定的特别数据公布标准（Special Data Dissemination Standards，SDDS）后，改变了季度 GDP 的核算方法，直接利用当季基础数据分季核算。中国的季度 GDP 主要采用增加值率法①和相关价值量指标外推法②进行估算，基础数据主要通过联网直报方式获得的规模以上企业数据，通过抽样调查方式取得的小微企业③统计数据和价格调查数据，以有关部门获取行政记录加工整理的统计数据和有关统计调查数据④作为补充数据。

为了保证 QE 的时效性，中国国家统计局通常在季度结束两周后，以国家统计局国民经济运行情况新闻发布会的形式发布，而西方发达国家通常在季度结束的 4~6 周后公布。中国 QE 的"快速"反而被认为是统计缺乏可信度，事实上，国家统计局能及时发布 QE，与一直以来实行的统计报表制度密不可分。经过初步核实与最终核实的 QE（隔年 1 月发布）可以在国家统计数据库（http：//data. stats. gov. cn）和《中国经济景气月报》上查找。

中国最初的季度 GDP 的估算仅包括农林牧渔业、工业、建筑业、交通运输和邮电通信业、批发和零售贸易餐饮业、金融业、房地产业及其他服务业 8 个行业。2006 年开始对行业进一步细分⑤，现在行业划分依据中国国民经济行业分类标准和三次产业划分标准，并采用两种分类方式⑥。

由于基础数据的限制，中国至今仍未发表支出法 QE。今后，随着市场经济

---

① 增加值率法的推算公式如下：现价增加值 = 现价总产出 × 现价增加值率。

② 相关价值量指标外推法的推算公式如下：现价增加值 = 上年同期现价增加值 × （1 + 现价增加值增长速度）。

③ 年主营业务收入在 500 万元以下的法人工业企业。

④ 许宪春：正确看待我国季度 GDP 核算数据［EB/OL］. 国家统计局网站，http：//www. stats. gov. cn/tjsj/sjjd/201507/t20150717_ 1216766. html，2015 – 07 – 17.

⑤ 参照国家统计局国民经济核算司（2010）《季度国内生产总值核算方案（试行）》。

⑥ 中国 GDP 季度核算说明［EB/OL］. 国家统计局网站，http：//www. stats. gov. cn/tjsj/zxfb/202110/t20211019_ 1823032. html.

的不断深入，尤其是在中国提出供给侧改革，实施积极的财政政策及积极推动内需的形势下，从支出面进行统计分析的需求将日益增加。支出法 QE 的公布具有越来越重要的意义。

在进行中日比较时，由于中国仅有生产法 QE，而日本只有支出法 QE，所以中日之间虽然能够进行 QE 总量比较，但是无法从消费、投资等需求方面以及从各产业生产活动的供给方面进行比较，换言之，无法利用中日 QE 进行经济结构方面的比较。

本章小结

通过上文 GDP 核算方法的比较，可以发现，中日在遵循 SNA 体系的基础上，根据各自国家的具体情况，在数据收集以及统计方法方面存在较大差异。

与日本相比，中国的统计基础数据较为薄弱。中国公布的年度 GDP 是生产法 GDP 的推算结果。这是由于中国一向重视生产方面的统计，而且在基础数据的收集方面传统的统计报表制度仍然发挥着重要作用，企业方面的数据收集更加容易。随着中国经济普查工作的展开，支出法 GDP 的推算也在逐步完善，但是遵循传统及实际需求，生产法 GDP 仍然是中国公布的标准值。由于基础数据缺乏，中国最初未能编制每年的投入产出数据，因此生产法 GDP 和支出法 GDP 的差值率非常大，2014 年经济普查后，中国开始每年编制投入产出数据并利用投入产出数据对生产法 GDP 和支出法 GDP 进行调整平衡，2015 年以后两者的差值率变小。

日本的基础数据非常完善，统计基础良好，GDP 统计依赖于投入产出数据。与中国不同，日本重视支出法，数据以支出法 GDP 为准。由于日本一向采用投入产出数据对生产法 GDP 和支出法 GDP 进行平衡，因此两者的差值率非常小。

中日在统计制度方面的差异也较大，例如，由于日本实行的是分散型统计制度，各省厅基于各自行政需求分别进行统计调查及数据收集工作，带来各种统计口径不同的问题。而中国采用的是"集中型"统计制度，能够解决地方与中央公布数据的差异，但是也存在地方对于各自需求统计方面的自主性缺失的问题。

对于基础数据的收集，中国近年来不断开展各类普查工作，日本也实施了与中国经济普查类似的调查活动，但未形成类似中国经济普查的规模。中国进行经济普查后，通常会对 GDP 进行大幅上调，如中国进行第一次经济普查后，2004

年的 GDP 上调16.8%；根据第二次经济普查的结果，2008 年 GDP 上调4.45%；经过第三次经济普查，2013 年 GDP 上调3.37%。日本修改标准后同样也会对 GDP 进行上调，但是调整幅度通常在2%～4%。中国和日本对 GDP 的上调，也反映了 SNA 对 GDP 核算范围的改变。

中日季度 GDP（QE）的核算也存在较大差异，中国只核算生产法 QE，日本仅核算支出法 QE。在对中日 QE 比较时只能进行总量比较，而不能进行结构性分析。

第五章 中日 GDP 核算中自有住房服务的虚拟计算

虚拟计算（Imputation）是国民经济核算中一个独特的概念，虽然非常重要，但是历来存在颇有争议的部分。GDP 核算中占据份额最大的虚拟计算是虚拟租金（Imputed Rents）的部分。虚拟租金是假定发生的，并未实际发生的租金。通常对居民自家持有的住房（Owner–occupied Dwellings）以自收自付的形式同时记录在 GDP 的生产核算（计入房地产业增加值）和使用核算（计入居民最终消费支出）中，这样的记录被称为虚拟租金①。

GDP 中的"生产"主要是指面向市场（用以提供给其他经济实体）包括货物或服务的生产活动。住房租金是居民作为享受住房服务而支付的费用，应当记录在 GDP 核算中的房屋租赁业的增加值部分和居民最终消费支出的项目上。但居民自有住房服务是居民居住在自己拥有产权的房屋时享受的住房服务，实际上并未提供给其他经济实体，也没有支付或收取租金。根据 GDP 的概念，未经过市场买卖的部分不应包含在 GDP 的"生产"范围内，但是考虑到如果拥有住房的居民租住他人的住房，将自己的住房出租，就会出现同样的住房会由于自住与出租的不同选择，使 GDP 发生变化的情况。居民自有住房比率不仅因国而异，而且因时而异，如果 GDP 只包括房屋租赁服务，却不包括自有住房服务的话，自有住房比率不同的国家之间的 GDP 不可比，GDP 就会失去用于世界各国经济规模比较这一最重要的功能。对虚拟住房租金的记录正是为了避免类似这样的问题发生。

然而，在市场上实际并没有发生的交易却以发生的形式进行虚拟计算，都存在着一个共同的问题，就是估算方法决定估算值的大小。虚拟计算方法的改变对GDP 将产生非常大的影响。例如，日本的内阁府在 2005 年对虚拟住房租金的估算方法进行了修订。由于修订方法的变化，日本 2003 年房地产业的增加值从

---

① 假设自己住房是租住他人的房屋，需要支付房屋的租金。

69.15 万亿日元（约占日本 GDP 的 14%，按汇率计算折合人民币 49420 亿元）下调为 59.64 万亿日元（约占 GDP 的 12.2%，折合人民币 42622 亿元）。2011 年更新基年时又进一步下调为 53.58 万亿日元（约占 GDP 的 10.8%，折合 38288 亿元人民币）[1]。中国在 2004 年第一次经济普查之后，国家统计局对居民自有住房服务的估算方法也进行了修订，修订后的 2004 年房地产业增加值从 2378 亿元（约占 GDP 的 2%）上调了 2.6 倍，达到 6173 亿元（约占 GDP 的 4.5%）[2]。

自有住房的住房服务业是房地产业的主要内容。2003 年，日本人均住房面积（40.1 平方米）是中国（城镇 25.3 平方米，乡村 27.2 平方米）的 1.47 ~ 1.58 倍；中国的人口是日本的 10 倍左右。2005 年日本修订虚拟住房租金的估算方法前的房地产业增加值是中国第一次经济普查前估算值的 20 倍以上，这意味着按人均计算的日本房地产业增加值是中国的 200 倍以上。尽管 SNA 作为国民经济核算的国际标准，其主要目的之一就是进行国际比较，但是经过高度加工的 GDP 统计完全依赖于各个国家的具体国情和既有的统计数据。在实际操作上，在 GDP 中有关自有住房服务的虚拟计算问题上很明显中国和日本采用的不同方法，导致结果产生超出了实际的差异。然而，2005 年以前，中外媒体甚至包括学术界普遍认为中国 GDP 是被高估的。下文通过比较中国和日本自有住房服务虚拟计算所采用的不同方法来探讨中国的 GDP 是否被高估的问题。

第一节　SNA 中有关自有住房服务虚拟计算的处理

第二章指出，GDP 核算中的虚拟计算是许多学者提出质疑的问题之一。现阶段的 GDP 包括了自有住房的虚拟计算，但是没有包括无偿服务的虚拟计算。因此，虚拟住房服务成为 GDP 中金额最大的虚拟计算。以下首先对自有住房服务为什么计入 GDP，以及自有住房的虚假计算的方法进行说明。

一、自有住房服务计入 GDP 的原因

SNA 根据"第三者标准"对人类活动中是否可以"由他人代替进行"用以界定"一般生产范围"。其中，"生产者提供或准备提供给其他单位的所有货物

---

① 数据分别取自 2005 年、2006 年和 2012 年《国民经济计算年报》"经济活动别国内总生产（名目）"。

② 数值分别取自 2005 年和 2007 年《中国统计年鉴》"3 - 5 第三产业增加值"。

或服务的生产"属于 SNA 体系中的生产范围。

另外,对于住户自身生产和使用并不提供给第三方的自有住房服务,SNA 进行了如下定义:"对所居住的房屋拥有所有权,视同为拥有一家非法人企业,该企业提供了住房服务并被其所属住户的居民所消费。提供的住房服务价值等于在市场上租用同样大小、质量和类型的房屋所要支付的租金。住房服务的虚拟价值记作房主的最终消费支出。"(引自 SNA2008,第 9.65 节)

SNA 规定自有住房者的自给性住户服务作为例外计入生产范围。"自给性服务生产一般不在生产范围之内,但自有住房者为自身最终消费生产的住房服务是个例外,它一直都包括在国民经济核算的生产范围之内"(引自 SNA2008,第 6.34 节)。自给性服务的记录意味着在市场的供需双方计入相同金额,并不利于测量和分析市场的不平衡,也不利于掌握经济发展趋势,因此存在很多对自给性服务记录的批评。对此,SNA 将其作为例外列入生产范围之内的理由是:"自有住房与租用住房的比率,在不同国家之间,在一个国家的不同地区之间,甚至在同一国家或同一地区的各较短时期之间,都可能存在较大的差异。因此,如果不虚拟估算自有住房服务的价值,住房服务生产和消费的国际比较和跨期比较就会失实。"(引自 SNA2008,第 6.34 节)这里明确了自有住房服务的虚拟计算对国内生产总值的国际比较和经济增长分析是必不可少的。

二、对自有住房服务估算的两种方法

自有住房服务没有面向市场,当然也就不存在市场价格。对自有住房虚拟价值的核算,SNA 推荐的是市场房租估算法:"对所居住的房屋拥有所有权的住户,在形式上被看作为自身消费提供住房服务的非法人企业的所有者。如果存在规范的房屋租赁市场,可以使用市场上同类服务的销售价格对自给性住房服务产出进行估价,这与自给性货物或服务的一般估价方法是一致的。换言之,自有住宅者的住房服务产出是根据承租人在市场上租住同样住房所愿支付的租金来估计的,其中要考虑住房的地理位置、邻里关系以及房屋本身的大小和质量等因素。同一数据也记录在住户部门的最终消费支出项中。"(引自 SNA2008,第 6.114 节)市场估算法不仅限于自有住房服务,这种市场价格估算法的基本前提是:"同类货物或服务必须在市场上有足够的买卖量,以计算用于估价的可靠的市场价格。"(引自 SNA2008,第 6.124 节)

但是,如 SNA 所述:"在很多情况下并不存在规范的房屋租赁市场,这就需要研究其他方法来核算住房服务价值。"(引自 SNA2008,第 6.114 节)"如果无法获得可靠的市场价格，可以使用次优方法来计算；为自身最终使用而生产的货物或服务的产值等于其生产成本之和，也就是下列各项之和：中间消耗、雇员报酬、固定资本消耗、其他生产税（减生产补贴）。"（引自 SNA2008，第6.125节）

综上所述，SNA 推荐的是市场房租估算法核算自有住房服务，但是在不满足一定条件下，可采用次优的成本估算法。包括日本在内的主要先进国家基本上采用的都是市场房租估算法，但市场价格不是十分完善，包括中国在内的大部分发展中国家采用的是成本估算法。

第二节　日本自有住房虚拟房租的估算

日本的自有住房虚拟房租的估算在不断改进的过程中，较大的一次修改方案是 2005 年内阁府更新基准年（由 1995 年基准更新为 2000 年基准）的同时，对自有住房虚拟租金的核算方法进行的修订。以下首先介绍日本 2005 年以前及之后的估算方法，然后对方法改进前后的估算结果进行比较。

一、日本 2005 年修订前的估算方法

2005 年以前，日本自有住房虚拟房租一直使用简单的市场房租估算法[①]。无论是自有住房还是出租用住房均统一计算全国总住房租金，然后，按自有住房占全部住房面积的比率估算自有住房部分的虚拟租金。其中计算时使用的全国总楼面面积、自有住房楼面面积及每平方米全国平均租金的数据取自《住宅·土地统计调查》（日本总务省）。计算公式为：

全国总住房租金（租金总额）＝每 1 平方米全国平均租金 × 全国总楼面面积；

全国自有住房虚拟租金 ＝ 全国总住房租金 × 自有住房占全部住房面积的比率。

这样得到基年自有住房虚拟租金数值之后，对基年以外的年度及季度数值进行推算，全国总楼面面积及自有住房楼面面积的数据出自《建筑物着工统计》等；每平方米全国平均租金的数据根据 CPI 再进行调整估算。

对于这种自有住房虚拟租金的估算方法，荒井（2005）指出，绝大部分出租住房主要集中在大中城市的中心，而自有住房则广泛分布在边远地方小镇及农村

---

① 关于修订前的核算方法及问题主要参照《国民经济计算调查会议第 6 回基准改定课题检讨委员会》（2005 年 2 月 25 日召开）的会议资料的荒井（2005）论文。

地区，对虚拟租金估算时没有考虑住房的各种属性的差异，采用全国平均租金意味着用大中城市每户单位面积相对较小，即每平方米单位面积昂贵的房屋租金，乘以众多在边远地区大房子的自有住房的面积，结果将高估自有住房虚拟租金。而且在《县民经济核算》中，各都道府县仿照国家的方法使用各都道府县的平均住房租金来估算虚拟租金，导致各都道府县自有住房虚拟租金加总的总和小于全国自有住房虚拟租金。

由于 2005 年以前日本采用的是简单的以全国平均租金作为自有住房虚拟租金的方法，其结果大大高估了 GDP 中虚拟房租的部分，而这种方法的结果与各都道府县的核算结果出入太大，问题提出后，2005 年修改了原来的估算方法。

二、日本 2005 年修订后的核算方法

鉴于国民经济核算中的虚拟租金估算方法存在上述问题，"国民经济计算调查会议基准改定课题检讨委员会"对原有方法进行了修订，不再统一计算全国的虚拟租金，全国自有住房虚拟租金由各都道府县分别计算后加总，并且《国民经济核算》和《县民经济核算》中都进一步划分住房建筑结构（木制/非木制住宅）及建筑时期来进行估算。这样的修改方案避免了中央与地方的虚拟租金部分差异过大的问题，同时，也修正了利用全国平均租金可能高估虚拟租金的问题。然而虚拟租金估算的问题并没有完全得到解决。正如荒井（2005）所指出的那样，"由于在同一都道府县内，也存在每户单位面积较小的出租住房主要分布在省都所在地等较为方便的地区，所以即便是分各都道府县进行估算，也不能否认仍有高估的可能性"。此外，同样是政府统计的投入产出表中并没有分地区来估算虚拟租金，这样就会导致政府统计间存在不一致性等问题。

国民经济核算委员会针对未来的努力方向提出："希望从长远来看，也可选择例如使用个人数据进行回归分析等方法对基年虚拟租金数值做更精确的估算。"但是，国民经济核算的基年更新为 2011 年时，日本的内阁府并未进一步修订虚拟租金的估算方法。

三、日本虚拟房租估算方法改变前与改变后的估算值比较

表 5 - 1 是日本 2005 年修订估算方法之前与之后的虚拟房租的比较。2005 年底，日本对虚拟房租的估算方法进行了修订，因此，此前发表的 2005 年版《国民经济计算年报》为方法修订前的数值，该年报的统计对象是 2003 年的虚拟房租。2006 年版以后的《国民经济计算年报》为虚拟房租估算法修订后的数值。

2010 年版的《国民经济计算年报》开始，基年更新为 2005 年，虽然此版的虚拟房租的估算方法没有改变，但是由于基年更新，数据上也会有一些修正。从 2015 年开始，基年变为 2011 年，采用的是 SNA2008，数据也进一步进行了调整。

表 5-1　日本 2005 年修订前与两次修订后的虚拟房租比较

年份	自有住房虚拟房租（10 亿日元）			占居民最终消费支出比重（%）			占 GDP 比重（%）		
	2000 年基准	2005 年基准	2011 年基准	2000 年基准	2005 年基准	2011 年基准	2000 年基准	2005 年基准	2011 年基准
1980	15903			12.2			6.6		
1985	22716			13.1			7.0		
1990	32401			14.0			7.4		
1994	42173	35049	35047	15.7	13.2	13.5	8.6	7.1	7.1
1995	43785	36623	36618	16.1	13.7	13.8	8.8	7.4	7.2
1996	45289	38220	38216	16.3	14.0	14.2	8.9	7.6	7.4
1997	46798	39904	39901	16.5	14.3	14.5	9.0	7.7	7.6
1998	47955	41143	41143	17.0	14.9	15.1	9.3	8.1	7.9
1999	48941	41883	41883	17.5	15.1	15.4	9.6	8.4	8.2
2000	49910	42776	42776	17.8	15.5	15.6	9.8	8.5	8.2
2001	50998	43624	43624	18.2	15.7	15.8	10.1	8.8	8.5
2002	51878	44202	44202	18.7	15.9	16.0	10.4	9.0	8.7
2003	52719	44753	44780	19.1	16.3	16.3	10.6	9.2	8.9
2009		46724	49142		17.2	17.8		10.1	10.2
2010		46729	49297		17.0	17.7		9.8	10.0
2011		46573	49285		17.0	17.9		10.0	10.2
2012		46540	49416		16.8	17.7		9.9	10.1
2013		46562	49604		16.5	17.3		9.8	10.0
2014		46628	49775		16.3	17.1		9.7	9.8
2015			49884			17.2			9.5
2016			49903			17.3			9.4
2017			49952			17.1			9.2
2018			50025			17.0			9.2

注：①考虑到与其他年度的可比性，修订后 GDP 使用了不含 FISIM 的数值。

②2004 年版和 2014 年版均为 SNA1993，2018 年版为 SNA2008。

资料来源：日本内阁府发布的 2004 年版、2014 年版、2018 年版《国民经济计算年报》的"1. 国内总生产（支出面，名义）"。

首先，根据表 5 - 1 中修订前的估算值，自有住房虚拟房租 1980 年为 15.9 万亿日元，2003 年增长到 52.7 万亿日元，增长了 3.3 倍，远远高于同期 GDP 的增长（2.1 倍）。从图 5 - 1 可以看出，除 1988 年和 1985 年外，自有住房虚拟房租的增长率都明显高于 GDP 的增长率。

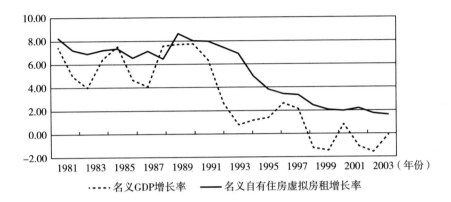

图 5 - 1　日本 2005 年修订前的 GDP 与自有住房虚拟房租增长率

资料来源：日本内阁府发布的 2005 年版《国民经济计算年报》的 "1. 国内总生产（支出面，名义）"。

根据日本总务省统计局统计调查部的国势统计课（人口普查科）"住宅·土地统计调查报告"可知，1983 年日本的自有住房为 21650 户，2003 年为 28666 户，20 年间并未有很大增长。因此可以得出 "虚拟房租" 的增长中，自有住房面积的增加对于虚拟房租金额上升的贡献非常有限。换言之，"虚拟房租" 的大部分增长是由于日本的全国平均租金的上涨带来的。日本东京的出租住房占日本全国的 16.4%，类似东京这样的大城市，如果房租上涨非常快，将推动整体的 "虚拟房租" 的增加。根据表 5 - 1 的 2000 年基准（修订前）的数据，从整体消费来看，对自有住房虚拟的住房支出占住户最终消费支出的百分比由 1980 年的 12.2%，上升到 2003 年的 19.1%，换言之，近两成的消费支出是由虚拟房租产生的。此外，虚拟房租在 GDP 中的占比也从 1980 年的 6.6% 上升到 2003 年的 10.6%，意味着 2000 年以后日本的 GDP 中的 10% 是居民仅仅住在自有住房的家里生产出来的。

再看表 5 - 1 中修订后（2005 年和 2011 年基准）的估算值，与修订前的金额相比所有年份的虚拟房租都存在明显下调。2003 年自有住房虚拟房租从 52.7 万亿日元下调了 15%，为 44.8 万亿日元，住户最终消费支出的占比从 19.1% 下调到 16.3%，国内生产总值的占比由原来的 10.6% 下调为 9.2%。

从图 5-2 显示的时间序列的变化来看，在 1995～2011 年尽管日本平均的经济增长处于负增长状态，但虚拟房租一直是正增长。虚拟房租占国内生产总值的比重从 1994 年的 7.1% 上升至 2011 年的 10%，重新接近修订前的 2003 年的占比水平。2012～2018 年，日本的 GDP 增长超过了虚拟房租的增长水平，虚拟房租的增长接近于 0，而 GDP 增长由负增长转为了正增长。

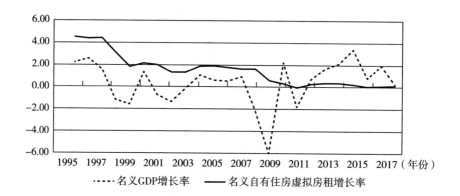

图 5-2　日本 2005 年修订后的 GDP 与自有住房虚拟房租增长率

资料来源：日本内阁府发布的 2018 年版《国民经济计算年报》的"1. 国内总生产（支出面，名义）"。

第三节　中国自有住房虚拟房租的估算

20 世纪 90 年代，世界银行对中国的 GDP 总量数据进行了大幅上调，并且在考察报告中指出：中国统计体系受传统的物质产品平衡表体系（System of Material Product Balances，MPS）影响，在基本概念、调查范围、调查方法等方面存在着很大缺陷；价格体制仍保留着传统价格体制的许多本质特征，许多产品的价格仍受政府控制，从而导致中国官方 GDP 总量数据被低估和增长速度被高估。之后世界银行以此考察报告为依据，1994 年发布了《中国人均 GNP》的专题报告，将中国 1992 年 GDP 上调了 34.3%，其中，对住房服务支出和住房服务产出在范围和估价上分别调高了 40% 和 179.8%，类似上调一直持续到 1998 年。1999 年中国国家统计局和财政部向世界银行提出取消对中国官方 GDP 数据进行调整的请求，但是，世界银行唯有对住房服务停止上调的问题没有进行回应。关于 GDP

的住房服务的问题，许宪春（2004）及其他一些相关论文进行了论述，明确指出了 GDP 核算中的住房服务仍然存在被低估的可能。

迄今为止，中国城乡居民自有住房服务的估算使用的还是成本估算法，采用的是城乡居民自有住房的虚拟折旧方法，也就是将城乡居民自有住房的固定资产价值乘以相应的折旧率得到自有住房虚拟房租的金额。

在 2004 年经济普查之前常规年度的 GDP 核算中，居民自有住房的折旧是在依据过去的市场价格估价的居民自有住房价值的基础上进行计算的；在经济普查年度 GDP 核算中，居民自有住房折旧是在按照当期市场价格估价的居民自有住房价值的基础上计算的。此外，2004 年以前，农村居民和城镇居民自有住房的虚拟折旧率采用的分别是 2% 和 4%，但是经济普查之后农村居民自有住房虚拟折旧率改为 3%，城镇居民自有住房虚拟折旧率改为 2%。这是由于城镇居民自有住房比农村居民自有住房可能更加坚固耐用，使用的年限更长，因此认为城镇居民自有住房虚拟折旧率不应当高于农村居民自有住房虚拟折旧率。

中国采用成本估算法推算的自有住房虚拟房租中不仅不包含中间消耗成本，而且不包含土地成本，但是市场的房租价格中暗含了土地成本。此外，成本估算时采用的居民自有住房的虚拟折旧率也可能存在被低估的可能。

由于中国第一次经济普查以前国家统计局未公布自有住房虚拟房租的数据，因此表 5-2 比较了中日包括自有住房虚拟租金在内的整个房地产业的增加值及其占 GDP 的份额。1990～2003 年，中国的房地产业增加值一直处于上升趋势，但是仅占 GDP 的 2%。日本在 1994 年，房地产业增加值急剧增加，达到了中国的 57 倍，甚至超过了中国同年的 GDP 总额，占 GDP 比重达到了 12.1%，远远超过中国房地产增加值的 GDP 占比。之后基本维持在 1994 年的增加值水平，但是 GDP 占比一直在上升，2003 年达到 14%。

表 5-2　中国第一次经济普查前及日本修订前房地产业增加值比较

年份	房地产业增加值（亿元）			占 GDP 比重（%）		汇率
	中国（a）	日本（b）	b/a	中国	日本	
1990	325	15542	47.8	1.8	10.7	30.1
1991	368	19673	53.4	1.7	10.6	25.3
1992	521	23143	44.4	2.0	11.0	22.9
1993	641	29481	46.0	1.8	11.7	19.2
1994	870	49597	57.0	1.9	12.1	11.9
1995	1059	53298	50.3	1.8	12.1	11.2

年份	房地产业增加值（亿元）			占 GDP 比重（%）		汇率
	中国（a）	日本（b）	b/a	中国	日本	
1996	1149	46918	40.8	1.7	12.1	13.1
1997	1259	43352	34.4	1.7	12.2	14.6
1998	1453	40695	28.0	1.9	12.5	15.8
1999	1528	47500	31.1	1.9	12.9	13.7
2000	1690	50993	30.2	1.9	13.1	13.0
2001	1885	45872	24.3	1.9	13.5	14.7
2002	2098	45305	21.6	2.0	13.9	15.1
2003	2378	49420	20.8	2.0	14.0	14.0

资料来源：《中国统计年鉴》（1998～2005 年）"3 - 5 第三产业增加值"及"3 - 1 国内生产总值"及 2005 年版《国民经济计算年报》"经济活动别国内总生产（名义）"。

经过第一次经济普查之后，2004 年中国的 GDP 上调了 16.8%，其中 92.6% 的上调是第三产业贡献的。其中，房地产业增加值占比普查前的 2% 上升为 4.5%，发生了大幅上调。2004 年的经济普查之后，国家统计局首次公布了居民自有住房的虚拟租金，如表 5 - 3 所示，占 GDP 的 2.5%，占房地产业增加值的 57%。

表 5 - 3　2004 年中国居民自有住房服务业增加值

	增加值（亿元）	占 GDP 比重（%）
第三产业	64561	40.4
房地产业	7174	4.5
居民自有住房服务业	4061	2.5

资料来源：《中国国内生产总值核算历史资料（1952～2004）》"第一次全国经济普查年度（2004 年）分行业增加值及构成"。

SNA 起源于发达的市场经济国家，这些国家中的"大部分国家都具有良好的出租房屋市场"，而中国是在 20 世纪 80 年代后期引进 SNA 的，对居民自有住房的虚拟房租的计算无法采用 SNA 所推荐的市场房租估算法，这在当时的历史条件下可以说是妥当的选择。中国在第一次经济普查之后虽然对成本估算法进行了部分改善，但第二次经济普查之后还是延续了成本估算法，并未进行进一步完善。

第四节　GDP 统计中有关居民自有住房服务业的中日比较

中国的 GDP 核算是以生产法核算为主、支出法核算为辅，季度核算仅有生产法核算，而日本恰恰相反，GDP 核算是以支出法为标准核算方法，季度核算至今也只有支出法核算。以下通过统计数据分别从 GDP 核算的生产核算和支出核算两方面，对自有住房服务业的虚拟增加值及居民居住类消费支出进行中日比较。

一、国内生产总值生产核算的中日自有住房服务业的比较

中国的生产法核算的数据资料相对翔实，以下首先从生产法核算方面进行中日比较。由于中日两国都未系统公布自有住房服务业的虚拟增加值，因此只能对包含自有住房服务业的房地产业增加值进行比较。表 5 - 4 是中日两国修订后的 GDP 和房地产业增加值的比较，其中，中国在第一次经济普查之后对 GDP 的历史数据进行了追溯性修订；日本 2005 基年的生产法核算数据只追溯到 2001 年，这之前的数据是以 2000 年为基年的生产法核算数据。日本国内生产总值生产核算中的房地产业是由房屋租赁业和其他不动产业两个项目组成，其中房屋租赁业包括出租房和自有住房，如前文所示，房屋租赁业是把出租房和自有住房统一按照"每 1 平方米全国平均租金×全国总楼面面积"的方法来计算租金总额的。根据 2008 年《住宅·土地统计调查》（日本总务省），以户数为单位的自有住房比率为 61.1%；由于每户自有住房面积大于出租房，以面积为单位计算得出的自有住房比率超过 80%。因此，可以说房屋租赁业增加值的 80% 以上是自有住房服务业的虚拟增加值。而 2011 年房屋租赁业增加值占房地产业增加值的 87.5%，所以可以推测日本同年自有住房服务业的虚拟增加值占房地产业增加值的七成左右，远高于中国的占比。

根据日本政府公布的历史相关数据显示，日本房地产业增加值占 GDP 的份额早在 1955 年就已达到 5.4%，1956 年达到 5.9%，1960 年为 7.4%，1970 年为 7.8%[①]。2011 年，中国被认为房地产泡沫已来临，但是表 5 - 4 的数据显示，中国的房地产业增加值占 GDP 的比重为 5.5%，仅相当于日本经济高速成长起飞之

---

① 内阁府社会总合研究所. 国民经济计算报告"长期遡及主要系列　昭和 30 - 平成 10 年"［M］. 财务省印刷局，2001.

前的 1955～1956 年。从表 5－4 可以看到，中国房地产业增加值与第一次经济普查之前的数据相比，各年都有大幅上调，随着经济增长，按当年价格计算的房地产业增加值也急剧增长。而日本房地产业增加值与表 5－2 修订前的数据相比，各年都有大幅度的下调。

表 5－4　中日修订后的 GDP 及房地产增加值比较

年份	国内生产总值（百亿元）			房地产业增加值（亿元）			占 GDP 比重（%）		汇率
	中国（a）	日本（b）	b/a	中国（a）	日本（b）	b/a	中国	日本	（日元/人民币）
1980	46	183	4.0	96	1635	17.0	2.1	8.9	133.4
1985	91	404	4.4	215	3828	17.8	2.4	9.5	80.3
1990	189	1460	7.7	662	14307	21.6	3.5	9.8	30.1
1995	613	4548	7.4	2354	45092	19.2	3.8	9.9	11.2
1996	718	3999	5.6	2618	39393	15.0	3.6	9.8	13.1
1997	797	3661	4.6	2921	36105	12.4	3.7	9.9	14.6
1998	852	3355	3.9	3434	33549	9.8	4.0	10.0	15.8
1999	906	3807	4.2	3682	38873	10.6	4.1	10.3	13.7
2000	1003	4057	4.0	4149	41613	10.0	4.1	10.3	13.0
2001	1109	3548	3.2	4715	36537	7.7	4.3	10.3	14.7
2002	1217	3423	2.8	5346	35248	6.6	4.4	10.3	15.1
2003	1374	3693	2.7	6173	38035	6.2	4.5	10.3	14.0
2004	1618	3997	2.5	7174	41138	5.7	4.4	10.3	13.1
2005	1873	3926	2.1	8516	40646	4.8	4.5	10.4	13.4
2006	2194	3628	1.7	10370	38538	3.7	4.7	10.7	14.6
2007	2701	3450	1.3	13810	36900	2.7	5.1	10.7	15.5
2008	3192	3520	1.1	14739	39180	2.7	4.6	11.2	14.8
2009	3485	3581	1.0	18655	43288	2.3	5.4	12.1	13.7
2010	4121	3872	0.9	22782	46005	2.0	5.5	11.9	12.9
2011	4879	3983	0.8	26708	48247	1.8	5.5	12.1	12.3
2012	5386	3915	0.7	31248	46968	1.5	5.8	12.0	12.6
2013	5930	3194	0.5	35988	38006	1.1	6.1	11.9	15.8
2014	6436	2979	0.5	38001	34865	0.9	5.9	11.7	17.2
2015	6889	2733	0.4	42574	31176	0.7	6.2	11.4	19.4
2016	7464	3269	0.4	49969	37340	0.8	6.7	11.4	16.4
2017	8320	3283	0.4	57086	37217	0.7	6.9	11.3	16.6

注：日本生产法与支出法国内生产总值不等，其差值放在生产法国内生产总值项内，这里使用不包含差值的生产法国内生产总值。

资料来源：日本 1980～1994 年和 1995 年以后的数据分别取自内阁府 2011 年版《国民经济计算年报》（2000 年基准年·SNA1993）和 2018 年版《国民经济计算年报》（2011 年基准年·SNA2008）的"经济活动别国内总生产（名目）"；中国数据取自《中国统计年鉴 2021》"3－1 国内生产总值"及各年版《中国统计年鉴》"3－6 第三产业（分行业）增加值"。

修订后的数据显示，与按同期汇率结算为人民币的日本相比，整个 20 世纪八九十年代虽然日本的国内生产总值是中国的 4~7.8 倍，但房地产业增加值却是中国的 10~20 倍以上。2000 年以后的 10 年间，中国的 GDP 快速接近日本，在 2010 年超过日本，但是房地产业增加值却仍然停留在日本的一半左右。2014年，日本的 GDP 仅为中国的一半，但是房地产业增加值和中国相差不大。从房地产业增加值占 GDP 的份额来看，日本从 1980 年的 8.9% 上升到了 1998 年的10%，之后保持在 10% 以上，2009 年达到 12.1%，与日本相比，中国的这一占比在 1980 年仅为 2.1%，之后一直呈上升趋势，2017 年达到最高的 6.9%，但是与日本的 11.3% 相比，仍有一定距离。

上述数据说明，中国第一次经济普查前的房地产业增加值被严重低估，而且即使修订后的数据也存在被低估的可能。

房地产业增加值估算过低的问题可能还造成了第三产业增加值整体的低估。表 5 - 5 对第三产业增加值及第三产业劳动生产率进行了中日比较。中国的第三产业增加值在 20 世纪 90 年代还不及日本的 10%，即使是 2010 年也不到日本的3/4。从第三产业增加值占 GDP 份额来看，日本的第三产业增加值在 1980 年就已经占 GDP 的一半以上，1995 年开始超过六成，2010 年高达 70.2%，而中国在1980 年这一占比未超过 20%，2000 年开始超过 30%，直至 2018 年增长到59.7%，与日本 1990 年相当。这个数字如果简单套用配第一克拉克法则的话，中国尽管在 2010 年 GDP 总量就超过了日本，但是，当时第三产业增加值远低于日本，并且第三产业在 GDP 中的占比不足 40%，甚至低于日本 1950 年的45.2%[①]。2018 年中国的第三产业在 GDP 中的占比仍低于日本 1980 年的占比，中国的第三产业与日本相比，仍然存在非常大的差异。这样的差异究竟是反映了中国的真实状况，还是由于统计口径的不同造成的，值得进一步深入探讨。

表 5 - 5 的数据显示，中国第三产业的从业人员逐年增加，1995 年为日本的4.3 倍，2010 年是日本的 6.7 倍，2015 年上升到 8.3 倍。而中国 1995 年第三产业增加值远低于日本，日本的第三产业增加值是中国的 13.9 倍，2010 年下降到1.5 倍。2015 年中国第三产业增加值超过了日本，日本为中国的一半。结果是日本第三产业人均创造的增加值在 1995 年是中国的 59.3 倍，到了 2010 年缩小到10 倍的差距，到了 2015 年仍然有接近 5 倍的差距。由于第三产业的生产活动大部分是取决于劳动要素，通常情况下，第三产业的劳动生产率存在非常大差异的

---

① 日本 1950 年的数据来自内阁府经济社会综合研究所. 国民所得解説资料第一号 戦後の国民所得 - その水準と構成 - 第一稿［Z］. 1953.

可能性不大。但是表 5 – 5 显示的中日劳动生产率如此大的差距很可能是由于中国第三产业增加值被低估所导致的。

表 5 – 5 第三产业增加值与劳动生产率的中日比较

年份	第三产业增加值（百亿元）			占 GDP 比重（%）		第三产业从业人数（万人）			劳动生产率（百元/人）			汇率（日元/人民币）
	中国(a)	日本(b)	b/a	中国	日本	中国(a)	日本(b)	a/b	中国(a)	日本(b)	b/a	
1980	10	103	10.1	19.2	57.7	5532	3062	1.8	18	337	18.2	133.4
1985	27	232	8.7	34.8	59.0	8359	3327	2.5	32	698	21.8	80.3
1990	61	849	13.9	20.0	59.8	11979	3641	3.3	51	2332	45.7	30.1
1995	206	2876	13.9	28.5	63.3	16880	3965	4.3	122	7252	59.3	11.3
2000	399	2665	6.7	36.2	66.0	19823	4033	4.9	201	6607	32.8	13.0
2005	774	2686	3.5	44.3	69.0	23439	4113	5.7	330	6530	19.8	13.5
2010	1821	2710	1.5	39.0	70.2	26332	3936	6.7	691	6886	10.0	13.0
2015	3462	1894	0.5	53.0	69.2	32839	3933	8.3	1054	4815	4.6	19.4

注：这里第三产业人均增加值 = 第三产业增加值 ÷ 第三产业从业人数。

资料来源：日本的从业人数取自日本总务省发布的《国势调查（人口普查）》中分产业 15 岁以上从业人数；中国的从业人数取自中国国家统计局发布的《中国统计年鉴 2019》"4 – 2 按三次产业分就业人员数（年底数）"。

二、国内生产总值支出核算数据的中日比较

以下通过支出法 GDP，对中日两国进行比较。中国从 1993 年开始进行支出法 GDP 核算，但是由于最初相关统计数据不充分，因此公布的最终使用项目仅为 3 项。在 2008 年第二次经济普查之后，中国国家统计局对历史数据进行了追溯性修订，并且公布从 2004 年开始的居民消费支出的细分类项目，但是关于居民消费支出的细分类项目仅公布至 2011 年，2012 年开始公布的最终使用项目又恢复到最初的 3 项。因此，关于居住类支出的比较只能局限于 2004 ~ 2011 年。由于日本的支出法 GDP 核算是国内生产总值核算的主要方法，因此，公布的最终使用项目包括对自有住房服务的虚拟支出项目，比中国公布的支出方面的相关资料更翔实，数据更加丰富。

从表 5 – 6 中的居民消费支出对比可以看出，尽管中国的人口约为日本的 10 倍，但是居民消费支出金额却远远低于日本，2004 年仅是日本的不到 1/3，到了 2007 年才勉强达到日本的一半。2011 年，虽然中国的 GDP 已经超过了日本，但

居民消费支出总额仍然远低于日本。另外，日本的居民消费支出占 GDP 的比重超过 50%，最高是 2011 年的 59%，说明日本经济增长有一半以上依赖于居民消费支出，相比之下，中国的居民消费支出在 GDP 中的占比相对较小，20 世纪 80 年代超过了 50%，90 年代降到四成，2005 年之后降到不足四成。这说明中国 2000 年以后的经济增长主要依赖的不是居民消费支出，而是外需及国内投资需求，但从另一方面来说，也可能与自有住房服务业的虚拟租金的估算值过低有一定关系。

表 5-6 支出法 GDP 中的居民消费支出及居住类支出的中日比较

年份	居民消费支出（百亿元）			居民消费支出的 GDP 占比（%）		居住类支出（百亿元）			居住类支出的 GDP 占比（%）		汇率（日元/人民币）
	中国 (a)	日本 (b)	b/a	中国	日本	中国 (a)	日本 (b)	b/a	中国	日本	
1980	23	98	4.2	50.8	53.7		19			10.3	133.4
1985	46	217	4.6	51.6	53.5		42			10.4	80.3
1990	94	768	8.1	48.8	52.2		146			9.9	30.1
1995	281	2380	8.4	44.9	54.1		507			11.5	11.2
2000	470	2140	4.7	46.4	55.1		496			12.8	13.0
2004	666	2151	3.3	40.5	56.0	96	520	5.4	6.0	13.8	13.1
2005	752	2110	2.9	38.9	56.4	111	516	4.6	5.9	14.0	13.4
2006	841	1965	2.4	37.1	56.5	146	478	3.3	6.6	14.1	14.6
2007	998	1864	1.9	36.1	55.9	167	457	2.7	6.3	14.0	15.5
2008	1153	1939	1.7	35.3	57.0	192	476	2.5	6.1	14.3	14.8
2009	1267	2039	1.7	35.4	58.7	207	511	2.5	5.9	15.1	13.7
2010	1461	2178	1.5	34.9	57.9	242	545	2.2	6.0	14.8	12.9
2011	1765	2257	1.4	35.4	59.0	274	570	2.1	5.9	15.1	12.3
2012	1985	2232	1.1	36.7	57.0		592			15.1	12.3
2013	2198	1833	0.8	36.8	57.4		478			15.0	15.8
2014	2425	1699	0.7	37.5	57.0		439			14.7	17.2
2015	2660	1513	0.6	38.0	55.4		384			14.1	19.4
2016	2934	1781	0.6	39.4	54.5		450			13.8	16.4
2017	3180	1786	0.6	39.0	54.3		448			13.6	16.6
2018	3482	1790	0.5	39.4	54.7		448			13.7	16.7

资料来源：日本的数据出自日本内阁府 2019 年版《国民经济计算年报》"国内总生产（支出侧，名义）"及"家计目的别最终消费支出构成"；中国数据出自国家统计局《中国统计年鉴》（2008、2012）"2-19 居民消费支出"，《中国统计年鉴 2019》"支出法国内生产总值"及"支出法国内生产总值构成"。

　　在公布的居民消费支出的分类项目中，中国和日本都没有单独列出包括出租房和自有住房的住宅服务支出项目，而是公布了包括水电煤支出的"居住类支出"。但是，日本公布了自有住房的虚拟支出，占居住类支出的份额为 66% ~ 67%。而中国没有公布相关统计，所以无法进行对比。表 5 - 6 显示，日本居住类支出占 GDP 的比重除 1990 年外均在 10% 以上，有些年份超过了 15%；而中国一直在 6% 左右徘徊。再对比一下居住类支出金额可知，中国 2004 年的居住类支出总额不到日本的 1/5，即使到了 2011 年也还不及日本的一半。

　　进行消费支出比较时，总金额固然重要，但是也应考虑消费人数。表 5 - 7 对人均国内生产总值及人均居住类支出进行了比较。按同期汇率进行换算，虽然 2010 年中国的 GDP 超过了日本，但人均 GDP 仅为日本的 1/10，人均居住类支出是日本的 1/25，可见中日人均居住类支出的差距更大。2004 年，中国包括自有住房服务虚拟计算在内的人均居住类支出仅为 738 元，而日本是 40777 元，是中国的 55 倍，到了 2011 年虽然有缩小，但是也仍然达到了 23 倍。

表 5 - 7　人均 GDP 及人均居住类支出的中日比较

年份	人均国内生产总值（元）			人均居住类支出（元）			人均居住面积（平方米）			房屋平均价格（元/平方米）		汇率（日元/人民币）
	中国(a)	日本(b)	b/a	中国(a)	日本(b)	b/a	中国城镇	中国农村	日本	中国	日本	
1980	468	15547	33.2		1609			9.4				133.4
1983	588	20744	35.3		2240			27.8				117.4
1988	1378	91473	66.4		9199			16.6	30.6			34.4
1993	3027	203564	67.2		21902			20.7	33.8			19.2
1998	6860	255618	37.3		31426			23.3	36.8	2063		15.8
2002	9506	255229	26.8		34346		24.5	26.5		2250	29475	15.1
2003	10666	275009	25.8		37402		25.3	27.2	40.1	2359	33017	14.0
2004	12487	295675	23.7	738	40777	55.3	26.4	27.9		2778	35444	13.1
2005	14368	287683	20.0	851	40729	47.9	27.8	29.7		3168	33667	13.4
2006	16738	266168	15.9	1113	38385	34.5	28.5	30.7		3367	31542	14.6
2007	20494	254139	12.4	1266	36586	28.9	30.1	31.6		3864	32187	15.5
2008	24100	259479	10.8	1445	38857	26.9	30.6	32.4	42.5	3800	35062	14.8
2009	26180	264082	10.1	1554	41769	26.9	31.3	33.6		4681	37953	13.7
2010	30808	286854	9.3	1806	44562	24.7	31.6	34.1		5032	43044	12.9

续表

| 年份 | 人均国内生产总值（元） | | | 人均居住类支出（元） | | | 人均居住面积（平方米） | | | 房屋平均价格（元/平方米） | | 汇率（日元/人民币） |
	中国(a)	日本(b)	b/a	中国(a)	日本(b)	b/a	中国城镇	中国农村	日本	中国	日本	
2011	36302	294444	8.1	2033	46782	23.0	32.7	36.2		5357	44010	12.3
2012	39874	306545	7.7		46389		32.9	37.1		5791	42007	12.6
2013	43684	252702	5.8	2999	37496	12.5			45.9	6237	36807	15.3
2014	47005	236227	5.0	3201	34496	10.8				6324	34964	17.2
2015	50028	215652	4.3	3419	30243	8.8				6793	33636	19.4
2016	53680	258212	4.8	3746	35513	9.5	36.6	45.8		7476	39983	16.4
2017	59201	260346	4.4	4107	35930	8.7				7892	41925	16.6
2018	64644	259701	4.0	4647	36116	7.8	39.0	47.3	46.8	8737	42695	16.7

注：中国与日本的房屋价格虽然是每平方米的价格，但中国的价格是建筑面积，而日本的则是实用面积的价格，在此的数据仅仅提供参考，不能直接进行比较。

资料来源：日本人均居住面积的数据出自日本总务省统计局《住宅·土地统计调查》（＝每1住宅平均面积×住宅总数÷家计人员总数）；日本住宅价格出自不动产经济研究所《全国マンション市场动向》中全国的公寓楼住宅的平均价格。中国人均居住面积数据出自《中国统计年鉴 2012》"10－35 城乡新建住宅面积和居民住房情况"。中国人均居住类支出来自《中国统计年鉴》"全国居民人均收支情况"的居民人均居住支出。中国商品房销售价格出自《中国统计年鉴》（2004～2019）"19－12 按用途分商品房平均销售价格"。2016 年人均居住面积数据来自人民网—中国共产党新闻网《居民收入持续较快增长人民生活质量不断提高》（http：//dangjian. people. com. cn/n1/2017/0711/c412885－29397056. html）；2018 年人均居住面积数据来自国家统计局 2019 年 7 月 31 日发布的《建筑业持续快速发展　城乡面貌显著改善——新中国成立 70 周年经济社会发展成就系列报告之十》。

居住类支出的大小与居住面积及环境相关，以下通过对比中日人均居住面积，探讨中日存在如此巨大的差距与居住面积相关性的大小。日本《住宅·土地统计调查》是逢 3 和逢 8 年进行。根据表 5－7 的数据显示，2008 年日本人均居住面积为中国城镇及乡村平均人均居住面积的 1.35 倍，同年人均居住类支出是中国的 26.9 倍，换言之，日本每平方米的居民住房消费支出是中国的近 19 倍。最新 2018 年日本人均居住面积 46.8 平方米，中国人均居住面积超过了 40 平方米，与日本接近，但是日本的人均居住类支出是中国的 7.8 倍。日本的住房品质可能优于中国，但是即使把质量因素考虑在内也不能解释中日间如此巨大的差距。从中日的房屋价格来看，中国房价上升非常迅速，日本虽然自 2015 年开始有所上升，但是上升幅度明显低于中国，因此，中日间房价差距正在逐步缩小。中日房价缩小的同时，也意味着中国居民的居住类支出在不断增加。因此，居住面积的差异并不是造成由中日人均居住类支出巨大差异的主要原因。

本章小结

21世纪初期，国内外媒体怀疑中国的 GDP 有水分，有被高估的论调。但是本章通过考察 GDP 核算中自有住房服务的估算问题，比较了中日关于虚拟房租的两种不同估算方法，并分别从生产和支出两个角度对中日两国关于 GDP 的各项统计数据进行比较，发现中国的自有住房服务存在被低估的现象，而日本存在被高估的可能。

由于中国的商品经济发展较晚，最初确实尚未形成健全的房地产租赁市场，没有合适的房屋市场价格可做参考，因此，在估算虚拟房租时，没有采用通常使用的市场房租，目前使用的还是只计入固定资产虚拟折旧的成本估算法，这是虚拟房租估值过低的主要原因。尽管中国房地产业发展迅速，房屋的商品化得到了很大的普及，但是中国仍未采用市场房租估算法估算虚拟房租。根据现有估算方法，很可能大大低估了自有住房服务的价值，造成中国 GDP 实际上是被低估而不是被高估的现实。

日本最初采用市场房租估算法，以全国住房的平均租金估算自有住房服务，产生了日本偏远地区的住房服务被高估的问题。日本各都道府利用各自的平均租金推算的自有住房服务金额加总后远低于内阁府利用全国平均租金推算的自有住房服务的金额，因此，日本在 2005 年以后改进了原有的方法，采用了分地区核算虚拟租金，即使用各个都道府县的平均房租进行估算的方法，以达到全国国内生产总值核算与地区核算之间的整合。采用新的估算法之后，日本两次大幅下调自有住房虚拟租金的估算值。但是仍有学者认为，采用地区平均房租仍然存在使虚拟房租被高估的可能。

比较中日自有住房服务的推算方法及结果，可以得到的结论是中国的自有住房服务存在着被低估的现象，如果采用市场房租估算法，房地产增加值以及居民消费支出的估算值有可能会进一步上调。在采用市场价格进行估算时，可以借鉴日本的自有住房估算的经验，避免采用全国平均房租可能导致的高估自有住房服务的问题。

中篇　不变价GDP核算

第六章 不变价 GDP 和投入产出表

国家统计局每年在《中国统计年鉴》中发布当年价格的 GDP，同时也发布不变价 GDP。当年价格 GDP 也称作名义 GDP，是价值量指标，其价值的变化受价格变化和数量变化两大因素影响。不变价 GDP 也称作实际 GDP，就是把按当期价格计算的 GDP 换算成按某个固定期（基期）价格计算的 GDP，剔除价格变化的影响，仅仅反映物量变化。不变价 GDP 反映的是一国生产活动成果的变动，通常在预测未来经济走向及测算经济增长时采用不变价 GDP。不变价 GDP 的基期并非一直不变，中国和日本通常是每 5 年变更 1 次，2020 年发布的数据是以 2015 年为基期的实际 GDP。

实际 GDP 不仅仅指不变价 GDP，在进行国际比较时，需要将不同国家的价格转换成相同价格进行比较，转换后的 GDP 也称作实际 GDP。因此，名义 GDP 是包含了价格因素的价值量，实际 GDP 则反映了去除价格因素的实际生产量。表 6 – 1 为世界实际 GDP 前 10 位国家列表。各国的实际 GDP 是将各国的名义 GDP 通过购买力平价（以下简称 PPP）进行换算的结果。下文介绍经济学中的名义值和实际值的概念，以及实际 GDP 换算方法。

表 6 – 1　GDP 的国际比较　　　　　　单位：10 亿美元

国家	2017 年				2018 年			
	PPP	排位	汇率	排位	PPP	排位	汇率	排位
中国	23190	1	12062	2	25270	1	13407	2
美国	19485	2	19485	1	20494	2	20494	1
印度	9597	3	2652	6	10505	3	2717	7
日本	5427	4	4860	3	5594	4	4972	3
德国	4199	5	3701	4	4356	5	4000	4
俄罗斯	4027	6	1578	12	4213	6	1631	11
印度尼西亚	3250	7	1015	16	3495	7	1022	16
巴西	3255	8	2053	8	3365	8	1868	9
英国	2930	9	2640	5	3038	9	2829	5
法国	2854	10	2588	7	2963	10	2775	6

资料来源：World Economic Outlook Databases，IMF（2019 年 4 月版）。

第一节 名义值和实际值

对不同时间或国家（地区）的金额进行比较，可分为名义值比较和实际值比较两种。在经济学中，如何区分名义值与实际值的概念是非常重要的。通过表 6－2 的苹果和橙子的数值举例可以说明名义值和实际值的区别。

表 6－2 名义值与实际值

	基期（0）			比较期（t）						数量比 q_t/q_0
	价格 p_0	数量 q_0	支出金额 p_0q_0	价格 p_t	数量 q_t	名义支出 p_tq_t	对基期名义支出比	实际支出 p_0q_t	对基期实际支出比	
苹果	10	10	100	15	8	120	1.20	80	0.80	0.8
橙子	10	10	100	12.5	12	150	1.50	120	1.20	1.20
合计/平均			200			270	1.35	200	1.00	

假如表 6－2 的基期为 2015 年，报告期为 2019 年。由于苹果价格由 10 元大幅上升至 15 元（价格上升 50%），橙子的价格由 10 元升至 12.5 元（价格上升 25%），上升幅度较小，苹果消费量由 10 个减少至 8 个（数量减少 20%），而橙子的消费量则由 10 个增加至 12 个（数量增加 20%）。

从支出金额来看，尽管苹果的消费量减少，但由于价格大幅上升，苹果在报告期的消费支出（名义支出）与基期相比增加了 20%，去除价格变动后的苹果实际支出与基期相比，变动为 -20%。橙子在报告期的消费支出（名义支出）与基期相比增加了 50%，实际支出与基期相比增加了 20%。换言之，苹果和橙子的实际支出的变动等于其消费数量的变动。因此，基于实际值的比较也被称为基于数量的比较。

另外，作为整体的消费支出，名义值的增加为：

$$\frac{270(\text{报告期名义支出合计} \sum p_t q_t)}{200(\text{基期支出合计} \sum p_0 q_0)} - 1 = 0.35 \tag{6.1}$$

由式（6.1）可以看到，虽然消费支出的名义值增幅高达 35%，但无法区分是消费数量的增加还是物价上升带来的增加。要分清消费支出是物价上升带来的结果还是数量增加的结果，可以通过观察价格指数的变化来确定。

式（6.2）是帕氏物价指数公式：

$$\frac{270(报告期名义支出合计 \sum p_t q_t)}{200(报告期实际支出合计 \sum p_0 q_t)} - 1 = 0.35 \tag{6.2}$$

由于表 6-2 的基期和报告期的消费数量和价格都不同，因此无法区分名义支出金额 270 是数量变动导致还是价格变动所致。在此，假设基期与报告期的消费数量相同，即苹果的消费量为 8，橙子的消费量为 12，支出增加了 35%，那么可以判定支出的增加是价格上升导致的结果。另外，从实际值来看，苹果的消费量减少与橙子的消费量增加相互抵消，实际物量没有发生变化。

式（6.3）属于拉氏数量指数公式：

$$\frac{200(报告期实际支出合计 \sum p_0 q_t)}{200(基期支出合计 \sum p_0 q_0)} - 1 = 0 \tag{6.3}$$

式（6.3）中的价格均采用基期的价格，消费量的变化为 0，也就是最终等于零增长。价格不变时，实际值的变动代表总消费量的变动。

因此，名义值和实际值的金额（pq），可以分解为价格（p）和数量（q）两个组成部分。所谓名义值是指现价表示的金额（$\sum p_t q_t$）。但是在比较不同时期的金额时，难以区分金额变化是因价格变化导致还是数量变化导致，因此去除价格变动因素，只比较各时间点的数量变动时，就只看实际值（$\sum p_0 q_t$）。

用于观察各国经济规模变动的经济增长率是指去除价格变动因素后的生产数量的变动比率，是根据实际 GDP 计算得出的指标。

第二节　指数的计算

在进行实际值计算时通常需要用到价格指数、数量指数及产出指数等各种指数，以下分别介绍各种指数的计算方法。

一、价格指数

在进行实际值计算时通常会用到价格指数，物价指数是一个衡量市场上物价总水平变动情况的指数，经常使用的物价指数有拉氏价格指数、帕氏价格指数和费雪价格指数。以下分别说明这几种指数的计算方法。

（一）拉氏价格指数

德国统计学家拉斯贝尔（Laspeyres）对物价变动的测算是指假定在报告期购

买与基期相同数量的商品（物品及服务）时所支出的总金额（$\sum p_t q_0$）与基期购买各商品（物品及服务）所支出的总金额（$\sum p_0 q_0$）的比值。换言之，就是把数量固定在基期，通过金额变化来看基期和报告期价格的变动。具体公式如式（6.4）所示：

$$P_{0t}^L = \frac{p_{1t} q_{10} + p_{2t} q_{20} + \cdots + p_{nt} q_{no}}{p_{10} q_{10} + p_{20} q_{20} + \cdots + p_{n0} q_{n0}} = \frac{\sum p_t q_0}{\sum p_0 q_0} \tag{6.4}$$

如果对各商品的价格变动进行加权平均，就表示为式（6.5）：

$$P_{ot}^L = \sum \frac{p_t}{p_0} \cdot \frac{p_0 q_0}{\sum p_0 q_0} = \sum \frac{p_t}{p_0} \cdot w_0 \tag{6.5}$$

由式（6.5）可知，拉氏价格指数是将每种商品的价格指数$\left(\dfrac{p_t}{p_0}\right)$以基期的支出金额作为权重$\left(w_o = \dfrac{p_0 q_0}{\sum p_0 q_0}\right)$进行加权平均得到的结果。

（二）帕氏价格指数

帕氏价格指数是德国学者帕煦（Paasche）提出的方法，与拉氏价格指数不同的是采用了报告期的价格与数量的乘积的原有的金额作为分子（$\sum p_t q_t$），而分母则假定基期与报告期数量相同的假设量。换言之，把数量固定在报告期，通过金额（$\sum p_0 q_t$）的变动观察价格的变化［见式（6.6）］。

$$P_{0t}^P = \frac{p_{1t} q_{1t} + p_{2t} q_{2t} + \cdots + p_{nt} q_{nt}}{p_{10} q_{1t} + p_{20} q_{2t} + \cdots + p_{n0} q_{nt}} = \frac{\sum p_t q_t}{\sum p_0 q_t} \tag{6.6}$$

如果用加权平均来表示各种商品的价格变动，就成为式（6.7）：

$$P_{0t}^P = \frac{\sum p_t q_t}{\sum p_0 q_t} = \frac{1}{\dfrac{\sum p_0 q_t}{\sum p_t q_t}} = \frac{1}{\sum \dfrac{p_0}{p_t} \dfrac{p_t q_t}{\sum p_t q_t}} = \frac{1}{\sum \dfrac{p_0}{p_t} w_t} \tag{6.7}$$

由式（6.7）可知，帕氏价格指数是将各商品的价格指数的倒数$\left(\dfrac{p_0}{p_t}\right)$以报告期的支出金额为权重$\left(w_t = \dfrac{p_t q_t}{\sum p_t q_t}\right)$进行加权调和平均的结果。

利用表6-3的数据来看拉氏价格指数与帕氏价格指数的区别。

拉氏价格指数：

$$P_1^L = \frac{15 \times 10 + 12.5 \times 10}{10 \times 10 + 10 \times 10} = \frac{275}{200} = 1.375 \qquad \text{（加总式）}$$

$$P_1^L = 1.50 \times 0.5 + 1.25 \times 0.5 = 1.375 \quad （加权平均式）$$

帕氏价格指数：

$$P_1^P = \frac{15 \times 8 + 12.5 \times 12}{10 \times 8 + 10 \times 12} = \frac{270}{200} = 1.350 \quad （加总式）$$

$$P_1^P = \frac{1}{\dfrac{1}{1.5} \times 0.44 + \dfrac{1}{1.25} \times 0.56} = 1.350 \quad （加权平均式）$$

如上述结果所示，虽然是相同的物价变化，拉氏价格指数显示的价格上升幅度为 37.5%，帕氏价格指数显示的物价上升幅度为 35%。

表 6－3　物价指数的计算

	基期（0）				报告期（t）				商品价格比 p_t/p_0
	价格 p_0	数量 q_0	支出金额 $p_0 \times q_0$	权重 w_0	价格 p_t	数量 q_t	支出金额 $p_t \times q_t$	权重 w_t	
苹果	10	10	100	0.50	15	8	120	0.44	1.50
橙子	10	10	100	0.50	12.5	12	150	0.56	1.25
合计			200	1.00			270	1.00	

（三）时间互换检验

在此，交换基期与报告期的时间，对计算结果进行检验。同样采用表 6－3 的数值，将报告期与基期进行互换，得到的价格比将发生变化，如表 6－4 所示。

表 6－4　基期与报告期互换后的价格指数的计算

	基期（0）				报告期（t）				商品价格比 p_t/p_0
	价格 p_0	数量 q_0	支出金额 $p_0 \times q_0$	权重 w_0	价格 p_t	数量 q_t	支出金额 $p_t \times q_t$	权重 w_t	
苹果	15	8	120	0.44	10	10	100	0.5	0.667
橙子	12.5	12	150	0.56	10	10	100	0.5	0.800
合计			270	1.00			200	1.0	

由表 6－3 和表 6－4 的商品价格比可知，基期与报告期互换后，商品价格比发生变化，但是互换前与互换后的价格比的乘积为 1，即，苹果：$\dfrac{15}{10} \times \dfrac{10}{15} = 1$；

橙子：$\dfrac{12.5}{10} \times \dfrac{10}{12.5} = 1$。

各商品的价格指数存在互为倒数的关系，那么，拉氏价格指数与帕氏价格指数在互换基期和报告期后也可以通过具体的计算来看两者的关系。

基期与报告期互换后的拉氏价格指数为：

$$P_2^L = \frac{10 \times 8 + 10 \times 12}{15 \times 8 + 12.5 \times 12} = \frac{200}{270} \approx 0.741$$

基期与报告期互换前与互换后的拉氏价格指数的乘积为：

$$P_1^L \times P_2^L = \frac{275}{200} \times \frac{200}{270} = \frac{275}{270} > 1$$

基期与比较期互换后的帕氏价格指数为：

$$P_2^P = \frac{10 \times 10 + 10 \times 10}{15 \times 10 + 12.5 \times 10} = \frac{200}{275} \approx 0.727$$

基期与报告期互换前与互换后的帕氏指数的价格乘积为：

$$P_1^P \times P_2^P = \frac{270}{200} \times \frac{200}{275} = \frac{270}{275} < 1$$

从上述检验式来看，拉氏价格指数与帕氏价格指数均不能满足时间互换检验。基期与报告期互换后，拉氏价格指数的乘积大于1，帕氏价格指数的乘积小于1，也可以说拉氏价格指数反映了真实物价的上限，而帕氏物价指数反映了物价指数的下限。拉氏物价指数高估了物价变动，而帕氏价格指数则低估了物价的变动。

（四）费雪价格指数

费雪价格指数由美国统计学家费雪（Fisher）提出，是拉氏价格指数与帕氏价格指数的几何平均值。时间互换检验也是费雪提出的。

根据表 6-3 的数值，可以计算出费雪指数为：

$$P_1^F = \sqrt{P_1^L \times P_1^P} = \sqrt{1.375 \times 1.350} \approx 1.362$$

根据表 6-4 的数值，可以计算出费雪指数为：

$$P_2^F = \sqrt{P_2^L \times P_2^P} = \sqrt{0.741 \times 0.727} \approx 0.734$$

对费雪价格指数进行时间互换检验，结果为：

$$P_1^F \times P_2^F = \sqrt{\frac{275}{200} \times \frac{270}{200}} \times \sqrt{\frac{200}{270} \times \frac{200}{275}} = 1$$

换言之，费雪价格指数满足时间互换检验，而且其数值在拉氏价格指数与帕氏价格指数之间，更加接近真实的物价变动状况。

二、数量指数

与价格指数相对应，在实际 GDP 的推算中，经常采用数量指数。工业生产指数及经济增长率等均属于数量指数。数量指数的公式及基本思考方式与价格指数相同。

（一）拉氏数量指数

拉氏数量指数是指以基期价格与报告期的数量相乘得到的金额（$\sum p_0 q_t$）与基期的支出总金额（$\sum p_0 q_0$）进行比较的值。换言之，就是把价格固定在基期，通过金额变化来看基期和报告期数量的变动。具体如式（6.8）所示：

$$Q_{0t}^L = \frac{p_{10} q_{1t} + p_{20} q_{2t} + \cdots + p_{n0} q_{nt}}{p_{10} q_{10} + p_{20} q_{20} + \cdots + p_{n0} q_{n0}} = \frac{\sum p_0 q_t}{\sum p_0 q_0} \qquad (6.8)$$

如果对各商品的数量变动进行加权平均，就表示为式（6.9）：

$$Q_{0t}^L = \sum \frac{q_t}{q_0} \cdot \frac{p_0 q_0}{\sum p_0 q_0} = \sum \frac{q_t}{q_0} \cdot w_0 \qquad (6.9)$$

由式（6.9）可知，拉氏数量指数是将每种商品的数量指数 $\left(\dfrac{q_t}{q_0}\right)$ 以基期的支出金额作为权重 $\left(w_o = \dfrac{p_0 q_0}{\sum p_0 q_0}\right)$ 进行加权平均得到的结果。

（二）帕氏数量指数

帕氏数量指数是以报告期产出的金额作为分子（$\sum p_t q_t$），以基期数量与报告期价格相乘的金额作为分母的值。换言之，把价格固定在报告期，通过金额（$\sum p_t q_0$）的变动观察数量的变化 [如（6.10）所示]。

$$Q_{0t}^P = \frac{p_{1t} q_{1t} + p_{2t} q_{2t} + \cdots + p_{nt} q_{nt}}{p_{1t} q_{10} + p_{2t} q_{20} + \cdots + p_{nt} q_{n0}} = \frac{\sum p_t q_t}{\sum p_t q_0} \qquad (6.10)$$

如果用加权平均来表示各种商品的数量变动，就成为式（6.11）。

$$Q_{0t}^P = \frac{1}{\dfrac{\sum p_t q_0}{\sum p_t q_t}} = \frac{1}{\sum \dfrac{q_0}{q_t} \cdot \dfrac{p_t q_t}{\sum p_t q_t}} = \frac{1}{\sum \dfrac{q_0}{q_t} w_t} \qquad (6.11)$$

为了方便与物价指数进行比较，拉氏数量指数和帕氏数量指数采用了与表 6-3 相同的数值进行计算（参见表 6-5）。

利用表 6-5 的数据来看拉氏价格指数与帕氏价格指数的区别。

表 6 – 5　数量指数的计算

	基期（0）				报告期（t）				商品数量比
	价格 p_0	数量 q_0	支出金额 $p_0 \times q_0$	权重 w_0	价格 p_t	数量 q_t	支出金额 $p_t \times q_t$	权重 w_t	q_t / q_0
苹果	10	10	100	0.50	15	8	120	0.44	0.80
橙子	10	10	100	0.50	12.5	12	150	0.56	1.20
合计			200	1.00			270	1.00	

拉氏数量指数：

$$Q_1^L = \frac{10 \times 8 + 10 \times 12}{10 \times 10 + 10 \times 10} = \frac{200}{200} = 1.000 \qquad （加总式）$$

$$Q_1^L = 0.8 \times 0.5 + 1.2 \times 0.5 = 1.000 \qquad （加权平均式）$$

帕氏数量指数：

$$Q_1^P = \frac{15 \times 8 + 12.5 \times 12}{15 \times 10 + 12.5 \times 10} = \frac{270}{275} \approx 0.982 \qquad （加总式）$$

$$Q_1^P = \frac{1}{\dfrac{1}{0.8} \times 0.44 + \dfrac{1}{1.2} \times 0.56} \approx 0.982 \qquad （加权平均式）$$

根据以上计算结果可以发现，拉氏数量指数显示出数量无任何变化（增长率为 0%），而帕氏数量指数显示数量减少了（增长率为 –1.8%）。这说明采用的算式不同，数值也不同。

数量指数也可以进行时间互换检验。与价格指数相同，基期与报告期互换后，拉氏数量指数的乘积大于 1，帕氏数量指数的乘积小于 1，也可以说拉氏数量指数过高估计了数量变动，而帕氏数量指数过低估计了数量的变动。

（三）费雪（Fisher）数量指数

费雪数量指数是拉氏数量指数与帕氏数量指数的几何平均值，如下式所示：

$$Q_1^F = \sqrt{Q_1^L \times Q_1^P}$$

费雪数量指数同样满足时间互换检验。

三、产出指数

除了价格指数和数量指数外，还有显示产出金额变化的产出指数，表示的是基期金额（$\sum p_0 q_0$）与报告期金额（$\sum p_t q_t$）的比较。

由表 6 – 6 中苹果和橙子的综合产出指数为 $270 \div 200 = 1.35$ 可以知道，相对于基期，支出金额上升了 35%。金额是价格（p）和数量（q）的乘积（pq）。对于个别商品的指数，存在以下关系：价格指数×数量指数＝产出指数。例如，苹果的价格比为1.5，数量比为0.8，两者相乘为1.2，就是商品产出比。这种关系在拉氏指数、帕氏指数及费雪指数间是否成立，可以根据数值进行确认。

表6-6　因子互换检验

	基期（0）			报告期（t）			商品价格比 p_t/p_0	商品数量比 q_t/q_0	商品产出比 $p_t q_t/p_0 q_0$
	价格 p_0	数量 q_0	金额 $p_0 q_0$	价格 p_t	数量 q_t	金额 $p_t q_t$			
苹果	10	10	100	15	8	120	1.50	0.80	1.20
橙子	10	10	100	13	12	150	1.25	1.20	1.50
合计（平均）			200			270			1.35

$$P_1^L \times Q_1^L = \frac{275}{200} \times \frac{200}{200} = 1.375 > 1.35$$

$$P_1^P \times Q_1^P = \frac{270}{200} \times \frac{270}{275} \approx 1.325 < 1.35$$

$$P_1^F \times Q_1^F = \sqrt{\frac{275}{200} \times \frac{270}{200}} \times \sqrt{\frac{200}{200} \times \frac{270}{275}} = 1.35$$

根据以上算式的结果可知，拉氏价格指数与相应的数量指数的乘积大于1.35；相反，帕氏价格指数与数量指数的乘积小于1.35，不能满足因子互换检验，而费雪价格指数可以满足此检验。由于费雪价格指数可以满足各种指数检验，因此也被称为费雪理想公式。

虽然拉氏指数与帕氏指数不能满足因子互换检验，但是，如同式（6.12）和式（6.13）所示，拉氏价格指数与帕氏数量指数的乘积以及帕氏价格指数与拉氏数量指数的乘积均等于1.35，换言之，拉氏指数与帕氏指数是如同"夫妻般"的绝配关系。

$$P_1^L \times Q_1^P = \frac{275}{200} \times \frac{270}{275} = 1.35 \tag{6.12}$$

$$P_1^P \times Q_1^L = \frac{270}{200} \times \frac{200}{200} = 1.35 \tag{6.13}$$

在 GDP 统计中，使用的就是帕氏价格指数与拉氏数量指数的乘积得到的产出指数，如式（6.14）所示。

$$\frac{\sum p_t q_t}{\sum p_0 q_t} \times \frac{\sum p_0 q_t}{\sum p_0 q_0} = \frac{\sum p_t q_t}{\sum p_0 q_0} \tag{6.14}$$

通常 GDP 采用以下公式进行实际值的计算：

GDP 平减指数×（1＋实际经济增长率）＝（1＋名义增长率）；

帕氏价格指数×拉氏数量指数 = 产出指数。

第三节　不变价 GDP 的转换

不变价 GDP 虽然也是将名义值转换为实际值，但是比上述将名义消费支出转换为实际值要复杂得多，以下首先介绍实际值的计算方法，然后借助投入产出表对不变价 GDP 的转换进行进一步说明。

一、实际值的计算方法

由于不同时期的比较时必须利用实际值（$\sum p_0 q_t$），因此需要考虑如何计算实际值。对实际值的估算方法，大致可分为价格平减法和数量外推法。

（一）价格平减法

价格平减法是通常使用的方法，就是将报告期的名义消费金额即当期金额（$\sum p_t q_t$），利用适当的价格指数去除价格变动，如式（6.15）所示：

$$\sum p_0 q_t = \sum p_t q_t \div \frac{\sum p_t q_t}{\sum p_0 q_t} \tag{6.15}$$

实际值 = 当期价格÷帕氏价格指数。

例如，表 6-2 的报告期的名义消费支出金额计 270，如果除以根据表 6-3 的值计算的帕氏价格指数 $P_{01}^P = 1.35$，可以得到实际消费支出总额 200。

将名义值根据价格指数转换为实际值叫作平减，转换为实际值时所利用的价格指数叫作价格平减指数，这种情况下的价格指数是某种意义上的帕氏价格指数。

（二）数量外推法

求实际值的另一种方法是由基期的金额直接乘以数量指数得到实际值，不需要通过报告期的名义值来计算，如式（6.16）所示：

$$\sum p_0 q_t = \sum p_0 q_0 \times \frac{\sum p_0 q_t}{\sum p_0 q_0} \tag{6.16}$$

实际值 = 基期价格×拉氏数量指数。

例如，表 6-2 的基期消费支出金额 200 乘以根据表 6-5 计算的拉氏数量指数 $Q_{01}^L = 1.0$ 可以得到实际消费支出总额 200。这个方法叫作数量外推法，这种情况所利用的数量指数是拉氏数量指数。

二、不变价 GDP 的转换

不变价 GDP 虽然也是将名义值转换为实际值，但是比上述将名义消费支出转换为实际值要复杂得多，以下借助投入产出表对不变价 GDP 的转换进行说明（见表6 – 7）。

表6 – 7　名义投入产出表和不变价 GDP 的二方等价（数值例）

名义（P_tQ_t）投入产出表

		中间需求			最终需求			总产出
		A 产业	B 产业	合计	最终消费支出	总资本形成	合计	
中间投入	A 产业	10	40	50	40	10	50	100
	B 产业	30	80	110	50	40	90	200
合计		40	120	160	90	50	140	300
劳动者报酬		25	40	65				
营业盈余		20	10	30				
固定资本损耗		10	20	30				
生产税净额		5	10	15				
增加值合计		60	80	140				
总投入		100	200	300				

注：①名义生产法 GDP = A 产业增加值60 + B 产业增加值80 = 140；

②名义收入法 GDP = 劳动者报酬65 + 营业盈余30 + 固定资本损耗30 + 生产税净额15 = 140；

③名义支出法 GDP = 最终消费支出90 + 总资本形成50 = 140。

实际（P_tQ_t）投入产出表

		中间需求			最终需求			总产出
		A 产业	B 产业	合计	最终消费支出	总资本形成	合计	
中间投入	A 产业	5	20	25	20	5	25	50
	B 产业	60	160	220	100	80	180	400
合计		65	180	245	120	85	205	450
劳动者报酬		25	40	65				
营业盈余		20	10	30				
固定资本损耗		10	20	30				
生产税净额		5	10	15				
双重平减调整项		– 75	140	65				
增加值合计		– 15	220	205				
总投入		50	400	450				

注：①不变价生产法 GDP = A 产业实际增加值（– 15）+ B 产业实际增加值220 = 205；

②不变价支出法 GDP = 实际最终消费支出120 + 实际总资本形成85 = 205。

表 6-7 上方的名义投入产出表是某个报告期的当期价格的投入产出表。与基期价格相比，报告期的 A 产业的产品价格是基期的 2 倍（这种情况下的价格指数是 2）；报告期的 B 产业的价格则是基期的一半（这种情况下的价格指数是 0.5）。以基期价格表示的不变价投入产出表则是表 6-7 下方的投入产出表。

将表 6-7 的名义投入产出表的第 1 行中的 A 产业和第 2 行的 B 产业的产出额及各需求项目，分别利用 A 产业和 B 产业的价格平减指数（A 产业为 2，B 产业为 0.5）进行平减，可以完成以基期价格表示的实际投入产出表的上半部分。

支出法的不变价 GDP 就是转换为基期价格的实际最终消费支出（120）和实际总资本形成（85）的加总（205）。

也就是根据名义值÷实际值可以求得平减指数。从指数算式来看，属于帕氏价格指数。表 6-7 的名义 GDP（140）÷不变价 GDP（205）= 0.68（由于比 1 小，与基年相比，物价有所下降），支出法 GDP 中有名义值、实际值和 GDP 平减指数三个值。

再看增加值的实际值，名义增加值是名义产出额和名义中间投入的差额。实际增加值同样，经过平减的产出减去平减的中间投入额，就是实际增加值（这时，A 产业是 50 - 65 = - 15，B 产业为 400 - 180 = 220）。这种分别将各产业进行平减转换实际增加值的方法为双缩减法。

生产法的不变价 GDP 是各行业实际增加值的总和。与支出法的不变价 GDP 不同，生产法的不变价 GDP 并非针对特定的产品和服务，不变价格表示的增加值被称为"准数量指数"，对应的平减指数被称为"准价格指数"。

这种情况的 GDP 的平减指数由式（6.17）得出：

$$\text{GDP 平减指数} = \frac{\text{名义 GDP}}{\text{实际 GDP}} = \frac{\sum p_t q_t}{\sum p_0 q_t} \tag{6.17}$$

表 6-7 投入产出表下半部分实际值的转换可以采用以下方式完成。劳动者报酬、营业盈余、固定资本损耗、生产税净额等分配项目，原则上在转换为固定价格时没有任何意义，因此，将价格投入产出表的此部分复制过来，在后面添加一行实际增加值和名义增加值之间的差额〔这种情况下，A 产业是（- 15）- 60 = - 75，B 产业是 220 - 80 = 140〕。因此，如果在名义增加值上加上双缩减调整项，就成为实际增加值。

这样，名义 GDP 是三方等价，而不变价 GDP 变成生产面和支出面的两方等价。

三、不变价 GDP 的两方等价

从数学公式可以确认不变价 GDP 的两方等价。如表 6 - 8 所示，X 表示各产业的总产出，F 表示最终使用，V 表示增加值，产业间的中间交易用小写字母 x 表示，D 是各产业的产出平减指数。

表 6 - 8　两部门投入产出表和平减指数（符合的定义）

		中间需求		最终需求	总产出	平减指数
		A 产业	B 产业			
中间投入	A 产业	x_{11}	x_{12}	F_1	X_1	D_1
	B 产业	x_{21}	x_{22}	F_2	X_2	D_2
增加值		V_1	V_2			
总产出		X_1	X_2			

注：①各变量的单位：D_1、D_2 是价格平减指数，其他变量单位是金额。

②D_1 是 A 产业产品的中间使用（x_{11}，x_{12}）、最终使用（F_1）和产出额（X_1）的价格平减指数；D_2 是 B 产业产品的中间使用（x_{21}，x_{22}）、最终使用（F_2）和总产出额（X_2）的平减指数。

首先，支出法不变价 GDP 是分别用产出平减指数 D_1 和 D_2 对各产业产品的最终使用 F_1 和 F_2 进行平减后加总的值，如式（6.18）所示：

$$支出法不变价 GDP = \frac{F_1}{D_1} + \frac{F_2}{D_2} \tag{6.18}$$

在此，根据投入产出表的行的平衡"中间使用 + 最终使用 = 生产额"，可以用式（6.19）表示：

$$x_{11} + x_{12} + F_1 = X_1 \tag{6.19}$$

$$x_{21} + x_{22} + F_2 = X_2 \tag{6.19'}$$

式（6.19）可以变形为式（6.20）的"最终使用 = 总产出 - 中间使用"：

$$F_1 = X_1 - (x_{11} + x_{12}) \tag{6.20}$$

$$F_2 = X_2 - (x_{21} + x_{22}) \tag{6.20'}$$

由代入支出法不变价 GDP 的计算公式（6.18），可以得到式（6.21）：

$$支出法不变价 GDP = \left\{ \frac{X_1}{D_1} - \left(\frac{x_{11}}{D_1} + \frac{x_{12}}{D_1} \right) \right\} + \left\{ \frac{X_2}{D_2} - \left(\frac{x_{21}}{D_2} + \frac{x_{22}}{D_2} \right) \right\} \tag{6.21}$$

作为双缩减法所求的实际增加值，是指由平减的总产出减去平减后的各产业中间投入的合计，因此，生产法不变价 GDP 如式（6.22）所示：

$$生产法不变价 GDP = \left\{ \frac{X_1}{D_1} - \left(\frac{x_{11}}{D_1} + \frac{x_{21}}{D_2} \right) \right\} + \left\{ \frac{X_2}{D_2} - \left(\frac{x_{12}}{D_1} + \frac{x_{22}}{D_2} \right) \right\} \quad (6.22)$$

A 产业实际增加值 + B 产业实际增加值

由此，可以确定由双缩减法求得的生产法不变价 GDP 与支出法不变价 GDP 是相等的。

四、不变价 GDP 的估算方法

凡是可以分解为价格和物量的价值，都具有名义值和实际值。经济增长率估算使用不变价国内生产总值，即 GDP 实际值。如表 6 - 9 所示，对增加值实际值的估算法可以分为双指标法和单指标法。双指标法是指对产出与中间投入的实际值都进行估算后再取差值；而单指标法则假定产出与中间投入的变化方向一致，从而对增加值实际值直接进行估算。而单双指标法又分价格缩减法和物量外推法，最常用的是价格缩减法。如果存在当期值，可用适当的价格指数进行缩减。如式（6.23）所示：

$$\sum P_0 Q_t = \sum P_t Q_t \bigg/ \frac{P_t Q_t}{P_0 Q_t} \quad (6.23)$$

式（6.23）中，P 为价格，Q 为数量，下标的 0 代表基期，t 代表当期。也就是说，不变价实际值是由当期值除以帕氏价格指数得到的。

另外，也可使用物量外推法。如果有基期价值额，可用适当的物量指数进行外推。如式（6.24）所示：

$$\sum P_0 Q_t = \sum P_0 Q_0 \cdot \frac{P_0 Q_t}{P_0 Q_0} \quad (6.24)$$

式（6.24）中的数量指数是拉氏价格指数，也就是说，不变价实际值是由当期值乘以拉氏价格指数得出的。

表 6 - 9 不变价增加值的估算方法

	双指标法		单指标法
价格平减法	①对产出与中间投入都进行加工缩减的双缩减法	②产出与中间投入的实际值通过价格缩减或物量外推得出的混合法	③主要是使用产出价格缩减指数对当期的增加值直接进行价格缩减的单缩减法
物量外推法	④通过物量外推得到产出与中间投入的实际值		⑤主要是使用产出物量指数对基期的增加值直接进行物量外推

因为增加值定义为产出减去中间投入，如式（6.25）所示，增加值的实际值

RAV（Real Added Value，RAV）在理论上也等于产出（以下大写字母表示）的实际值减去中间投入（小写字母表示）的实际值。

$$RAV = \sum P_0 Q_t - \sum p_0 q_t \tag{6.25}$$

第四节　关于单缩减法的偏差

作为满足不变价 GDP 两方等价的唯一的不变价增加值推算法，双缩减法被认为在理论上是优于其他方法的，因此 SNA 中最初推荐采用的是双缩减法。另外，在不可能获取中间投入和价格指数等详细信息时，在假定产出与中间投入的价格变化保持一致的前提下，单缩减法（也称作直接缩减法）可以作为接近的方法进行替代。SNA2008 将单缩减法与双缩减法均认可为不变增加值的推算方法，但是习惯上将单缩减法推算值与双缩减法推算值之间的差值称作"偏差值"或"有偏值"。以下首先探讨关于经济学研究成果的集大成 SNA 中，对于不变价增加值测算方法规定的一些变化；其次借助投入产出表对单缩减法的有偏规律进行探讨。

一、SNA 推荐使用的不变价增加值推算方法的变迁

双缩减法是 SNA 最早推荐的作为转换不变价 GDP 的优先采用的方法。SNA1968 明确表示，对以基年价格表示的增加值进行的推算不再使用"粗糙的推算方法"，并推荐使用"双缩减法"。日本根据相关规定，过渡到 1978 年的"新SNA"时，全面采用双缩减法，并且遵循不变价 GDP 二面等价的原则。在日本，如今也将双缩减法作为推算不变价 GDP 的唯一方法。

在此之后的 SNA1993 中明确表示，"在一整套价格和物量值（例如与使用矩阵或投入产出表中的货物和服务流量有关）内，总增加值必须通过双缩减法来计算，否则就不可能实现使用和来源的平衡"（SNA1993，第 16.61 节）。测算不变价增加值的方法仍然建议采用双缩减法。

同时，SNA1993 也指出了双缩减法的问题，"由于不变价格的增加值等于不变价格产出和不变价格中间消耗之差，所以它受两个数列计算误差的影响。假定这样的误差至少有一部分是随机的，那么，这些误差将会积累起来，使增加值对误差极其敏感，特别是在那些增加值仅占总产出价值较小部分的产业或部门中，这种情况尤为突出"（SNA1993，第 16.68 节）。

SNA1993 还提出，"在一些情况下，较好的办法也许就是放弃用两个受误差影响数列之差来计算增加值，设法只利用一个时间序列——即用'单一指标'而不是双重缩减——直接估计增加值物量变动。虽然单一指标可能有偏差，但它们受误差的影响要小得多，在短期内，利用单一指标所涉及的潜在偏差与双重缩减估计的潜在误差相比可能是微不足道的"（SNA1993，第 16.68 节）。

另外，对于单指标法，首先提示了单缩减法，"如果有可靠的现价总增加值数据，一种替代双重缩减的办法是直接用总产出价格指数缩减现期增加值"（SNA1993，第 16.69 节）如果没有现价增加值数据时，可以"用一个产出物量指数外推基年增加值。这种方法很可能得出与第一种方法类似的结果"（SNA1993，第 16.69 节）。

但是同时 SNA1993 也强调，"当现有数据的可靠性和稳定性不足以允许使用双重缩减法时，可以接受次佳的办法是通过产出价格指数来缩减现价增加值或通过产出物量指数外推基年增加值以估计不变增加值的变化"（SNA1993，第 16.70 节）。

另外，SNA2008 中，改变了 SNA1968 以来对双重缩减法的执念，对单缩减法的使用进一步显示出认可的态度。

"从理论上来说，双缩减法是很好的，但其估计结果会受到来自产出物量和中间消耗物量两方面所产生的测量误差的影响。如果将产出 PPI[①] 应用于投入，而投入中的许多产品都是进口的，那么这种影响就会特别突出。因为在这两个非常大的数字之间，增加值作为差值只占很小一部分，它对误差极其敏感"（SNA2008，第 15.134 节）。与 SNA1993 相比，SNA2008 进一步考虑了在全球化的进程中由于实际推算中可以使用的统计数据（缺乏非竞争性进口型投入产出表和进口商品价格指数）不完善导致双缩减法推算结果与实际状况之间存在差距的问题。

换言之，SNA2008 与 SNA1968 不同，它并未将双缩减法与单缩减法进行优劣的区分，而是指出两种方法各有长短，将两者并列表示。并且指出，"究竟使用单指标法（可能得到有偏结果）还是使用双缩减法（可能得到不稳定的结果），必须经过判断方能做出选择。不需要对所有产业都采用同一种方法"（SNA2008，第 15.136 节）。

根据 2017 年 IMF 研究小组对 G20 各国的不变价增加值推算方法的调查，发现除英国以外的主要发达国家基本上都采用了双缩减法，而发展中国家的中国和

---

① 指生产者物价指数（Producer Price Index），实际上采用双缩减法的国家大多未考虑中间消费品中进口品价格的变动。

印度则采用了单缩减法。[①] 中国正是在借鉴了 SNA 的同时结合国内各产业的实际情况，主要采用单缩减法估算不变价生产法 GDP（国家统计局，2008）。

二、封闭经济条件下的单缩减法的有偏

以下考虑不存在进出口时，在投入产出框架下考察单缩减法的估算值相对双缩减法推算的不变价 GDP 的有偏性。首先导入两部门投入产出模型[②]（参照表 6 – 10）。

利用表 6 – 10 所示的投入产出模型，首先整理出名义 GDP 的公式。由于增加值是产出和中间投入的差额，因此生产法 GDP（VA）用式（6.25）表示：

$$VA = V_1 + V_2 = \{X_1 - (x_{11} + x_{21})\} + \{X_2 - (x_{12} + x_{22})\} \tag{6.26}$$

表 6 – 10　两部门投入产出表及价格平减指数

		中间使用		最终使用	总产出	产出价格平减指数
		A 产业	B 产业			
中间投入	A 产业	x_{11}	x_{12}	F_1	X_1	D_1
	B 产业	x_{21}	x_{22}	F_2	X_2	D_2
增加值		V_1	V_2			
总产出		X_1	X_2			

从需求方向的"中间使用 + 最终使用 = 总产出"的平衡出发，支出法 GDP（FD）可以由式（6.27）表示：

$$FD = F_1 + F_2 = \{X_1 - (x_{11} + x_{12})\} + \{X_2 - (x_{21} + x_{22})\} \tag{6.27}$$

支出法 GDP 实际值（$\overline{FD}$）如式（6.28）所示：

$$\overline{FD} = \left\{ \frac{X_1}{D_1} - \left(\frac{x_{11}}{D_1} + \frac{x_{12}}{D_1} \right) \right\} + \left\{ \frac{X_2}{D_2} - \left(\frac{x_{21}}{D_2} + \frac{x_{22}}{D_2} \right) \right\} \tag{6.28}$$

双缩减法求出的生产法 GDP 实际值（$\overline{VA}$）是平减后的产出与中间投入的差

---

② 在通常的统计调查中以企业为基本单位进行统计时，某个企业生产多种产品和服务会产生难以把握各产品和服务的生产成本结构等问题。因此，SNA 从需求结构入手进行产品分类，但是生产成本及增加值等仍然以企业为单位进行产业分类。因此假定各产品及产业是 1 对 1 的关系，忽略产业分类与产品分类的差异。

额，具体由式（6.29）表示：

$$\overline{VA} = \left\{ \frac{X_1}{D_1} - \left(\frac{x_{11}}{D_1} + \frac{x_{21}}{D_2} \right) \right\} + \left\{ \frac{X_2}{D_2} - \left(\frac{x_{12}}{D_1} + \frac{x_{22}}{D_2} \right) \right\} \tag{6.29}$$

根据实际 GDP 的二方等价原则，支出法与生产法实际 GDP 相等，即式（6.28）的 $\overline{FD}$ 与式（6.29）的 $\overline{VA}$ 相等也是双缩减法合理性的依据。

而单缩减法 GDP 实际值（$\widetilde{VA}$）是直接利用产出价格平减指数对名义增加值进行平减求出的，具体由式（6.30）表示：

$$\widetilde{VA} = \frac{V_1}{D_1} + \frac{V_2}{D_2} = \left\{ \frac{X_1}{D_1} - \left(\frac{x_{11}}{D_1} + \frac{x_{21}}{D_1} \right) \right\} + \left\{ \frac{X_2}{D_2} - \left(\frac{x_{12}}{D_2} + \frac{x_{22}}{D_2} \right) \right\} \tag{6.30}$$

因此，单缩减法的偏差值可以由式（6.31）表示：

$$bias = \widetilde{VA} - \overline{VA} = \frac{x_{12} - x_{21}}{D_1} - \frac{x_{12} - x_{21}}{D_2} \tag{6.31}$$

在此，如果假设 A 产业为中间品产业，B 产业为最终品产业，$x_{12} - x_{21} > 0$，只要中间品产业 D_1 和最终品产业 D_2 的价格变动比率不等（$D_1 \neq D_2$），单缩减法就可能产生有偏的结果。$D_1 > D_2$ 时，单缩减法会发生负向的有偏，将导致经济增长的低估，而 $D_1 < D_2$ 时，单缩减法会发生正向的有偏，经济增长率会被高估。

这样的结论同样适合多个部门。双缩减法作为标准测算方法的情形下，中间品产业价格上升会导致该产业的中间使用（不是中间投入）的实际值下降，作为支出法的不变价 GDP 将上升（不是这个行业的增加值），但是在单缩减法的情况下，仅此部分就会高估中间使用的实际值，从而导致作为最终统计值的不变价 GDP 被低估。同理，中间品产业价格下降时，则会高估不变价 GDP。但是对于所有产业来说，各产业价格变化对单缩减法的有偏程度影响大小并不均等，取决于产业的中间品特征或者最终品特征的强弱程度、各产业价格变动与平均价格变动的背离程度以及此产业在经济中所占的比重等。产业的规模越大，对最终统计的不变价 GDP 影响越大。如果是属于中立性质的产业，或者相对价格变动比率与全部产业的平均价格的变化比率相同，那么根据单缩减法推算的不变价 GDP 不会产生有偏。

三、根据数值例考察单缩减法的有偏性

根据理论上讨论的单缩减法的有偏性，以下根据两部门投入产出表的具体数值进行验证讨论。表 6-11 是由具备中间品特征的 A 产业和具备最终品特征的 B 产业的两个行业组成的两部门投入产出表。

首先，讨论 $D_1 > D_2$ 的情况。具备中间品特征的 A 产业价格上升 20%，具备

最终品特征的 B 产业的价格上升 10%。具备中间品特征的 A 产业和具备最终品特征的 B 产业的总产出及各最终使用项目分别以 1.2 和 1.1 进行缩减，这样形成的各产业的实际产出减去中间投入的总和，可以求得双缩减法的不变价增加值。另外，可以直接将各产业的增加值利用各产业的产出平减指数 1.2 和 1.1 进行平减，求得单缩减法的不变价增加值。可以看到，单缩减法求得的不变价增加值（116.7 + 104.5 = 221.2）与支出法不变价 GDP 以及双缩减法的不变价 GDP（225）相比，是被低估了（$\widetilde{VA} < \overline{VA}$）。

表 6 – 11　双缩减法与单缩减法（数值例）
名义投入产出表

		中间使用		最终使用	总产出
		A 产业	B 产业		
		（具备中间品特征）	（具备最终品特征）		
中间投入	A 产业	48	72	90	210
	B 产业	22	33	165	220
增加值		140	115		
总投入		210	220		

注：①名义 GDP（支出法）= 90 + 165 = 255；
②名义 GDP（生产法）= 140 + 115 = 255。

不变价投入产出表（$D_1 > D_2$）

		中间使用		最终使用	总产出	平减指数
		A 产业	B 产业			
		（具备中间品特征）	（具备最终品特征）			
中间投入	A 产业	40	60	75	175	1.2
	B 产业	20	30	150	200	1.1
实际增加值		115	110			
总投入		175	200			

注：①不变价 GDP（支出法）= 75 + 150 = 225；
②不变价 GDP（生产法）= 115 + 110 = 225；
③根据 $\widetilde{VA}$（单缩减法）推算的不变价 GDP = 140 ÷ 1.2 + 115 ÷ 1.10 ≈ 221.2。

不变价投入产出表（$D_1 < D_2$）

		中间使用		最终使用	总产出	平减指数
		A 产业	B 产业			
		（具备中间品特征）	（具备最终品特征）			
中间投入	A 产业	48	92	90	210	1.0
	B 产业	20	30	150	200	1.1
实际增加值		142	98			
总投入		210	200			

注：①不变价 GDP（支出法）$= 90 + 150 = 240$；

②不变价 GDP（生产法）$= 142 + 98 = 240$；

③根据 $\widetilde{VA}$（单缩减法）推算的不变价 GDP $= 140 \div 1.0 + 115 \div 1.1 \approx 244.5$。

其次，讨论 $D_1 < D_2$ 的情况。具备最终品特征的 B 产业价格同样上升 10%，具备中间品特征的 A 产业价格不变。A 和 B 两产业的产出及各需求项目分别用 1.0 和 1.1 进行平减，可以求出支出法不变价 GDP 或双缩减法不变价 GDP 均为 240。由表 6 - 10 的数据可知，单缩减法求得的不变价 GDP（$140 + 104.5 = 244.5$）较支出法 GDP（240）或双缩减法求得的不变价 GDP（240）更大，不变价 GDP 被高估了（$\widetilde{VA} > \overline{VA}$）。

本章小结

不变价 GDP 作为国际比较及衡量一国经济增长等的指标，有着非常重要的意义，投入产出表在不变价 GDP 核算中扮演着重要角色。

不变价 GDP 需要满足二方等价原则，也就是利用支出法和生产法转换为实际 GDP 时两者相等。通过投入产出表，利用双缩减法可以实现不变价 GDP 的二方等价。

不变价 GDP 的估算方法有双缩减法和单缩减法，SNA1968 认为单缩减法是粗糙的推算方法，推荐将双缩减法作为不变价 GDP 的优先选择方法。SNA1993 仍然建议采用双缩减法，但同时指出了双缩减法存在误差，尤其是增加值占总产出比重较小时误差更为明显，相比之下，单缩减法受误差的影响要小很多。最新的 SNA2008 则改变了对双缩减法的推荐态度，进一步认可了单缩减法，单缩减法与双缩减法同时成为推算不变价 GDP 的方法，而且两者不分优劣。

单双缩减法尽管都被 SNA2008 认可，但是利用不同的方法会产生差异。利用投入产出模型进行探讨时发现，如果中间品产业和最终品产业的价格变动幅度不同，单缩减法与双缩减法的推算结果将产生差异。如果中间品价格的上升幅度大于最终品，单缩减法会发生负向的有偏，导致经济增长的低估；相反情形时，单缩减法会发生正向的有偏，经济增长率会被高估。

第七章 单双缩减法对中日不变价 GDP 的影响研究

　　第六章介绍了不变价 GDP 的计算方法，对单双缩减法对不变价 GDP 值产生的影响进行了简单说明。本章以中国和日本为例，对采用不同方法对不变价 GDP 值产生的影响进行实证分析。

　　与中国相比，日本在统计数据及资料收集方面更加细致和全面，每年都编制并发布投入产出数据，并且公布了详尽的物价指数。日本在进行不变价 GDP 测算时，可利用的各种价格指数达到 2000 多种。日本原来采用固定年份的方式推算不变价 GDP，但是 2005 年开始进一步引入链式方式，求出各使用项目的实际值，根据链式方式求得的合计值作为标准的不变价 GDP，以此求得经济增长率。另外，采用双缩减法，将大约 400 个部门的产出及中间投入分别进行平减，求出两者的差额作为不变价增加值，得到生产法的不变价 GDP。根据不变价 GDP 的两方等价的原则，两种方法的推算值应当保持一致。

　　中国推算不变价 GDP 所采用的基础数据相对较少，特别是物价指数方面的数据较贫乏。虽然近年来中国的统计事业发展较快，各种统计逐渐开始完备，但是物价指数仍然存在分类较粗，并未编制服务业的生产者价格指数以及进出口品的价格指数等问题。由于数据较缺乏，中国仅推算了生产法不变价 GDP，并未推算支出法不变价 GDP。由于未能编制每年的投入产出数据，因此，推算不变价 GDP 时无法利用双缩减法，主要采用单缩减法推算各产业的增加值，一部分利用数量指数采用物量外推法进行推算。中国采用单缩减法不仅是由于基础数据的限制，也是国家统计局在充分考虑 SNA1993 和 SNA2008 的相关规定后做出的选择。SNA2008 中提到，"如果将产出 PPI 应用于投入，而投入中的许多产品都是进口的，那么，这种影响就会特别突出。因为在这两个非常大的数字之间，增加值作为差值只占很小一部分，它对误差极其敏感"。中国加工贸易占比相对较大，中间产品中进口品占据一定比重，如果不采用进口品价格指数，仅用国内产品的价格指数会导致推算值产生较大偏差。中国未编制进口品价格指数，如果采用双缩减法，将导致推算结果极其不稳定，采用单缩减法作为主要的推算方法更加符合中国的现状。

本章在整理以往对单缩减法偏差研究的相关结论之后，利用中日投入产出表及价格指数等数据，对中日采用单缩减法时对 GDP 实际值可能带来的影响进行实证分析。

第一节　关于单缩减法产生偏差的相关原理

增加值是名义价格的总产出减去中间投入。双缩减法推算 GDP 实际值就是分别利用中间投入品和产出的价格指数将中间投入和产出转换为实际值后再求差值。因此，双缩减法需要各产业包括产出及中间投入在内的详尽资料及价格指数等数据。在理论上，双缩减法是满足 GDP 实际值的两方等价（生产方面和支出方面）原则的唯一方法，被认为优于其他方法，也是 SNA1968 强烈推荐使用的方法。

单缩减法是直接使用产出价格指数对名义的增加值进行转换，需要数据较少，比较容易实现。但是，单缩减法暗含产出与中间投入的价格变动保持一致的假设，而现实中这种假设在很多情况下并不成立。因此，在无法获取可靠的中间投入信息及其价格指数时采用单缩减法。由于产出和中间投入的价格的变动可能不一致，因此单缩减法与双缩减法之间的差异通常叫作"偏差"或者"有偏性"。Alexander 等（2017）对单缩减法可能产生的偏差进行了探讨。

Alexander 等（2017）指出，单缩减法偏差的大小是由投入和产出价格的相对变化引起的。在投入和产出价格指数完备的情况下，可以采用双缩减法，具体如式（7.1）所示：

$$\overline{VA} = \overline{O} - \overline{IC} = \frac{O}{D_O} - \frac{IC}{D_{IC}} \tag{7.1}$$

在此，VA 为增加值，假定 O 为产出，IC 为中间投入，D 为价格平减指数，D_O 为产出的价格平减指数，D_{IC} 为中间投入价格指数，各变量上方的横线表示不变价。

如果中间投入价格平减指数并不完备，可以采用产出价格平减指数直接对增加值进行转换，也就是采用单缩减法估算不变价的增加值，具体式如（7.2）所示：

$$\widetilde{VA} = \overline{O} - \widetilde{IC} = \frac{O}{D_O} - \frac{IC}{D_O} \tag{7.2}$$

式（7.2）中$\widetilde{VA}$和$\widetilde{IC}$分别为根据单缩减法估算的不变价增加值及不变价中间投入。偏差值的大小为$\overline{VA}$与$\widetilde{VA}$之间的差值。

由式(7.2)可以得到：$\dfrac{O}{D_O} - \dfrac{IC}{D_O} = \left(\dfrac{O}{D_O} - \dfrac{IC}{D_{IC}}\right) + \left(\dfrac{IC}{D_{IC}} - \dfrac{IC}{D_O}\right) \tag{7.3}$

将式（7.1）代入式（7.3）变形后可以得到式（7.4）：

$$\widetilde{VA} = \overline{VA} + \left(\frac{IC}{D_{IC}} - \frac{IC}{D_O}\right) = \overline{VA} + IC\left(\frac{D_O - D_{IC}}{D_{IC}D_O}\right) \tag{7.4}$$

如果产出及中间投入价格变动不一致，即$D_{IC} \neq D_O$时，$\widetilde{VA}$与$\overline{VA}$之间将产生差异，而偏差值则由式（7.5）进行定义：

$$bias = \widetilde{VA} - \overline{VA} = IC\left(\frac{D_O - D_{IC}}{D_{IC}D_O}\right) \tag{7.5}$$

推算不变价增加值时，偏差值为正的情况下将被高估，偏差值为负的情况下将被低估。也就是说，当$D_O > D_{IC}$时，GDP 实际值被高估；当$D_O < D_{IC}$时，GDP 实际值被低估。偏差值的出现将影响 GDP 实际值的应有水平，同时影响经济增长率的测算。在采用单缩减法计算时，如果将中间投入价格指数作为增加值的价格平减指数，偏差会出现同向性，且有更大值。

第二节　关于单缩减法产生偏差的以往研究

Alexander 等（2017）公布了 IMF 针对 G20 各国不变价 GDP 估算方法的调查结果。如表 7 – 1 所示，主要发达国家均采用双缩减法，英国仅有农业和电力两个产业采用了双缩减法，其他产业均采用单缩减法[①]，采用单缩减法的国家仅有中国和印度。阿根廷、印度尼西亚、俄罗斯、沙特阿拉伯、南非和土耳其等国采用单物量外推法。

[①]　对于英国的实际 GDP 统计方法，Alexander 等（2017）描述为"单缩减法的外推"。但是，Bean（2017）指出"由于英国缺乏投入品价格，特别是缺乏对企业服务方面的数据，英国国家统计局（Office for National Statistics，ONS）仅仅针对农业及电力产业使用了双缩减法，其他产业仍然使用单缩减法，也就是利用产出价格指数的同时对投入及产出的名义值进行转换"，并明确指出"ONS 虽然朝使用双缩减法的方向努力，但是由于统计数据方面的限制，2020 年之前不可能实施"。本书认为 Bean（2017）的观点更加准确。

表 7 - 1　G20 不变价增加值的估算法

国家	双缩减法	单物量外推法	单缩减法
阿根廷		√	
澳大利亚	√1995 年		
巴西	√1990 年		
加拿大	√20 世纪 50 年代		
中国			√
法国	√20 世纪 60 年代		
德国	√20 世纪 80 年代		
印度			√
印度尼西亚		√	
意大利	√20 世纪 80 年代		
日本	√1978 年		
韩国	√2004 年		
墨西哥	√1970 年		
俄罗斯		√	
沙特阿拉伯		√	
南非		√	
土耳其		√	
英国	√农业和电力		√除此以外的产业
美国	√1962 年		

资料来源：根据 Alexander 等（2017）和 Bean（2017）的资料进行整理得到。

Alexander 等（2017）针对 G20 国家中利用双缩减法的比利时、巴西、加拿大、法国、日本、韩国、荷兰及美国八个国家，采用单缩减法进行估算，并与各国公布的 GDP 增长率进行比较（见表 7 - 2）。结果显示，利用单缩减法估算的可比价 GDP 小于双缩减法推算值的有比利时、法国、日本、荷兰和美国五个国家，而单缩减法的估算值更大的仅有巴西、加拿大和韩国三个国家。EU 各国间的单双缩减法的差异较小，而差异较大的是日本、韩国和巴西。

表 7 - 2　单缩减法与双缩减法的可比价 GDP 的偏差方向及程度

国家	标本期间	平均差值（%）	差值绝对值平均（%）
比利时	2000～2013 年	− 0.50	0.75
巴西	2000～2013 年	0.04	1.14
加拿大	2000～2012 年	0.05	0.41

国家	标本期间	平均差值（%）	差值绝对值平均（%）
法国	2000~2013 年	−0.20	0.36
日本	2000~2014 年	−0.74	1.21
韩国	2000~2014 年	0.18	1.21
荷兰	2000~2014 年	−0.25	0.61
美国	2000~2015 年	−0.33	0.86

资料来源：根据 Alexander 等（2017）和 Bean（2017）的资料进行整理得到。

Alexander 等（2017）得出当产出价格平减指数大于中间投入价格平减指数时，根据单缩减法所推算的不变价 GDP 将被高估，当产出价格平减指数小于中间投入价格平减指数时，不变价 GDP 将被低估的结论。但是，将产出价格平减指数与中间投入价格平减指数直接进行比较时，存在以下问题：对于某个产业，产出的价格平减指数为标量，而投入的价格平减指数为向量；对于所有行业，产出的价格平减指数为标量，而投入的价格平减指数为矩阵，因此，无法直接比较产出价格指数与投入价格指数的大小。

探讨产业间相对价格变动与单缩减法偏差值大小之间的关系时，需要一种新的方法。本章第三节利用投入产出表，以中国和日本为例，采用投入产出模型探讨产业间相对价格变动与单缩减法的偏差值的大小关系。

第三节　封闭经济的投入产出框架下的中日单缩减法的有偏

投入产出模型可分为封闭经济和开放经济的投入产出模型。封闭经济的投入产出模型是假设没有进出口时各产业之间的关系。虽然与开放经济的现实不符，但是通过封闭型投入产出表，可以了解采用单双缩减法对不变价 GDP 的影响方向。

一、根据日本投入产出序列表进行实证分析

由于日本的基础统计数据丰富，不仅编制了当年价格的投入产出序列表，同时利用完备的价格指数编制了自 1960 年开始的固定价格的投入产出序列表。以下利用日本总务厅等各省厅共同编制的《昭和 35－40－45 年投入产出序列表》

《昭和 45 – 50 – 55 年投入产出序列表》《昭和 55 – 60 – 平成 2 年投入产出序列表》和《平成 2 – 7 – 12 年投入产出序列表》对日本 40 年间的单缩减法估算的实际 GDP 的有偏性进行实证分析。

（一）1960～1970 年单双缩减法的比较

日本采用双缩减法估算实际 GDP，日本公布的 1960～1970 年的年均增长率为 8.6%，本章利用单缩减法测算实际 GDP 的增长率，并比较两者的差异。由于本产业的中间使用对单缩减法和双缩减法的不变价 GDP 并不造成影响，因此采用了除去本产业的中间使用以外的中间使用率。根据表 7 – 3，"除本产业之外的中间使用率"的平均值为 45.0%，超过此平均值的是中间品产业（用■表示，具备非常明显的中间品特征的产业用■■表示），低于此平均值的是最终品产业（用●表示，具备非常明显的最终品特征的产业用●●表示），接近平均值的产业用□表示。产出价格平均指数中，远高于平均值用▲▲表示，略高于平均值用▲表示，远低于平均值用▼▼表示，略低于平均值用▼表示，与平均值接近用□表示。

表 7 – 3　日本的单缩减法与双缩减法实际 GDP 的比较（1960～1970 年）

		中间使用率（%）		产出价格平减指数（年均）		双缩减法的年均增长率（%）	单缩减法的年均增长率（%）
1	农林水产业	74.8	■■	106.7	▲	– 1.3	1.3
2	采矿业	97.9	■■	101.4	▼▼	8.4	8.1
3	食品加工业	19.9	●●	104.5	▼	5.5	6.6
4	纤维制品业	19.1	●●	103.0	▼	4.3	9.3
5	造纸、木制品业	83.4	■■	104.0	▼	10.8	13.1
6	化学工业	69.3	■	98.7	▼▼	21.5	18.4
7	石油、煤炭制品	85.3	■■	100.7	▼▼	13.4	15.3
8	非金属制品	99.4	■■	102.3	▼	14.4	14.8
9	铁铜	80.6	■■	99.7	▼▼	18.0	16.6
10	非铁金属	66.5	■■	103.3	▼	8.1	12.1
11	金属制品业	71.1	■■	101.5	▼▼	18.3	19.6
12	一般机械	23.1	●	101.2	▼▼	18.6	17.6
13	电气机械	27.1	●	100.9	▼▼	22.1	19.6
14	运输机械	22.5	●	101.5	▼▼	16.4	17.9
15	精密机械	26.7	●	100.8	▼▼	15.0	15.5
16	其他工业品制造业	61.7	■	104.3	▼▼	17.6	17.7
17	建筑业	11.6	●●	104.3	▲	9.7	14.8
18	电力、热力及燃气供应	74.1	■■	103.1	▼	3.3	10.5

续表

		中间使用率（%）		产出价格平减指数（年均）		双缩减法的年均增长率（%）	单缩减法的年均增长率（%）
19	自来水、废品处理	40.2	□	107.9	▲▲	9.5	12.8
20	商业	41.1	□	103.1	▼	15.6	14.8
21	金融、保险	59.5	■	109.9	▲▲	7.4	9.0
22	房地产业	21.9	●	109.1	▲▲	7.6	8.6
23	交通运输业	44.5	□	103.9	▼	11.4	11.2
24	通信、传媒	76.0	■■	102.9	▼	13.4	13.4
25	公务	0.0	●●	111.2	▲▲	-0.2	-0.2
26	教育、科研	0.0	●●	112.3	▲▲	-0.7	2.6
27	医疗、保健及社会保障	0.0	●●	106.3	▲	-0.5	9.9
28	其他公共服务	26.6	●	109.1	▲▲	-0.7	4.4
29	对企业服务	96.2	■■	105.2	▲	8.8	13.8
30	对个人服务	1.4	●●	107.2	▲▲	6.7	10.6
31	分类不明	86.1	■■	102.3	□	24.2	21.5
	平均（GDP）	**45.0**		**104.1**		**8.6**	**11.8**

表 7-3 显示，日本的第一产业和第二产业基本属于中间品产业；第三产业的大部分属于最终品产业。日本产业间物价水平相对变化显示，物价上升率平均为 4.1%，几乎所有具备中间品特征产业（除了"对企业服务""金融保险"和"农林水产业"等少数例外产业外）的价格上升率远远低于物价上升率的平均值；另外，大多具备最终品特征的产业，除了机械产业（12~15）和纤维制品产业的价格相对较低外，总体上价格大幅上升的产业居多，均高于平均水平。当中间品价格低于最终品价格时，单缩减法推算的实际 GDP 大于双缩减法推算的实际 GDP（$D_1 < D_2$，$\widetilde{VA} > \overline{VA}$），表 7-3 显示，日本 1960~1970 年的推算结果符合此种情形。如果日本采用单缩减法推算实际 GDP，那么这期间的经济增长率将高达 11.8%，高于公布的 8.6% 的经济增长率。

（二）1970~1980 年单双缩减法的比较

1970~1980 年，日本遭遇两次石油危机，虽然物价高涨，但是经济仍然实现了稳定的增长，10 年间的平均 GDP 增长率达到 4.2%。表 7-4"除本产业之外的中间使用率"的平均值接近 1960~1970 年这一时期的均值，为 44.1%，中间品产业和最终品产业的分布也大致相似。仅有"自来水、废品处理""交通运输业"以及"其他公共服务"等一部分第三产业出现中间品特征更强的特点。

但是，产业间相对价格水平的变化出现了与高度增长期完全不同的特征。物价年均增长 8.2%，其中，中间品产业的"石油、煤炭制品"的物价上涨最快，年均上涨率达到 16.4%，受其直接影响的产业有"电力、热力及燃气供应"，价格年均上升率达到 12.1%。除上述产业外，大部分中间品产业处于价格下降的状态。最终品产业中，机械产业、纤维制品、食品等产业的相对价格下降，教育、科研及对个人服务等行业的相对价格处于上升状态。

表 7-4　日本单缩减法与双缩减法实际 GDP 的比较（1970~1980 年）

		中间使用率（%）		产出价格平减指数（年均）		双缩减法的年均增长率（%）	单缩减法的年均增长率（%）
1	农林水产业	76.6	■■	108.8	▲	-2.1	-1.8
2	采矿业	98.8	■■	108.8	▲	0.6	-0.6
3	食品加工业	20.0	●	107.5	▼	5.1	3.6
4	纤维制品业	23.5	●	105.9	▼	3.2	2.5
5	造纸、木制品业	85.9	■■	108.5	▲	2.3	1.4
6	化学工业	73.8	■■	107.7	▼	7.5	1.4
7	石油、煤炭制品	83.2	■■	116.4	▲▲	2.1	-6.5
8	非金属制品	88.9	■■	108.3	▲	1.9	1.4
9	铁铜	78.8	■■	106.9	▼	6.2	3.1
10	非铁金属	88.1	■■	107.2	▼	1.4	3.4
11	金属制品业	75.6	■■	106.5	▼	4.5	3.4
12	一般机械	26.5	●	105.3	▼	6.3	4.5
13	电气机械	24.4	●	101.8	▼▼	13.5	9.3
14	运输机械	14.7	●●	104.8	▼▼	8.0	6.0
15	精密机械	16.7	●●	103.1	▼▼	13.6	10.4
16	其他工业品制造业	66.5	■	109.7	▲	1.3	3.0
17	建筑业	7.6	●●	109.2	▲	2.6	4.7
18	电力、热力及燃气供应	76.7	■■	112.1	▲▲	4.1	1.2
19	自来水、废品处理	52.1	■	112.1	▲▲	2.1	3.3
20	商业	40.4	□	108.1	▼	5.4	4.9
21	金融、保险	74.7	■	107.6	▼	4.4	4.1
22	房地产业	21.5	●	107.8	▼	8.3	8.1
23	交通运输业	48.7	■	109.4	▲	1.6	1.2
24	通信、传媒	70.9	■■	107.5	▼	7.1	6.8
25	公务	1.8	●●	110.2	▲	6.2	6.7

续表

		中间使用率 （%）		产出价格平减 指数（年均）		双缩减法的年 均增长率（%）	单缩减法的 年均增长率（%）
26	教育、科研	2.5	●●	111.3	▲▲	4.5	4.8
27	医疗、保健及社会保障	0.8	●●	108.0	▼	6.1	9.0
28	其他公共服务	45.0	■	111.8	▲▲	6.3	9.0
29	对企业服务	91.2	■■	109.9	▲	3.5	7.1
30	对个人服务	4.3	●●	110.8	▲	0.9	2.8
31	分类不明	91.0	■■	108.3	□	−27.0	−13.3
	平均（GDP）	**44.1**		**108.2**		**4.2**	**4.1**

1970～1980 年，中间品产业内或者最终品产业内分别存在反方向的作用力，整体上中间品和最终品的相对价格变化没有非常明显的上升或下降的趋势。因此，单缩减法求得的 GDP 增长率为 4.1%，与双缩减法求得的增长率 4.2% 非常接近。

（三）1980～1990 年单双缩减法的比较

1980～1990 年，日本在高通货膨胀中继续维持着稳定增长。如表 7-5 所示，"除本产业之外的中间使用率"的平均值降低至 38.8%，中间品产业和最终品产业的分布与前一期完全相同。

从产业间物价水平的变化来看，虽然年均通货膨胀率达到 8.3%，但是中间品产业中，除了具备较强中间品特征的"对企业服务""金属制品业"外，大部分中间品行业的价格是下降的。另外，最终品产业中，除了机械产业（12～15）价格下降以外，整体来看价格与平均水平相比是上升的。

因此，1980～1990 年与 1960～1970 年一样，中间品价格低于最终品价格，单缩减法推算的实际 GDP 大于双缩减法推算的结果（$D_1 < D_2$，$\widetilde{VA} > \overline{VA}$）。如表 7-5 所示，单缩减法推算的 GDP 增长率 5.1%，高于双缩减法推算的 4.2%，单缩减法与双缩减法相比，高估了经济增长。

表 7-5　日本单缩减法与双缩减法实际 GDP 的比较（1980～1990 年）

		中间使用率 （%）		产出价格平减 指数（年均）		双缩减法的年 均增长率（%）	单缩减法的 年均增长率（%）
1	农林水产业	73.6	■	101.2	▼▼	1.0	1.5

续表

		中间使用率（%）		产出价格平减指数（年均）		双缩减法的年均增长率（%）	单缩减法的年均增长率（%）
2	采矿业	100.0	■■	95.7	▼▼	−0.6	−1.4
3	食品加工业	21.3	●	113.8	▲▲	−0.9	3.3
4	纤维制品业	19.8	●●	114.9	▲▲	0.6	2.1
5	造纸、木制品业	79.6	■	97.2	▼▼	3.4	4.7
6	化学工业	72.1	■	78.8	▼▼	9.8	8.4
7	石油、煤炭制品	74.9	■	57.8	▼▼	8.0	9.4
8	非金属制品	89.4	■■	107.7	▼	2.2	3.9
9	铁铜	88.4	■■	81.5	▼▼	2.4	3.1
10	非铁金属	87.9	■■	82.9	▼▼	−0.3	5.2
11	金属制品业	88.3	■■	117.4	▲▲	1.8	4.9
12	一般机械	14.7	●●	106.6	▼	7.5	8.0
13	电气机械	17.9	●●	77.9	▼▼	15.4	12.6
14	运输机械	10.4	●●	96.1	▼▼	5.8	4.5
15	精密机械	14.2	●●	90.2	▼▼	6.7	5.5
16	其他工业品制造业	68.2	■	104.0	▼	4.8	6.0
17	建筑业	7.3	●●	116.9	▲▲	4.3	4.8
18	电力、热力及燃气供应	69.8	■	90.4	▼▼	5.5	7.4
19	自来水、废品处理	53.3	■	133.7	▲▲	2.8	4.1
20	商业	34.6	●	124.8	▲▲	2.3	2.7
21	金融、保险	69.2	■	104.7	▼	6.7	6.0
22	房地产业	20.4	●	138.8	▲▲	2.2	2.7
23	交通运输业	48.2	■	123.2	▲▲	2.3	3.8
24	通信、传媒	67.0	■	100.5	▼▼	6.3	6.0
25	公务	1.4	●●	129.3	▲▲	0.8	1.5
26	教育、科研	33.0	●	118.5	▲▲	4.2	4.4
27	医疗、保健及社会保障	0.0	●●	108.2	▼	0.3	4.9
28	其他公共服务	25.3	●	124.1	▲▲	−0.4	0.2
29	对企业服务	88.0	■■	120.1	▲▲	7.0	8.1
30	对个人服务	3.5	●●	131.2	▲▲	3.7	4.8
31	分类不明	83.8	■■	115.0	▲▲	12.6	15.5
	平均（GDP）	**38.8**		**108.3**		**4.2**	**5.1**

（四）1990～2000 年单双缩减法的比较

1990～2000 年是日本经济泡沫破灭的时期，日本物价水平由通货膨胀转入通货紧缩。这一时期的日本经济增长缓慢甚至停滞。如表 7 - 6 所示，与物价水平急剧上升的 20 世纪 80 年代相反，虽然这一期间整体价格水平下降了 2%，但是产业间的物价水平的相对变化趋势与之前相同，而且相对第一产业和第二产业价格的下降，第三产业价格的上升更趋明显。也就是说，中间品产业的相对价格低落，大部分最终品产业的相对价格在上升。

因此，在这个期间，同样是中间品价格平减指数低于最终品价格平减指数，单缩减法估算的实际 GDP 大于双缩减法的估算结果（ $D_1 < D_2$，$\widetilde{VA} > \overline{VA}$ ），表 7 - 6 显示，单缩减法测算的年平均实际增长率为 1.6%，高于双缩减法的 1.1%。

表 7 - 6　日本单缩减法与双缩减法实际 GDP 的比较（1990～2000 年）

		中间使用率（%）		产出价格平减指数（年均）		双缩减法的年均增长率（%）	单缩减法的年均增长率（%）
1	农林水产业	66.5	■	92.9	▼▼	-1.7	-1.8
2	采矿业	100.0	■■	95.4	▼	-4.2	-5.0
3	食品加工业	20.5	●	96.3	▼	1.2	2.0
4	纤维制品业	24.8	●	95.7	▼	-8.1	-6.0
5	造纸、木制品业	86.0	■■	97.6	▼	-3.1	-1.7
6	化学工业	69.0	■	86.3	▼▼	1.3	0.4
7	石油、煤炭制品	68.6	■	96.6	▼	2.1	2.7
8	非金属制品	89.0	■■	98.9	▲	-2.7	-1.7
9	铁铜	85.4	■■	70.9	▼▼	0.1	-0.1
10	非铁金属	81.6	■■	76.8	▼▼	0.7	1.8
11	金属制品业	89.9	■■	95.6	▼	-3.1	-1.5
12	一般机械	13.0	●●	97.7	▼	-2.3	-1.5
13	电气机械	14.6	●●	72.7	▼▼	5.1	3.0
14	运输机械	12.7	●●	96.9	▼	-1.6	-0.3
15	精密机械	15.9	●●	95.4	▼	-3.0	-1.8
16	其他工业品制造业	69.5	■	102.6	▲▲	-2.7	-0.7
17	建筑业	11.4	●●	104.1	▲▲	-2.4	-1.6
18	电力、热力及燃气供应	67.6	■	82.6	▼▼	4.9	3.7

续表

		中间使用率（%）		产出价格平减指数（年均）		双缩减法的年均增长率（%）	单缩减法的年均增长率（%）
19	自来水、废品处理	62.3	■	116.1	▲▲	0.0	1.0
20	商业	34.4	●	98.1	▲	2.0	2.0
21	金融、保险	69.5	■	87.7	▼▼	2.6	2.2
22	房地产业	13.3	●●	114.4	▲▲	2.1	2.3
23	交通运输业	45.5	■	98.4	▲	1.2	1.2
24	通信、传媒	58.8	■	88.4	▼▼	6.9	6.4
25	公务	2.6	●●	105.0	▲▲	3.0	3.3
26	教育、科研	34.3	●	110.9	▲▲	1.3	1.7
27	医疗、保健及社会保障	0.0	●●	105.1	▲▲	4.8	5.6
28	其他公共服务	24.9	●	108.3	▲▲	−0.5	−0.2
29	对企业服务	74.8	■	106.1	▲▲	2.9	3.4
30	对个人服务	4.6	●●	113.0	▲▲	−0.9	0.2
31	分类不明	98.7	■■	98.8	▲	−7.3	−6.6
	平均（GDP）	**36.8**		**98.0**		**1.1**	**1.6**

（五）小结

采用双缩减法推算实际 GDP 时，需要详尽的投入产出统计和精确全面的价格指数。新颁布的国际标准 SNA 中提出单缩减法可以作为双缩减法的替代方法。单缩减法通常适用于不是很长的期间内，各产业的中间投入率或者增加值率并没有太大变化，增加值的价格变动与该产业的总产出的价格变动接近的假设前提之下。当中间品产业价格上升较大时，单缩减法的推算值偏小；当最终品产业价格上升较大时，单缩减法推算值偏大。

从日本的实证结果来看，日本的第一产业以及除机械相关产业以外的第二产业都属于中间品产业，除对企业服务以外的第三产业属于最终品产业。1960~2000 年，除了石油危机发生的 1970~1980 年外，其他的 30 年间，第一产业和第二产业的产品价格在走低，随着劳动价格的上升，第三产业的价格上升。因此，中间品产业的价格相对较低，最终品产业的价格上升。从整体上来说，日本的中间品价格平减指数高于最终品价格平减指数，因此利用单缩减法估算的经济增长率高于双缩减法估算的结果，符合第六章第四节由理论模型得到的 $D_1 < D_2$ 时，$\widetilde{VA} > \overline{VA}$ 的规律。

从日本的实证结果来看，随着一国经济的不断增长，最终品价格上涨快于中间品价格，因此采用单缩减法推算的经济增长率要大于双缩减法推算的经济增长率。日本如果采用单缩减法，那么经济增长率将高于现在公布的数据。

二、根据中国投入产出表进行的实证分析

中国是以生产法 GDP 为主，各行业的不变价增加值基本上是根据产出价格平减指数采用单缩减法来估算的，只有很少一部分行业采用数量指数进行推算①。以下通过中国的投入产出表和产出价格平减指数等数据，检验各行业的物价水平相对变化引起单缩减法推算的不变价 GDP 以及对经济增长的相对贡献率产生偏差的程度。

（一）单缩减法测算经济增长的偏差

以下将中国国家统计局公布的 2002 年、2007 年和 2012 年的基本表，以及 2005 年、2010 年的延长表整理为相同的 17 部门投入产出表，针对 2002 ~ 2005 年、2005 ~ 2007 年、2007 ~ 2010 年、2010 ~ 2012 年、2012 ~ 2015 年 5 个区间，进行单双缩减法的比较检验分析。

中国不变价增加值的推算主要利用产出价格平减指数直接进行平减后得到，因此，本章根据各产业的名义 GDP 和不变价 GDP 推算出各产业产出价格平减指数。但是由于国家统计局仅公布九大行业的不变价 GDP，尤其是未将 GDP 中占据相当大比重的工业（例如 2007 年占据 45.1%）进行细分，如果采用这样大分类的价格平减指数进行检验，可能存在较大问题，因此，本章采用"工业品出厂价格指数"作为产出价格平减指数。②

1. 2002 ~ 2007 年的实证结果

中国经济在 2002 ~ 2007 年一直保持着两位数以上的高速增长，对这一区间的单缩减法偏差的结果参照表 7 - 7。检验之前首先对各行业的产品属于中间品还是最终品进行判断。由于本行业自身的中间使用不影响单双缩减法 GDP 实际值，因此，判断该行业产品属性的中间使用率不包含本行业的中间使用 。当中间使用率大于平均值（48.1%，参见表 7 - 7）时，称为具备中间产品特征行业；当中间使用率小于平均值时，称为具备最终产品特征行业；当中间使用率接近平

---

① GDP 实际值的估算方法参照：国家统计局. 中国非经济普查年度国内生产总值核算方法［M］. 北京：中国统计出版社，2008.

② 根据国家统计局（2008）《中国非经济普查年度国内生产总值核算方法》中的工业增加值的实际值估算方法，采用的是"工业品出厂价格指数"。因此，可以认为"工业品出厂价格指数"就是产出价格平减指数。

均值时，称为中立行业。由表 7 - 7 可知，此区间大部分行业属于中间产品行业，其中"采矿业"和"炼焦、燃气及石油加工业"的中间使用率高达 90% 以上；属于最终产品行业的仅有"食品、饮料制造及烟草制品业""纺织、服装及皮革产品制造业""机械设备制造业""建筑业"和"其他服务业"5 个行业；第三产业的大部分行业属于中间产品行业，如金融业的中间使用率达到 79.5%，属于具备较强中间产品特征行业，与上文分析的日本大部分第三产业具备最终产品特征有很大不同。中日上述差异产生的原因与中日经济发展阶段的不同相关，2002 ~ 2007 年，中国经济发展主要依靠投资，消费占比相对较低，因此，第二产业具有明显的中间产品特征。

各行业增加值在 GDP 中的占比显示了各行业在经济中的重要地位，以下结合各行业增加值占比来看相对价格的整体变化。由表 7 - 7 可知，"农、林、牧、渔业"的增加值占比高达 13.6%，中间使用率为 48.9%，略高于平均值的 48.1%，可以看作中立行业，即价格变化对中间使用和最终使用的影响相同，单缩减法不会产生偏差。"电力、热力及水的生产和供应业"两期的价格变动与平均价格变动一致，单缩减法不会产生偏差。

表 7 - 7　基于单缩减法测算的中国不变价 GDP 增长率的偏差（2002 ~ 2007 年）

		中间使用率（%）2002 年		GDP 占比（%）	产出价格平减指数（年均）			
					2002 ~ 2005 年		2005 ~ 2007 年	
1	农、林、牧、渔业	48.9	□	13.6	105.7	▲	108.3	▲▲
2	采矿业	91.7	■■	4.9	115.9	▲▲	108.1	▲▲
3	食品、饮料制造及烟草制品业	33.4	●	3.7	102.1	▼	102.4	▼
4	纺织、服装及皮革产品制造业	21.1	●●	3.2	101.1	▼▼	101.3	▼▼
5	炼焦、燃气及石油加工业	92.0	■■	0.9	109.4	▲▲	108.6	▲▲
6	化学工业	77.0	■■	4.8	104.2	▲	101.6	▼
7	非金属矿物制品业	85.2	■■	1.6	101.2	▼	101.4	▼▼
8	金属产品制造业	85.9	■■	4.2	108.9	▲▲	107.3	▲
9	机械设备制造业	35.1	●	9.1	99.4	▼▼	100.9	▼▼
10	其他制造业	66.5	■	4.0	101.1	▼▼	101.6	▼
11	电力、热力及水的生产和供应业	84.1	■■	3.5	103.5	□	104.0	□
12	建筑业	6.2	●●	5.4	104.5	▲	104.1	□
13	运输仓储、计算机服务和软件业	71.1	■	5.8	101.8	▼	105.5	▲
14	批发零售贸易、住宿和餐饮业	55.6	■	10.0	102.3	▼	102.8	▼

续表

		中间使用率 （%）2002 年	GDP 占 比（%）	产出价格平减指数（年均）			
				2002～2005 年		2005～2007 年	
15	房地产业、租赁和商务服务业	54.8	■	8.4	106.9 ▲▲	106.3	▲
16	金融业	79.5	■■	3.8	101.6 ▼	114.2	▲▲
17	其他服务业	10.7	●●	13.2	104.6 ▲	106.5	▲
	平均（合计）	48.1	100.0	103.5		104.1	
	单双缩减法测算 GDP 增长率（年均）的差值			−1.5		−1.3	

注：①中间使用率＝除去本行业的中间使用/总使用。

②计算产出价格缩减指数（年均）时，2～11 行业的数据采用《中国统计年鉴》中的"工业品出厂价格指数"，其他行业利用各行业的名义 GDP/不变价 GDP 得出。产出平减指数的平均是以各行业的产出作为权重进行的加权平均。

③单双缩减法测算 GDP 增长率（年均）的差值＝基于 $\widehat{VA}$ 得出的 GDP 增长率 − 基于 $\overline{VA}$ 得出的 GDP 增长率＝ $bias \div$ 基年 GDP。

④中间使用中，使用的记号■■表示远高于平均值48.1%，■表示略高于平均值，上述行业均具备中间品的行业征；使用的记号●●表示远低于平均值48.1%，●表示略低于平均值，上述行业均具备最终品的行业特征。接近平均值48.1%的行业属于中立行业，使用记号□表示。

⑤产出价格平均指数中，远高于平均值用▲▲表示，略高于平均值用▲表示，远低于平均值用▼▼表示，略低于平均值用▼表示，与平均值接近用□表示。

　　2002～2005 年具备中间产品特征的"采矿业""炼焦、燃气及石油加工业""金属产品制造业"及"房地产业、租赁和商务服务业"等行业（占比18.4%）的相对价格上升幅度较大，"化学工业"（占比4.8%）的相对价格略有上升，仅有"其他制造业"（占比为4.0%）的相对价格下降幅度较大，而"非金属矿物制品业""金融业""运输仓储、计算机服务和软件业"以及"批发零售贸易、住宿和餐饮业"（占比21.2%）相对价格略微下降。总体上，具备中间产品特征的行业中价格上升的有5个，增加值占比为23.2%，其中上升幅度较大的有4个行业，下降幅度较大的仅有1个行业，因此，具备中间产品特征行业的价格是上升的。

　　具备最终产品特征行业的"纺织、服装及皮革产品制造业""机械设备制造业"（占比12.3%）的价格大幅下降，"食品、饮料制造及烟草制品业"（占比3.7%）的价格略有下降，仅有"建筑业"和"其他服务业"（占比18.6%）的价格略微上升。总体上，价格下降的行业有3个（占比16.0%），其中大幅下降的有2个，而价格略有上升的仅有2个。因此，具备最终产品特征行业的价格水平是下降的。

2005~2007 年，具备中间产品特征的"采矿业"等 6 个行业（占比 28.0%）的价格相对上升，"化学工业"等 4 个中间产品行业（占比 20.4%）的价格相对下降，总体来看，具备中间产品特征行业的价格是上升的。由于具备最终产品特征的"机械设备制造业""纺织、服装及皮革产品制造业"（占比 12.3%）的价格大幅下降，而未见有价格大幅上升的行业，因此具备最终产品特征的行业的价格是下降的。

从以上分析可知，在 2002~2005 年和 2005~2007 年都出现中间品行业的价格上升幅度大于最终品行业，即出现 $D_1 > D_2$（中间品产业的价格平减指数大于最终品价格平减指数），因此，利用单缩减法估算的 GDP 实际值低于利用双缩减法推算的 GDP 实际值，按年增长率换算出 2002~2005 年的 GDP 增长率被低估 1.5%，2005~2007 年的 GDP 增长率被低估 1.3%。如果中国采用 SNA1993 推荐的双缩减法估算实际 GDP 时，2002~2007 年的经济增长率将更高。

2. 2007~2015 年的实证结果

表 7-8 是利用单缩减法测算 2007~2010 年、2010~2012 年及 2012~2015 年三个区间的不变价 GDP 增长率偏差的结果。在前两个区间，中国经济超高速增长时期结束，2008 年金融危机之后，GDP 的平均增长率降至 9% 左右。2012~2015 年中国经济增长速度进一步放缓，但是仍然保持 7% 以上的增长速度。

表 7-8 基于单缩减法测算的中国不变价 GDP 增长的偏差 （2007~2015 年）

		中间使用率（%）2007 年	GDP 占比（%）	产出价格平减指数（年均）		
				2007~2010 年	2010~2012 年	2012~2015 年
1	农、林、牧、渔业	65.9	■	107.3 ▲▲	108.9 ▲▲	102.1 ▲
2	采矿业	97.2	■■	106.6 ▲▲	105.5 ▲	91.1 ▼▼
3	食品、饮料制造及烟草制品业	41.9	●	103.0 ▼	103.6 ▼	100.3 ▲
4	纺织、服装及皮革产品制造业	21.9	●●	101.6 ▼	103.4 ▼	100.4 ▲
5	炼焦、燃气及石油加工业	92.3	■■	106.7 ▲▲	108.0 ▲▲	89.5 ▼▼
6	化学工业	78.0	■■	101.8 ▼	101.2 ▼▼	97.1 ▼▼
7	非金属矿物制品业	90.9	■■	103.2 □	102.7 ▼	98.5 ▼
8	金属产品制造业	80.8	■■	101.0 ▼	101.1 ▼▼	94.0 ▼▼
9	机械设备制造业	28.5	●●	100.1 ▼▼	100.1 ▼▼	99.3 ▼

续表

		中间使用率（%）2007 年	GDP 占比（%）	产出价格平减指数（年均）					
				2007～2010 年		2010～2012 年		2012～2015 年	
10	其他制造业	63.8	■ 4.2	101.7	▼	102.2	▼	98.6	▼
11	电力、热力及水生产和供应业	87.7	■■ 3.5	103.0	▼	102.6	▼	100.9	▲
12	建筑业	2.3	●● 5.5	106.2	▲	106.0	▲	99.6	▼
13	运输仓储、计算机服务和软件业	67.9	■ 7.9	101.9	▼	104.3	▲	102.8	▲
14	批发零售贸易、住宿和餐饮业	51.9	□ 8.6	104.5	▲	105.5	▲	102.0	
15	房地产业、租赁和商务服务业	42.4	● 6.1	112.0	▲▲	108.6	▲▲	105.7	▲▲
16	金融业	74.7	■ 5.0	106.0	▲	107.8	▲▲	105.3	▲▲
17	其他服务业	18.5	●● 11.1	105.8	▲	106.9	▲	104.5	▲▲
	平均（合计）	**51.8**	**100**	**103.3**		**103.9**		**99.8**	
	单双缩减法测算 GDP 增长率（年均）的差值			−0.4		−0.4		0.5	

注：参见表 7−7 的注释。

首先看这三个阶段区间各产业的属性变化问题，产业属性发生变化的是：①"农、林、牧、渔业"由中立行业变为具备中间品特征的行业；②"批发零售贸易、住宿和餐饮业"由具备较强中间产品特征的行业变为中立行业；③"房地产业、租赁和商务服务业"由具备中间产品特征的行业变为具备最终产品特征的行业。另外，行业基本属性未变，强度发生变化的是：①"机械设备制造业"由具备一般中间产品特征的行业变为具备较强中间产品特征的行业；②"金融业"由具备较强中间产品特征的行业变为具备一般中间产品特征的行业。其余大部分行业的属性基本不变，大部分制造业在这段期间仍然属于具备较强中间产品特征的行业。与2002 年相比，2007 年第三产业的中间产品特征减弱，而最终产品特征加强。

GDP 占比与 2002 年相比，"农、林、牧、渔业"降低，制造业增加。2007～2010 年和 2010～2012 年的行业间相对价格变化趋势基本保持一致。2007～2010 年的 4 个和 2010～2012 年的 5 个具备中间产品特征的行业价格上升，GDP 占比分别为 22.5% 和 30.4%。2007～2010 年价格下降的中间产品行业有 5 个，而

2010～2012 年也有 5 个，占比分别为 26.2% 和 20.7%，并且价格上升行业的升幅较大，因此，两期的中间产品价格都呈上升趋势。

具备最终产品特征的各产业在两时期的价格变化方向完全相同。价格出现明显下降的最终产品行业有"机械设备制造业"（占比为 10.5%）；价格大幅上升的行业有"房地产业、租赁和商务服务业"（占比为 6.1%）；价格略低于平均价格的有 2 个，占比为 7.2%；价格略微上升的行业同样有 2 个，占比为 16.6%。由以上变化可知，具备最终产品特征的行业的价格并无明显的上升或下降趋势。

由以上分析可知，2007～2010 年和 2010～2012 年这两个时期都出现 $D_1 > D_2$（中间品价格平减指数大于最终品价格平减指数）的情况，单缩减法的估算值低于双缩减法估算的实际值，2007～2010 年和 2010～2012 年的 GDP 增长被低估了 0.4%。

2012～2015 年，具有中间产品特征行业的价格变动与前期出现相反趋势，价格远高于平均的行业仅有"金融业"（占比为 5.0%），略有上升的行业包括"农、林、牧、渔业"在内的 3 个行业（占比为 22.2%），相反价格下降的行业增加到 6 个（占比为 23.9%），其中下降幅度较大的增加到 4 个，占比达 17.3%。与往期不同，具备中间产品特征的行业的价格出现下降。具备最终产品特征的行业价格变动与前期相比也出现不同，价格大幅上升的行业增加到 2 个行业（"房地产业、租赁和商务服务业"和"其他服务业"），占比达 17.2%，没有价格大幅下降的行业，因此，总体上最终产品行业的价格高于平均价格，呈现出上升趋势。

2012～2015 年，由于最终产品产业的价格上升大于中间产品产业的价格上升，出现 $D_1 < D_2$（中间品价格平减指数小于最终品价格平减指数）的情况，利用单缩减法估算的 GDP 实际值大于利用双缩减法推算的 GDP 实际值，GDP 增长被高估了 0.5%。

（二）单缩减法测算各行业对经济增长相对贡献的偏差

单缩减法不仅在测算 GDP 实际值及经济增长时会产生偏差，还可能在衡量各行业对经济增长的相对贡献时造成扭曲。单缩减法在中间使用价格与产出价格以相同比率变化的前提下采用，当各产业的中间使用总体价格高于该产业产出价格时，单缩减法估算的不变价增加值小于双缩减法测算的结果；相反的情况则出现相反的结果。

以下通过比较各行业的中间使用价格与产出价格，考察两者价格的差异引起的单缩减法所产生偏差的程度，同时探讨这种偏差造成的各行业对经济增长相对贡献的扭曲程度。

1. 各行业产出价格平减指数与中间使用价格平减指数

产品生产时，需要投入各种中间产品和服务，测算中间使用实际值时也需要根据各种中间产品和服务的产出价格平减指数进行平减。因此，某行业的中间使用价格指数（也称作中间使用价格平减指数）定义为该行业的名义中间使用合计除以平减后的中间使用的合计，也就是以中间使用为权重的各行业产出平减指数的加权调和平均值，如式（7.6）所示：

$$
D_j^{IC} = \frac{\sum\limits_{i=1}^{n} x_{ij}}{\sum\limits_{i=1}^{n} \dfrac{x_{ij}}{D_i}} = \frac{1}{\sum\limits_{i=1}^{n} \dfrac{1}{D_i} \cdot \dfrac{x_{ij}}{\sum\limits_{i=1}^{n} x_{ij}}} \tag{7.6}
$$

式中，D_j^{IC} 是第 j 行业的中间使用价格指数，x_{ij} 是第 j 行业在第 i 行业的中间使用，D_i 是第 i 行业的产出价格平减指数，n 是行业的数目。

表 7-9 中列出了利用式（7.6）推算的分行业中间使用价格平减指数与产出价格平减指数以及单双缩减法估算的增加值增长率的差值。

首先，分行业的单双缩减法的差值大于表 7-7 和表 7-8 中列出的整体 GDP 增长率的单双缩减法差值，而且不同行业之间的差异较大。当产出平减指数大于中间使用平减指数时，单缩减法的 GDP 实际值被高估；反之，GDP 实际值被低估。

从表 7-9 的四个时期的结果可知，"采矿业"的产出价格（可能受到国际市场价格的影响）在 2002~2005 年以年均 15.9% 的速度上升，升幅非常大，而生产过程中的中间使用价格仅上升了 4.3%。由于利用单缩减法进行估算时，中间使用也采用产出价格平减指数，因此，该行业的不变价增加值被高估。同样被高估的行业还有"农、林、牧、渔业""建筑业"和"房地产业、租赁和商务服务业"等行业，上述行业由于市场需求旺盛，产出价格大幅上升，因此，单缩减法的不变价 GDP 被高估，尤其在 2007~2010 年及 2010~2012 年两期中尤为明显。相反，制造业（3~11）及部分第三产业存在被低估的情况，也就是产出价格平减指数小于中间使用的缩减指数。例如，"食品、饮料制造及烟草制品业"的中间使用部门主要是"农、林、牧、渔业"，由于原材料部门价格不断上升，中间使用的价格也在上升，但是产出价格上升幅度较小，因此依据单缩减法推算的增加值的实际值可能被低估。2002~2012 年的 10 年间，利用单缩减法推算的增加值被低估的行业有 9~11 个，而被高估的行业有 6~8 个，因此，总体上 GDP

表 7－9　分行业产出与中间使用的缩减指数比较及单双缩减法增长率差值（年均）

单位:%，个百分点

	2002~2005 年			2005~2007 年			2007~2010 年			2010~2012 年			2012~2015 年		
	产出缩减指数	中间使用缩减指数	增长率差值	产出缩减指数	中间使用缩减指数	增长率差值	产出缩减指数	中间使用缩减指数	增长率差值	产出缩减指数	中间使用缩减指数	增长率差值	产出缩减指数	中间使用缩减指数	增长率差值
1 农、林、牧、渔业	105.7	104.1	1.2	108.3	104.8	2.4	107.3	104.2	2.3	108.9	105.1	2.7	102.1	100.1	1.5
2 采矿业	115.9	104.3	16.7	108.1	104.7	4.3	106.6	103.3	4.6	105.5	103.9	1.6	91.1	97.4	-10.4
3 食品、饮料制造及烟草制品	102.1	104.2	-5.6	102.4	105.7	-10.3	103.0	105.3	-7.8	103.6	106.2	-8.8	100.3	101.4	-3.6
4 纺织、服装及皮革产品制造	101.1	102.6	-5.4	101.3	102.8	-6.2	101.6	102.8	-4.8	103.4	104.1	-2.8	100.4	100.6	-0.8
5 炼焦、燃气及石油加工业	109.4	112.6	-12.6	108.6	107.4	6.1	106.7	106.0	2.8	108.0	105.4	12.4	89.5	93.4	-15.1
6 化学工业	104.2	104.7	-2.1	101.6	103.5	-8.2	101.8	103.1	-5.3	101.2	103.1	-8.2	97.1	97.9	-4.2
7 非金属矿物制品业	101.2	104.7	-10.0	101.4	104.2	-8.1	103.2	103.5	-1.0	102.7	103.5	-2.5	98.5	97.7	3.7
8 金属产品制造业	108.9	107.2	7.2	107.3	106.1	5.7	101.0	102.9	-7.9	101.1	102.8	-8.1	94.0	95.7	-9.0
9 机械设备制造业	99.4	102.5	-12.2	100.9	103.0	-9.7	100.1	101.2	-5.6	100.1	101.5	-6.0	99.3	98.7	2.3
10 其他制造业	101.1	103.0	-4.5	101.6	103.3	-4.5	101.7	102.7	-2.6	102.2	103.1	-2.5	98.6	99.2	-2.5
11 电力、热力及水的生产和供应	103.5	106.6	-5.7	104.0	105.0	-2.6	103.0	103.9	-2.6	102.6	103.8	-3.4	100.9	98.5	9.5
12 建筑业	104.5	103.9	2.0	104.1	104.0	0.4	106.2	102.4	14.1	106.0	102.9	9.9	99.6	98.5	4.2

续表

行业	2002～2005 年			2005～2007 年			2007～2010 年			2010～2012 年			2012～2015 年		
	产出缩减指数	中间使用缩减指数	增长率差值	产出缩减指数	中间使用缩减指数	增长率差值	产出缩减指数	中间使用缩减指数	增长率差值	产出缩减指数	中间使用缩减指数	增长率差值	产出缩减指数	中间使用缩减指数	增长率差值
13 运输仓储邮政，信息传输、计算机服务和软件作业	101.8	103.3	-2.3	105.5	105.6	-0.1	101.9	103.9	-2.7	104.3	104.8	-0.8	102.8	100.3	4.2
14 批发零售贸易，住宿和餐饮业	102.3	103.2	-0.9	102.8	104.9	-1.9	104.5	104.5	0.0	105.5	105.9	-0.3	102.0	103.0	-0.7
15 房地产业、租赁和商务服务业	106.9	102.2	4.1	106.3	104.0	1.6	112.0	104.0	6.9	108.6	105.0	3.0	105.7	101.4	5.0
16 金融业	101.6	102.8	-0.8	114.2	106.4	4.5	106.0	105.8	0.1	107.8	106.5	1.0	105.3	103.7	0.9
17 其他服务业	104.6	103.1	1.7	106.5	103.7	3.2	105.8	103.1	2.5	106.9	103.9	2.9	104.5	100.5	4.1

注：①产出缩减指数："2～11"的行业采用《中国统计年鉴》中的"按工业行业分工业生产者出厂价格指数"，其他行业采用的是 GDP 平减指数。

②中间使用缩减指数：以各行业的中间使用作为权重，对产出平减指数进行加权平均。

③增长率差值：采用单双缩减法测算的年均使用 GDP 增长率的差值。对产出双缩减法得出的该行业增加值的增长率－基于单缩减法得出的该行业增加值的增长率＝该行业的单缩减法与双缩减法的偏差÷该行业基年的增加值。

的实际值被低估。

2012 ~ 2015 年，很多行业出现了与前四期相反的价格变化动向，单缩减法的 GDP 实际值被高估。分行业来看，"采矿业"与前四期不同，中间使用价格下降幅度较小，远远小于产出价格的降幅，最终导致该行业增加值的增长率被低估10.4 个百分点。由于"采矿业"是"炼焦、燃气及石油加工业""金属产品制造业"的重要中间使用行业，所以这两个行业的中间使用价格也下降较快，但产出价格下降得更快，因此增加值增长率分别被低估15.1 个百分点和9.0 个百分点。增长率被低估的行业还有"化学工业"等其他四个制造业行业，而"非金属矿物制造业""机械设备制造业"及"电力、热力及水的生产和供应业"三个制造业行业的增加值的增长率被高估。服务行业的增加值基本上是产出价格上升幅度大于中间使用行业的价格上升幅度，导致实际增加值的增长率被高估，总体上，2012 ~ 2015 年的 GDP 增长率被高估，出现与前四期不同的趋势。

2. 各行业对 GDP 增长贡献率的比较

由各行业的中间使用及产出价格平减指数的差异而产生的单缩减法测算结果的偏差也影响各行业对 GDP 增长的相对贡献率。表 7 - 10 显示了单双缩减法的测算结果（增加值）对 GDP 贡献率的差异。由于各时期的部门分类有差异，为了更好地对各个时期进行比较，本节根据国家统计局公布的数据将各部门进行合并。表 7 - 10 将制造业（3 ~ 10）、服务业（13 ~ 17）分别合并为一个部门，这更有利于对各时期进行比较。

表 7 - 10　单双缩减法计算结果对经济增长贡献率的比较　　　　单位：%

分类		2002 ~ 2005 年		2005 ~ 2007 年		2007 ~ 2010 年		2010 ~ 2012 年		2012 ~ 2015 年	
		双缩减法	单缩减法	双缩减法	单缩减法	双缩减法	单缩减法	双缩减法	单缩减法	双缩减法	单缩减法
1	农、林、牧、渔业	4.4	6.5	0.4	2.5	2.1	4.7	1.5	4.4	3.6	5.5
2	采矿业	-5.1	-0.3	3.1	5.0	2.3	4.9	1.0	1.9	5.7	-1.8
3 ~ 10	制造业合计	61.3	47.7	61.8	51.4	54.2	34.9	51.3	34.0	53.9	37.2
11	电力、热力及水的生产和供应业	5.6	4.3	3.7	3.4	2.9	2.1	1.5	0.6	-2.6	0.7
12	建筑业	4.8	6.7	4.0	4.6	0.6	8.8	0.6	7.3	4.4	8.5
13 ~ 17	服务业合计	29.0	35.1	27.0	33.2	37.9	44.7	44.1	51.8	34.9	49.8
	总计	100.0	100.0	100.0	100.0	100.0	100.0	100.0	100.0	100.0	100.0

2002～2005 年和 2005～2007 年两期的双缩减法测算的制造业对 GDP 增长的贡献率非常高，而单缩减法显示测算的制造业对 GDP 的贡献率减少了 10% 以上，而农、林、牧、渔业，采矿业，建筑业及服务业的贡献率则增大了。

2007～2010 年和 2010～2012 年，虽然利用单双缩减法测算的制造业对 GDP 增长的贡献率都明显降低，但是单缩减法的降幅更大，与双缩减法相比，减少了 17% 以上。因此，利用单缩减法大大低估了制造业对经济增长的增长率；相反，建筑业对经济增长的贡献率被严重高估，另外，"农、林、牧、渔业""采矿业"和"服务业"的贡献率同样被高估。

2012～2015 年，虽然利用单缩减法测算的制造业对 GDP 的贡献率有所上升，但是与双缩减法相比，测算的贡献率仍然被大幅低估。"电力、热力及水的生产和供应业"和"采矿业"的贡献率出现了与前四期不同的情况，"电力、热力及水的生产和供应业"的贡献率被高估 3.3 个百分点，而"采矿业"的贡献率被低估 7.5 个百分点。

从总体来看，长期以来中国利用单缩减法测算实际 GDP，造成制造业对经济增长的贡献率被大大低估，而服务业对经济增长的贡献率则被高估了。

本章小结

尽管双缩减法是保证生产法与支出法不变价 GDP 等值的唯一估算法，在理论上优于其他方法，但是在实际可操作性上正如 2008 年 SNA 所述，单双缩减法各有利弊，不分优劣，应根据实际情况具体决定。日本基于丰富的投入产出数据采用了双缩减法，中国国家统计局在充分探讨了国际标准并结合中国的具体情况而采用了单缩减法估算 GDP 的实际值。

根据日本 1960～2000 年进行的实证分析主要得到：日本的第一产业和第二产业（除了机械以外）具备了较强的中间产品特征，而第三产业则大多具备了最终产品特征；除了二次石油危机的 1970～1980 年之外，第一产业和第二产业的产品价格上升相对较慢，而第三产业的价格随着劳动价格快速上涨，因此整体上具备中间产品特征的行业价格上升幅度较小，而具备最终产品特征的行业价格上升幅度较大，即 $D_1 > D_2$，从而得到该期间利用单缩减法估算的实际 GDP 高于日本官方采用的双缩减法推算的实际 GDP 的结论。

此次针对中国 2002～2015 年的实证分析，主要得到以下结论：第二产业的中间产品特征没有日本的明显，而第三产业，尤其是在 2002～2007 年，许多行业不是显示最终产品特征而是显示中间产品特征，通常情况下，第三产业的价格上升较快，并且 2002～2012 年，第一产业及第二产业中的中间产品行业的价格也上升较快，导致前四个时段单缩减法的 GDP 实际增长估算值都小于双缩减法，换言之，与日本 1960～2000 年的分析结论相反，中国绝大部分时期经济增长率不仅没有被高估而极大可能是被低估了。只是在最后的 2012～2015 年，由于第三产业的最终产品特征开始增强，出现了微小的反弹（微弱的高估）。今后随着经济发展及国民收入水平的不断提高，对服务业的消费需求将继续扩大，由此第三产业的最终产品特征可能会继续增强，如果这个因素继续增强，今后单缩减法的估算值就有可能出现部分偏高的问题。

正如 Alexander 等（2017）对八个双缩减法国家进行单缩减法的验证后所总结的那样，单缩减法相对双缩减法对不变价 GDP 估算值的偏差可能很严重，但它们的方向无法准确预测，它们在不同国家和不同时期都有所不同。对此，今后还有待对更多的国家及时间段进行实证分析。

另外，对各产业经济增长贡献的分析表明，中国采用单缩减法推算实际 GDP，严重低估了制造业对 GDP 增长的贡献，而高估了服务业的贡献。从分析可以发现，中国的制造业对中国经济的贡献率可能远远大于官方公布的数据。

下篇　可比价 GDP 核算

第八章 购买力平价的推算方法及国际平均全劳动法

衡量一国的经济体量时，往往采用实际值，也可称作可比值，而非名义的金额。这是由于名义金额为数量与价格的乘积，金额的大小不仅体现了数量的多寡，还受到价格因素的影响。在进行 GDP 的时间序列的比较时，往往需要通过价格指数去除价格变动的影响来看数量的变化，这就是第六章所说的通过价格指数转换的不变价 GDP。实际 GDP 还有一重含义，就是进行国家间比较的可比价 GDP，这就需要通过购买力平价（Purchasing Power Parity，PPP）将不同国家的 GDP 转变成同一货币和同一价格进行比较。

购买力平价是进行国际实际价值量比较的最常用的方法。推算 PPP 的机构及研究有很多，目前最具权威的国际购买力平价的推算是 1969 年由联合国开始，2005 年转为世界银行主导的国际比较项目（International Comparison Program，ICP）用支出法推算的各国购买力平价。ICP 的目的是消除各经济体之间的价格水平差异，将不可比的名义 GDP 转换为可比价 GDP，对世界各国的生产规模及发展水平进行比较。至今，全球已经开展了 9 轮的测算，中国分别于 1993 年、1999 年、2005 年、2009 年、2011 年和 2017 年先后 6 次参与 ICP 的调查活动。

购买力平价的推算方法有很多，不同的推算目的会导致推算方法不同。本章除了介绍主流的购买力平价的推算方法外，还提出独特的国际平均全劳动法，第九章是利用国际平均全劳动法推算中日韩的购买力平价，并将中日韩的名义 GDP 转换为可比价 GDP。

第一节 推算购买力平价的一般方法

第二章介绍了 GDP 的推算方法有三种，与此相对应，理论上购买力平价的推算方法也分为生产法、支出法和收入法三种。与 GDP 核算类似，由于收入法的数据收集及处理较困难，因此实际上采用的方式仅有两种，即生产法与支出法。

目前，以推算各国可比价 GDP 为目的，包括 ICP，主要采用的是支出法 PPP 来进行转换。ICP 对于为何采用支出法进行了如下说明：第一，由需求面进行比较具有实用价值，而且数据易于获取；第二，由供给面进行比较，需要各种中间投入与产出的数据，数据获取面临很多困难；第三，各项最终使用在不同国家间具备共通性，易于比较。但是支出法 PPP 仅适用于消费和投资的水平和结构的比较及一国整体的生产率水平的比较，对各产业生产率水平等进行分行业的比较时，无法采用支出法 PPP，需要采用生产法 PPP 进行转换。以下对支出法购买力平价及生产法购买力平价的推算方法进行说明。

一、支出法购买力平价

支出法 PPP 是将各国所有消费品的支出转换为相同价格的支出额时所采用的比率。由于是从支出方面推算购买力平价，因此需要收集包括居民消费、政府消费、固定资本形成总额、库存、净出口等支出在内的基本分类的数据。另外，需要收集每一基本支出分类下代表性商品的价格数据。推算支出法 PPP 时，首先要计算各商品的价格比率；其次将每一基本支出分类下的商品的价格比进行几何平均，得到各基本分类的价格比；最后由基本分类的价格比计算出综合的购买力平价。

以下以推算中日的购买力平价为例进行说明。首先，求出中国和日本的各商品价格比率，如式（8.1）所示：

$$p_1 = \frac{p_{c1}}{p_{J1}}, \ p_2 = \frac{p_{c2}}{p_{J2}}, \ \cdots, \ p_n = \frac{p_{cn}}{p_{Jn}} \tag{8.1}$$

式中，p_1 是商品 1 的价格比率，$\frac{p_{c1}}{p_{J1}}$ 代表中国的商品 1 与日本的商品 1 的价格比，一共 n 种商品，因此求出 n 种商品的价格比率。

其次，对同一基本分类之下的商品价格比率进行几何平均，求出基本分类的中日价格比率，参照式（8.2）：

$$PPP_{b1} = (p_1 \times p_2 \times \cdots \times p_n)^{\frac{1}{n}} \tag{8.2}$$

式中，PPP_{b1} 代表部门 1 的购买力平价，是中日各产品价格比率的几何平均。

最后，以 GDP 的基本分类作为权数，利用拉氏、帕氏及费雪指数公式，对各部门的 PPP 进行加权平均计算出中日两国的购买力平价。

如果以日本作为基准国，以日本各部门 GDP 的比重为权数，拉氏指数的加权汇总公式如式（8.3）所示：

$$PPP_L = \sum_{i=1}^{n} \left(PPP_{bi} \times w_{Ji} \right) \qquad (8.3)$$

在此，PPP_L是拉氏指数法的购买力平价，PPP_{bi}是 i 部门的中日购买力平价，w_{Ji}是日本 i 部门 GDP 的占比。

如果以中国各部门 GDP 比重作为权数，利用帕氏指数进行加权汇总，就如式（8.4）所示：

$$PPP_P = 1 / \sum_{i=1}^{n} \left(PPP_{bi} \times w_{Ci} \right) \qquad (8.4)$$

在此，PPP_P是帕氏指数法的购买力平价，w_{Ci}是中国 i 部门 GDP 的占比。

以费雪指数方式进行汇总，则如式（8.5）所示：

$$PPP_F = \left(PPP_L \times PPP_P \right)^{\frac{1}{2}} \qquad (8.5)$$

上述汇总方法是购买力平价指数的基本方法，除此以外，常用的还有 EKS 法、GK 法等，不同的方法具有不同的特点，计算时需要根据不同的情况选取不同的方法。

二、生产法购买力平价

产品在不同国家价格不同是普遍存在的现象。在进行 GDP 总量的比较时，无须区分产业价格差异，可以采用支出法 PPP 转换的可比价 GDP 进行比较。由于支出法 PPP 反映最终消费品的价格比例关系，并不反映生产者价格之间的关系，所以支出法 GDP 并不能消除国家间生产价格的差异；另外，以支出结构加权的购买力平价也不能反映不同国家的产业结构差异。但是，由于支出法购买力平价的基础数据更加易于收集，数据较丰富，因此，ICP 推算的购买力平价采用支出法 PPP 而不是生产法 PPP。

如果要对各产业的实际产出、劳动生产率及能源利用率进行分析则需要采用生产法购买力平价。在利用投入产出表进行投入结构的分析时，所有产业采用同一换算比率，容易忽略各产业、各部门之间的差异，无法正确进行国际间比较，需要利用各产业的购买力平价进行转换。

由于生产法 GDP = 总产出 – 中间投入，推算时需要分别算出各部门的总产出和中间投入的实际值，再求差值。如果各部门的总产出和中间投入分别采用不同的 PPP 就称作双缩减法，如果采用相同的 PPP 就称作单缩减法。由于双缩减法需要更加全面的数据资料，而且中间投入包括产品投入也涉及服务业投入，测算时非常复杂，因此，通常采用直接对总产出进行缩减的单缩减法。

利用单缩减法推算可比价 GDP 时，首先，将产业部门进行分类，通常是按照既定的国内标准或国际标准分类。最新的国际产业标准分类是将国民经济划分为 21 个门类、88 个大类、238 个中类和 419 个小类，与旧标准相比，部门分类更加细致。

其次，选择在适当的部门分类下进行购买力平价推算。与支出法购买力平价的推算相同，需要收集各部门分类下的具有代表性产品的价格数据及产量数据，计算出两国具有代表性产品的单位价值比率。以中国和日本为例，中日各产品的 PPP 如式（8.6）所示：

$$ppp_1 = \frac{V_{C1}/Q_{C1}}{V_{J1}/Q_{J1}}, \ ppp_2 = \frac{V_{C2}/Q_{C2}}{V_{J2}/Q_{J2}}, \ \cdots, \ ppp_n = \frac{V_{Cn}/Q_{Cn}}{V_{Jn}/Q_{Jn}} \tag{8.6}$$

式中，ppp_1 是中日两国商品 1 的购买力平价；V_{C1} 是中国商品 1 的产出；Q_{C1} 是中国商品 1 的数量；J 代表日本。

再次，计算产业部门的单位价值比率，如式（8.7）所示：

$$PPP_A = (ppp_1 \times ppp_2 \times \cdots \times ppp_n)^{\frac{1}{n}} \tag{8.7}$$

式中，ppp 代表商品的购买力平价，A 部门的购买力平价 PPP_A 是商品的购买力平价的几何平均值。

最后，求出部门的购买力平价后，再利用各种指数公式逐级汇总，指数汇总公式与支出法部分相同，主要是拉氏指数法、帕氏指数法和费雪指数法等，通过汇总后最后得到部门的价值比率。

支出法购买力平价和生产法购买力平价都是将各国货币表示的产品价值统一为相同价格的产品价值的转换因子，是使不同国家产品可以进行价值比较的一种系数。两种方法虽然在产业层级上可能有较大差异，但最终汇总的总量差异不大。

综上可知，支出法购买力平价和生产法购买力平价有以下区别：首先，采用的基础数据不同。支出法购买力平价主要是通过支出的基本分类收集消费品价格进行计算；而生产法购买力平价主要是以产业分类为标准，收集各产业的生产者价格进行计算。其次，应用于不同的研究目的。支出法购买力平价主要用于各国实际 GDP 总量的比较，以及人均 GDP、居民消费、政府消费及支出构成等关于支出方面的国际比较；而生产法购买力平价主要用于各国各产业的实际产出、生产率以及能源效率等国际比较。

三、测算购买力平价的基础数据所具备的必要条件

无论是支出法 PPP 还是生产法 PPP，采用的基础数据必须具备可比性和代表

性，这两个原则，是推算购买力平价的必要条件。

首先，采用数据的可比性原则，是指进行国际比较时用于比较的商品无论是规格还是品质必须完全相同。如果规格相同而品质有优劣之分时，优质产品价格必然高于低质产品，样品不具备可比性，因此应当采用相同品质的商品进行比较。利用各国公开的价格资料时，很可能会存在所比较商品的规格和品质不同的问题。由于各国公开发布的价格资料是由各国自行决定的商品，商品的品名虽然一致，但是商品规格和品质都可能存在不同。因此从公开的价格资料中选取样品时，需要尽可能地了解商品的品质和规格，尽可能采用相同规格相同品质的商品进行比较。

其次，采用数据的代表性原则，是指进行国际比较时所采用的比较商品必须是在比较国中，生产额占比较大或者在分类支出中十分重要的商品。由于一个部门中包含无数的产品，因此只能从各个部门选取部分商品作为样品进行比较，推算出样品间的购买力平价，然后再推算出部门的购买力平价。由于各样品的购买力平价都不相同，因此选取的样品与部门的购买力平价（等于部门中所有样品的加权平均）应当近似或相等。例如，如果在中国和日本选取了品质规格等完全相同的样品，但是这些样品在中国大量生产并被消费，而在日本很少生产并很少被消费时，这些商品在中国的价格可能偏低，而在日本的价格可能偏高，所选取的样品推算出的 PPP 就会偏离实际价格水平。因此，应当选取在两国的生产和消费都同样占据较大比重的商品才能够反映出两国真实的价格水平。

虽然可比性与代表性是选取样品的基本准则，但是由于各国的发展水平以及文化生活习惯存在差异，难以选取在各国都大量生产并被使用，且品质相同的商品。

综上所述，尽管商品的可比性和代表性原则是推算购买力平价的必要条件，但是由于各国发展水平、地理资源条件以及风俗文化的不同，同时满足以上两个条件非常困难，所以往往需要在可比性与代表性之间进行平衡。

ICP 采用支出法的购买力平价，注重总量的比较。因此，在进行国际间比较时，在优先商品的可比性的条件下，尽可能地把各国具备代表性的样品包括进来。某些国家由于经济发展程度及消费习惯和模式不同，无法采集到相同商品时，则利用"桥梁国"进行间接比较。

第二节　购买力平价指数的汇总方法

进行购买力平价测算时有各种汇总方法，不同的汇总方法具有不同的特点，汇总的购买力平价具有不同的特征。理想的购买力平价需要具备一些特征。以下对购买力平价主要的汇总方法及购买力平价需要具备的各种特征进行说明。

一、购买力平价需要具备的特征

对购买力平价进行汇总的方法繁多，通常需要满足特征性（Characteristics）、无偏性（Unbiasedness）、传递性（Transitivity）、结构一致性（Structural Consistency）、因子互换性（Factor Relations）及基国不变性（Base‐country Invariance）等原则。

第一，特征性（Characteristics），是指用于计算购买力平价的权数需要具备特征性。例如，计算两个国家的购买力平价时，应当使用两国的数量指数作为权数，那么这样的权数就具备特征性，如果所使用的第三国的数量指数，说明权数不具备特征性。如果进行多国比较时，所使用权数需要反映多国的支出结构或者产出结构，如果使用权数无法反映这些国家的支出结构或者产出结构，则其不具备特征性。

第二，无偏性（Unbiasedness），是指购买力平价不应由于采用的指数公式或者采用权数的不同而造成结果的差异。如第六章的拉氏指数公式和帕氏指数公式计算的结果会产生差异，按照不同的指数会产生不同的结果。无偏性需要消除这种偏差。

第三，传递性（Transitivity），又称为循环性，存在于多边购买力平价的使用中，是指以任一国家作为桥梁国所计算出的购买力平价都应相等，即使桥梁国发生变化，购买力平价也不应发生变化。

第四，结构一致性（Structural Consistency），也称可加性，是指各支出分类的名义值分别用各支出分类的购买力平价转换为实际值之后，加总得到的合计值与将总金额利用总的购买力平价指数直接转换的实际值相等。这就是内部的结构保持一致，在分析支出结构时，此特征尤其重要。

第五，因子互换性（Factor Relations），是指物量指数与价格指数的乘积等于其价值指数。[1]

第六，基国不变性（Base‐country Invariance），是指基国发生改变时相对的价格水平不会发生变化。例如进行中日韩比较时，利用中国、日本或者韩国的投入产出表转换为相同货币单位表示的可比价格投入产出表时，无论是以中国、日本还是韩国为基国，用元或日元或韩元表示的中国、日本和韩国的国内总生产额的比率应当保持一致。

现有的购买力平价的汇总方法推算出的指数不可能满足上述所有特征，都存在各自的优缺点。因此应当依据 PPP 的推算目的，选取适合的方法进行汇总。

二、购买力平价汇总的主要方法

在进行双边或者多边的购买力平价的测算时，基本分类的汇总方法有指数法、EKS 法、CPD 法等，综合购买力平价最常用的有 EKS 法和 GK 法，还存在星形法、间隔树法、链式法、IIkle 法、Gerardi 法、Jzeren 法以及其他一些方法。不同的方法有着各自的优缺点，以下介绍 EKS 法、GK 法及 CPD 法，并对这些汇总方法的优缺点进行说明。

（一）EKS 法

EKS 法是由匈牙利的统计学家 Elteto 和 Koves 以及波兰的统计学家 Szulc 三人分别独立提出，取三人名字首字母命名故称为 EKS 法。ICP 进行多边比较时的汇总方法主要采用的是 EKS 法，既可用于基本分类的测算，也可用于 PPP 汇总的测算。EKS 法是一种建立在双边比较基础上的多边比较方法，具备特征性、无偏性及可传递性的特征。

假设一共有 C 个国家进行购买力平价的推算，j 国和 k 国是其中任意两个国家，两国汇总的 PPP 如式（8.8）所示：

$$EKS_{jk} = \left[p_{jk} \times \prod_{i=1}^{C} \frac{p_{jl}}{p_{kl}} \right]^{\frac{1}{c}} \tag{8.8}$$

其中，EKS_{jk} 就是 EKS 法的购买力平价，p_{jk} 是 j 国和 k 国的直接购买力平价，p_{jl} 是 j 国与桥接国 l 国的价格比率，p_{kl} 是 k 国与 l 国之间的价格比率，通过国家 l 的桥接后得到 j 和 k 两个国家的间接购买力平价。

EKS 法非常简单，是一种简单的几何平均，虽然具备了可传递性原则，可以用于多边比较，但是不能满足基国不变性原则，在权重选择方面也存在问题。此

---

① 余芳东. 中国购买力平价和经济实力的国际比较研究［M］. 北京：中国统计出版社，2005.

外，用 EKS 法对各单项进行汇总时，得到的合计项目与总金额不一致，不能满足结构一致性的特征，不适用于可比价格投入产出表的转换。针对 EKS 法存在的问题，出现了改进的 EKS 法，例如，1982 年 Hill P. 提出的 EKS* 法改进了原始的 EKS 法忽略了代表性原则的问题，但是得到的双边 PPP 存在不具备传递性且可能有偏等问题，需要进行调整。Sergeev S. 针对 EKS* 法存在的缺点，提出了 EKS – S 法，从理论上改善了 EKS* 法的有偏问题，但是实际结果并不理想。2003 年，Prasada Rao 和 Marcel Timmer 利用线性规划思想提出了加权 EKS 法。加权 EKS 法具备 EKS 法的各种优点，体现了不同购买力平价的不同重要性，但是和 EKS 法同样，不具备结构一致性原则。

（二）GK 法

GK 法由 R. Geary 于 1958 年首次提出，1972 年 Khamis 进一步进行了详细阐述和论证，由此该方法就被称作 GK 法。GK 法是较早应用于多边比较的方法之一，既可以满足传递性、结构一致性和基国不变性的原则，也可用于可比价格投入产出表的转换。

GK 法是构建出一组虚拟的国际价格，将比较国的货币支出与虚拟国际价格之间的比值作为购买力平价。具体如式（8.9）所示：

$$p_i^G = \sum_{j=1}^{C} \left(\frac{p_i^j}{PPP^{Gj}} \times \frac{q_i^j}{\sum_{j=1}^{C} q_i^j} \right) \tag{8.9}$$

$$PPP^{Gj} = \frac{\sum_{i=1}^{n} p_i^j q_i^j}{\sum_{i=1}^{n} p_i^G q_i^j} \tag{8.10}$$

其中，p_i^G 是 i 产品在 G 群组的国际平均价格，p_i^j 是 j 国 i 产品的平均价格，PPP^{Gj} 是 j 国相对于 G 群组的购买力平价，p_i^j 用 PPP^{Gj} 可以转换为以国际平均价格表示的价格（以虚拟的国际元为单位），并且将 j 国 i 产品产量在总量中的占比进行加权得到 i 产品的国际平均价格 p_i^G，p_i^G 与 PPP^{Gj} 可以通过联立方程同时决定。

由于发达国家的人均消费高于发展中国家，导致国际平均价格趋同于发达国家的产品价格，会高估发展中国家的经济规模，这种效应被称作 Gerschenkron 效应。GK 法不适于贫富差距及经济规模差异非常大的国家间进行比较。

（三）CPD 法

CPD 法是由 Summers（1973）首次提出，Prasada Rao（2004）以及 Diewert（2005）对这种方法进行了进一步的发展。假设有 C 个国家，n 种产品，国家 1

为基准国，最初的 CPD 法的模型如下：

$$p_{ij} = k\alpha_j \times P_i v_{ij} (i = 1, 2, \cdots, n; j = 1, 2, \cdots, c) \tag{8.11}$$

$$\alpha_1 = P_1 = 1 \tag{8.12}$$

式中，p_{ij} 是 j 国 i 产品的价格，k 是常量，α_j 是 j 国货币的购买力平价，P_i 是商品 i 的国际平均价格，v_{ij} 是随机误差项。式（8.11）是价格的绝对水平。当 $i = 1$，且 $j = 1$ 时，p_{ij} 的期望值为 k，地区 1 的产品 1 是基准产品，所有其他产品的价格是相对于该产品价格的价格。对式（8.11）和式（8.12）两边取对数，并使两组虚拟变量 X_{ij} 和 Y_{ij} 取值 1 或 0 后，式（8.11）两边取对数可以得到：

$$\ln p_{ij} = \ln k + \ln \alpha_2 X_{i2} + \cdots + \ln \alpha_c X_{ic} + \ln P_2 Y_{2j} + \cdots + \ln P_n Y_{nj} + \mu_{ij} \tag{8.13}$$

可以用最小二乘法或多元回归估计式（8.13）的参数。CPD 所估算的 PPP 不但具有可传递性，满足基国不变性的原则，而且可提高残差估计值，可以推算出缺失数据，但是所补缺失数据无明确意义，而且存在特征性不理想、不具备结构一致性的原则等缺点。

CPD 模型假设所有平均价格同等重要，而加权 CPD 法放松了此假设。Prasada Rao 和 Timmer（2003）、Prasada Rao（2004）及 Diewert（2005）等提出了 CPD 的不同加权方法，加权 CPD 不仅适用于基本分类 PPP 的测算，还可用于汇总 PPP 的测算，而且具备了 CPD 的所有优点，通过对平均价格赋予不同的权重，体现了不同价格的重要性的不同。

第三节　国际平均全劳动法

国际比较中，无论用何种方法，在理论上，推算出的购买力平价（PPP）应符合第二节所述的各项原则。但是任何一种汇总方式都很难满足所有要求，应当依据 PPP 的用途，选择适当的方法进行推算。

ICP 推算 PPP 的主要目的是估算可比价 GDP，主要采用 EKS 法进行汇总。由于 GK 法在保持结构一致性方面具有独特的优势，GK 法也是 ICP 推算购买力平价时常用的方法之一，对各国可比价 GDP 的结构进行比较时采用 GK 法汇总的 PPP 更具有优势。虽然 EKS 法、GK 法均为购买力平价的汇总方法，但是不同方法推算出的购买力平价进行可比价 GDP 转换时，推算的结果具有不同的特征和意义。

本节推算的 PPP 是为了将名义价格投入产出表转换为可比价格投入产出表而

采用的转换系数，需要同时满足基国不变性和结构一致性原则。虽然 GK 法可以同时满足上述两个原则，但是存在一些问题。本节提出的国际平均全劳动法，也可以满足上述两个原则。以下介绍国际平均全劳动法与 GK 法的异同，并阐述国际平均全劳动法的基本思想和模型。

一、国际平均全劳动法与 GK 法的异同

将名义价格投入产出表转换为可比价格投入产出表时既可以采用 GK 法，也可以采用国际平均全劳动法推算的 PPP 作为转换系数。但是两者之间不仅方法不同，推算结果和代表的含义也存在差异。下文以中日购买力平价为例，比较 GK 法和国际平均全劳动法的异同点。

首先，两者的表现形式不同。依据 GK 法计算的 PPP 不是中国与日本的价格比，而表示为日本价格或中国价格与中日平均价格之比的形式。国际平均全劳动法推算的 PPP 则表示为中国价格或日本价格与国际平均全劳动价格之比。

其次，用两种方法转换的可比价格投入产出表的单位不同。GK 法的单位是国际日元或国际元，国际平均全劳动法的单位是国际劳动日元或国际劳动元。虽然单位不同，但两者采用的货币都是虚拟的货币而非现实存在的货币，这一点是相同的。

最后，是否受到现实的市场因素影响方面存在不同。GK 法测算的国际平均价格是将各国的实际价格进行加权平均后得到的价格，因此国际平均价格虽然不是以现实货币为单位，但是仍然受到各国现有的市场价格因素的影响，是建立在一定生产关系的基础上的。国际平均全劳动价格是以与各国的全劳动量成正比的价格作为权重进行加权平均后的结果，产品之间的相对价格由技术决定，不管表示单位如何变化，国际平均全劳动价格表示的投入产出表所有的数值均按比例变化，不会影响生产率和能源效率等国际比较和分析。从某种意义上说，国际平均全劳动价格是由劳动系数、投入系数和固定资本损耗系数等技术决定，不受任何历史及生产关系的影响，换言之，它是超越现实层面的价格。

从上述比较可知，国际平均全劳动价格转换的可比价格投入产出表更能反映一国的生产率水平以及技术状况，更加适用于生产率、能源效率等国际比较和分析，是反映 GDP 的内在意义的一种方法。

二、国际平均全劳动法的基本思想

国际平均全劳动法是依据马克思的劳动价值论中的劳动创造价值这一基本理

念提出的一种全新的方法。这一方法的基本思想可以从以下两个方面进行说明。

首先，国际平价全劳动法以"从业人员 1 人 1 年的平均产量"作为基本数量单位。

测算数量时首先需要确定数量的单位，然后测算具体的数量。测算时，数量就是数量单位的倍数。例如，测算某人体重时，数量的单位是 1 千克，数量 50 说明此人的体重是这个单位数量 1 千克的 50 倍。如果利用中日 PPP 将中国和日本两国名义投入产出表转换为可比投入产出表时，就是去除价格的影响，将中日两国各产业部门产出由金额表示转换为数量表示。测算中日各产业部门的产出数量时，首先确定数量的计量单位为"中日从业人员 1 人 1 年的平均产量"，然后测算中日两国各产业的产出数量是这一计量单位的倍数，就可以得到各产业部门产出的数量。以农业为例，无论是中国还是日本都可能存在有的农业生产者的产量高，有的农业生产者的产量低，而且中日两国之间也存在生产率的差异，但是，通过加权平均测算出中日两国农业生产者的平均 1 人的平均产量，以此为计量单位就可以分别测算出中国和日本的农业产出数量是这一计量单位的多少倍，得到中国和日本的农业部门的产量。进行农业生产时，不仅需要农业生产者的直接劳动（也称活劳动的投入），还需要化肥、农具、农业机械等的投入，这部分投入是间接劳动投入（也叫物化劳动的投入）。测算中日两国农业生产者的"1 人 1 年的平均产量"时，首先测算中日生产每单位农产品（例如 1000 元农产品）所需要的平均劳动人数，平均劳动人数的倒数就是中日两国的农业生产者 1 人 1 年的平均产量（单位是 1000 元/人年）。中日生产的农产品产量就采用"1000 元/人年"作为计量单位进行统计。

其次，"从业人员 1 人 1 年的平均产量"作为基本数量单位的优势体现。

各国在进行总产出的比较时，通常是比较产出的金额，而不是数量。这是由于不同国家生产的产品不同，物品的性质、属性不同，计量单位也不同。例如，一国生产 20 吨大米和 10 吨钢铁，另一国生产 10 吨小麦和 20 吨石油，那么无法将不同的产品直接加总比较。如果将不同的商品通过各自的价格转换为金额，即数量 × 价格 = 金额，金额表示的商品的交换价值，都是以一国货币为单位，具有相同的数量单位，那么将不同的物品的金额进行加总，就可以进行产出比较。

但是，商品的金额反映的是商品的交换价值，并不完全等同于商品的数量，那么进行数量比较时，需要将金额中包含的价格因素剔除。例如，将价格固定不变，换算为同一时期的价格或者放置于同一价格体系当中，就可以剔除价格因素的影响。但是由于不同的国家存在不同的价格体系，决定各种商品价格的因素也是千差万别的。以 Sraffa（1960）的产品间相对价格决定模型①为例，在生产技术不变、各行业利润率保持一致的前提下，如果各行业间的工资比率发生变化，那么产品的相对价格将发生改变。但是在现实中，很难判断在何种工资比率的前提条件下的相对价格最适于产品数量的比较。一旦工资比率（和产品的数量无任何关系）发生变化时，产品相对价格将发生变化，表现出的总量会发生变化（实际的数量没有变化）。如果假定工资比率一定，也不能说明在此假定前提下的价格将产量转换为金额就是比较产量最适合的方法。由于产品间的相对价格受到除各产品的数量以外的其他因素的影响，很难判断何种价格体系是进行产量比较和加总的最适合的体系。因此，利用现有的固定价格的方法剔除价格因素的影响也存在一定的问题。

　　商品的数量不能直接加总，是由于不同商品具有不同的属性，理论上如果能找到商品所具备的共同属性，将不同的商品转换为相同属性的商品，那么就能够进行加总计算。在马克思的《资本论》中有着以下的论述："如果把商品的使用价值撇开，商品体就只剩下一个属性，即劳动产品这个属性。如果将劳动产品的使用价值抽去，随着劳动产品的有用性质的消失，体现在劳动产品中的各种劳动的有用性质也消失了，因而这些劳动的各种具体形式也消失了。各种劳动不再有什么差别，全都化为相同的人类劳动，抽象人类劳动。"② 马克思揭示的商品的属性就是抽象人类劳动，商品尽管千差万别，但是都可以转换为具有相同属性的抽象的人类劳动。马克思对人类劳动进行了进一步论述，"如果把生产活动的特定性质撇开，从而把劳动的有用性质撇开，劳动就只剩下一点：它是人类劳动力的消耗。尽管缝和织是不同性质的生产活动，但二者都是人的脑、肌肉、神经、手等的生产消耗，二者都是人类劳动。"③ 从这一点可以看出，劳动具有相同性质，并且由于生产的主体是劳动，"劳动本身的量是用劳动的持续时间来计量"。④ 那么，将所有不同性质的商品转化为相同的人类劳动时间，就可以进行加总计算。在此，以各国平均的从业人员 1 人 1 年的平均产量作为单位（忽略 1 人的劳动时间、劳动的复杂程度以及劳动强度等因素），计算出各产业产出是此计量单位的多少倍，所有产品的产量就转换为劳动（简单平均劳动），可以将不同行业不同产品的产量进行加总计算。

　　综上可知，以国际平均全劳动量作为转换因子将各产业产出转换为劳动时间进行加总的方法，是适合生产本质特征的一种方法。全劳动量中的数量由劳动系

---

① Sraffa. Production of Commodities by Means of Commodity［Z］. 1960.
②③④ 马克思. 资本论（第一卷）［M］. 北京：人民出版社，2018.

数、中间投入系数、固定资本损耗系数等与生产技术相关的因素决定,与工资率、利润率等分配要素无关。与工资率、利润率等因素只有在特定的经济制度之下才可能存在的条件不同,如果存在生产,就必定存在劳动系数、中间投入系数及固定资本损耗系数,从某种意义上可以说国际平均全劳动量不受限于现有社会制度,是超越现有社会制度的一种计量单位。

三、国际平均全劳动模型

理论上,国际平均全劳动量作为基本计量单位是可行的。近年来,随着投入产出分析技术的发展,利用投入产出表可以实现将不同的商品转换为劳动。

投入产出表反映了产业的技术结构。投入产出表反映了 1 单位产品所需要的各种原材料、设备及人员等投入比例,利用投入产出表的各投入之间的比例关系,将这些投入转换为投入劳动,即可算出国际平均全劳动量。式(8.14)至式(8.16)是国际平均全劳动量的计算方程。

$$\tau_i = \sum_{j=1}^{n} t_{ij} \left[\frac{q_{ij}}{\sum_{j=1}^{n} q_{ij}} \right] \quad (i = 1, \cdots, m) \tag{8.14}$$

$$\pi_i^* = \tau_i \left[\frac{\sum_{i=1}^{m} p_{ij} q_{ij}}{\sum_{i=1}^{n} \tau_i q_{ib}} \right] \quad (i = 1, \cdots, m) \tag{8.15}$$

(b = base country)

$$ppp_j^* = \frac{\sum_{i=1}^{m} p_{ij} q_{ij}}{\sum_{i=1}^{m} \pi_i^* q_{ij}} \quad (j = 1, \cdots, n) \tag{8.16}$$

式中,τ_i 是 1 单位 i 产品所消耗的全劳动量;t_{ij} 是在 j 国的每单位 i 产品所消耗的全劳动量;q_{ij} 为 j 国 i 产品的数量;π_i^* 是 i 产品的国际平均全劳动量的价格;p_{ij} 为 j 国 i 产品的平均价格;ppp_j^* 为 j 国产品的 PPP。国际平均全劳动量模型中的国际平均价格 π_i^* 和购买力平价 ppp_j^* 分别由式(8.15)和式(8.16)决定。

国际平均全劳动量模型需要计算出各国的全劳动量的价格。以下是国际平均全劳动量模型的具体计算过程。首先,利用各国的投入产出表,推算出以各国货币单位表示的各部门的全劳动量。计算公式如下:

$$t = t(A + D) + t \times e \times m + r \tag{8.17}$$

式中,t 是各产品 1 单位(价格为 1)所表示的全劳动量的行向量,A 是投入产出表中的国内中间投入系数的矩阵，D 是国内固定资本损耗系数的矩阵，e 是出口产品构成比的列向量，m 是各产品的"进口中间投入＋从其他国家进口的固定资本损耗"系数的行向量，r 是各产业的 1 单位所表示的直接劳动量的行向量。

此式右边的 $t(A+D)$ 是 $(t \times A)$ 和 $(t \times D)$ 之和，$(t \times A)$ 是生产所投入的国内原材料所需要的劳动量，$(t \times D)$ 是生产国内固定资本所需要的劳动量，$(t \times e) \times m$ 是在"获取 1 元的进口商品所需要的劳动是和生产 1 元出口商品所需要的平均劳动是相同的"假定之下，获取"进口的中间投入＋进口固定设备"所需要的劳动，r 是各产业直接劳动，式（8.17）就是直接劳动和间接劳动的总和。

求解式（8.17）的 t 可以得到式（8.18）：

$$t = r(I - A - D - e \times m)^{-1} \tag{8.18}$$

根据式（8.18），利用投入产出表计算出各国各部门 1 单位货币相当的全劳动量。以各国的生产额和进口额作为权重，计算出各国各产业的国际平均全劳动量与劳动量成正比的价格就是国际平均全劳动价格。利用前面计算出的国际平均全劳动量和各国货币表示的生产总金额的比率可以将各产业的国际平均全劳动量换算为用国际劳动货币表示的金额。第九章以中日韩为例，采用国际平均全劳动量作为单位，计算出中日韩各产业的购买力平价。

本章小结

进行国际比较时采用的购买力平价有多种推算方法，但是孰优孰劣无法简单进行判断。迄今为止，ICP 已进行了九轮推算，但是，由于每次推算采用的方法不同，因此各轮结果并不可比。ICP 各轮购买力平价的推算结果的不可比不仅局限于方法的不同，而且使用样品的种类品质等也存在差异。国际比较采用何种方法计算购买力平价最适合，实际上并无定论。

在对购买力平价进行研究的过程中发现，在将比较国的 GDP 换算为可比价 GDP 时，通常采用比较国的权重，也就是帕氏指数法进行计算。实际上各国公布的 GDP 价格平减指数多数是帕氏指数，这是由于帕氏指数可以满足矩阵一致性，而且转换为实际值时也较容易理解，经济学方面的意义也非常明显，但是存在基国与比较国互换时，计算结果会发生改变的问题。费雪指数虽然可以通过基国互换的检验，但是在经济学上的意义难以解释，而且不能满足矩阵一致性的特征。为了解决费雪指数的问题，GK 法成为通常使用的方法之一，但是也存在大国的实际值相对于小国会被低估等问题。

除了 ICP 采用的一些主要方法之外，本章提出的国际平均全劳动法可以满足基国不变性和矩阵一致性原则，适用于可比投入产出表的转换。另外，国际平均全劳动法的理论基础是劳动价值理论，是超越社会制度的一种方法，因此它是适用于任何经济制度和任何社会的全新的推算方法。

关于可比价 GDP 的汇总方法，很难存在一种可以满足购买力平价需要具备的所有特征的方法，只能是根据不同的推算目的，找到适合的方法。

第九章　中日韩购买力平价的推算及可比价 GDP 的比较

在经济全球化的时代，对各国宏观经济总量进行比较时，必然涉及货币折算问题，而购买力平价（以下简称 PPP）则是比较各国实际经济规模的最常用的转换系数。目前由联合国、世界银行等国际组织开展的国际比较项目（International Comparison Program，ICP）推算的支出法购买力平价，是各国进行国际比较时最具权威的转换指标。

如第八章所述，理想的购买力平价需要满足矩阵一致性（Matrix Consistency）、基国不变性（Base - country Invariance）、传递性（Transitivity）、特征性（Characteristics）、因子互换性（Factor Relations）等要求。但事实上，现有的汇总方法不可能满足上述所有条件，都存在各自的优缺点。因此，应当依据购买力平价的使用目的，选取适合的方法进行汇总。

本章推算 PPP 的目的是将名义价格的中日韩三国的投入产出表转换为可比价格的投入产出表，所需的购买力平价必须满足矩阵一致性的要求。根据 GK 法和国际平均全劳动法推算的 PPP 都能满足此特征，因此，本章选取 GK 法和国际平均全劳动法汇总的购买力平价转换中日韩三国的投入产出表，并且对三国的宏观经济总量进行比较研究。

第一节　转换可比价格投入产出表的购买力平价的特征

国际间比较通常利用 PPP 将名义价值量转换为实际价值量，即去除各国价格不一的影响，将金额转换为数量进行比较。现有最常用且最具权威性的 PPP 是 ICP 推算的支出法购买力平价，主要是用于缩减 GDP 及其支出结构，用于各国实际收入以及支出结构的比较。

但支出法购买力平价并不适用于各国生产率以及技术水平的比较，需要使用生产法 GDP。由于生产法 PPP 的推算需要大量原材料以及燃料等中间投入品的数据，编制过程较复杂，因此并未形成权威的生产法 PPP。许多学者对产业进行生产率及技术水平比较时，通常采用各国工业及农业统计数据，而单个部门的数据往往仅适用于单个产业的对比，并不适用于产业整体的生产率及技术水平的比较。而投入产出表既可以实现对两国整体技术水平的比较，也可以实现对各产业的生产率以及能源效率等的比较，是更加理想的分析工具。由于各国公布的投入产出表在形式上、货币单位及价格体系上存在差异，因此，在进行国际比较时，需要对各国投入产出表进行下述调整。①

第一，将各国投入产出表转换为同一形式，即产业数目及定义的范围相同，且各项增加值以及最终需求的定义保持一致。

第二，各国投入产出表必须使用相同的货币单位。进行国际比较时，如果各国投入产出表的货币单位不同，例如，中国投入产出表的货币单位为元，日本投入产出表的货币单位为日元，需要将不同国家投入产出表统一为相同货币单位。

第三，将各国投入产出表统一为相同价格水平。利用汇率可以将原来由各国货币表示的投入产出表转换为相同的货币单位，但是由于汇率是各国银行用于交换货币的比率，只反映可贸易品的相对价格，不能反映一个国家货物与服务的相对价格水平。例如，采用汇率转换的投入产出表进行中日比较时，可能由于日本价格过高，导致日本的名义产值高于实际产值，而中国的价格较低而导致名义产值低于实际产值。比较各国实际的经济总量和社会发展水平时，需要根据 PPP 将各国的投入产出表转换为同一价格水平进行比较。

依据 OECD 定义（Castle，1999），PPP 是在不同国家中相同的货物和服务按照本国货币表示时的价格比率，即不同的货币在购买力相同时的货币转化率。利用 PPP 作为国际比较的货币转换因子时，可以排除国家间价格水平的差异，比汇率更具可比性。由于投入产出表的不同产业部门之间的产品价格存在差异，仅用同一转换因子转换时，不能消除各国各类产品的价格差异，而使用各产业部门 PPP 进行转换时，可以将由不同国家货币表示的投入产出表转换为同一货币单位，同时保持价格水平一致。

综上所述，进行国际间的生产率、能源效率及技术水平的比较时，可比价格的投入产出表是理想的分析工具。转换可比价格投入产出表时需要采用分行业的 PPP，因此，推算各国分行业的 PPP 是非常重要的基础工作。

———————————

① 泉弘志，李潔．PPPによる韓日 I - O 表実質データの構築［J］．産業連関，1999，8（4）．

第八章介绍了不同购买力平价的汇总方法及具备的特征，那么将名义价格的投入产出表转换为可比价格的 PPP 时，结构一致性也称一致相加性是必备原则，推算多国 PPP 时，必须遵从传递性和基国不变性的原则。下文推算中日韩三国购买力平价时，需要尽可能满足上述三个特征，其中，矩阵一致性的特征对于推算可比价格投入产出表尤为重要。第八章指出，EKS 法不能满足结构一致性的特征，因此不适用于转换可比价格的投入产出表。

适用于转换可比价格的投入产出表的购买力平价的汇总方法主要有以下几种：①确定某个国家作为基国，将其他国家的价格统一为基国价格。这种方法可以满足传递性，但是难以满足基国不变性的原则。例如，进行中日韩的比较时，如果将价格分别转换为元、日元或韩元表示的价格时，国内生产总额（总需求）的比率将产生较大差异。②将所有国家的价格统一为某种国际平均价格，满足基国不变性原则，GK 法是其中具有代表性的方法之一。GK 法既满足基国不变性原则，同时也满足传递性原则。③将所有国家的价格统一为依据某种经济学理论推导出的价格。这种方法与第二种方法相同，同时满足基国不变性与传递性。

本章采用 GK 法和国际平均全劳动法汇总中日韩各产业的购买力平价，并且对两种方法的推算值进行比较。

第二节　购买力平价的推算及可比价格投入产出表的转换

进行多国购买力平价推算时，首先需要推算满足基国不变性的两国间各产业 PPP；其次，要推算既满足基国不变性又具备传递性的多国购买力平价[①]。由于本章推算的 PPP 是为了转换可比价格的投入产出表，因此，PPP 还需要满足基国不变性、传递性和结构一致性的原则。

推算中日韩三国的 PPP 之前，需要将中日韩三个国家的投入产出表合并为相同部门及相同形式的表。中国公布的 2005 年投入产出表是 17 部门表，而日本公布的是 403 部门表，韩国公布的是 402 部门表，依据中国投入产出表各产业部门的定义，将日本和韩国的投入产出表合并为与中国产业分类相同的 17 部门表，并推算 17 部门的中日韩 PPP。

---

① 参见 Eurostat/OECD（2005）、ESCAP（1993）。

一、满足基国不变性的两国间各产业 PPP 的推算

推算两国间购买力平价时，需要尽可能满足基国不变性的原则。为了保证 PPP 推算值的精确度，应当根据 OECD 提倡的用于推算购买力平价的基础数据应同时具备可比性和代表性的建议①，尽可能选取同时在中日韩三国中广泛使用，而且完全同质的产品进行比较。

可比性是指采用的样品必须是相同的产品，即品名、规格及品质都相同。如果规格相同而品质有优劣之分时，品质较好的产品价格必然高于品质较差的产品，因此不具备可比性。利用各国公开的价格资料时，由于资料中未公布详细的品质信息，所选产品的品名和规格虽然一致，但品质可能存在差异。因此，从公开资料中选取样品比较时，应当最大限度地了解产品的品质规格，尽可能选取相同规格和品质的产品进行比较。

代表性是指在各国使用较多，产出占比较大的产品。由于投入产出表的一个部门中包含无数种产品，只能从各产业选取部分产品进行比较，推算出部门的 PPP。这些被选中的产品应当在两国的生产和消费中都占据较大比重才能真实反映出两国的实际价格水平，否则将会出现偏差。例如，在中国和日本选取了品质规格等完全相同的样品，这些样品可能在中国大量生产并被消费，但在日本非常少见。由于在中国属于大量消费和生产的产品，因此价格偏低，而在日本由于使用较少，产量很低，那么价格就会偏高。采用这样的商品进行比较推算产业部门的 PPP 就会使 PPP 偏离实际价格水平，不能够代表两国产业部门的实际价格比率。因此，选取的样品与部门的 PPP（等于部门中所有样品的加权平均）应当近似或相等。虽然选取样品时要满足可比性与代表性的基本准则，但是由于不同国家的发展水平、地理资源条件以及风俗文化不同，事实上同时满足以上两个条件存在很多困难。从现有的研究成果中可以发现，使用公开发布的数据资料推算 PPP 时，所选取样品的价格数据更加偏重代表性原则，而采用实际调查数据推算 PPP 时，所选取样品的价格数据更加偏重可比性原则。

我们曾经推算过 1995 年和 2000 年中日购买力平价，中国的数据采用了工业普查资料②、统计局公布的价格资料、物价年鉴及统计局计算价格指数时的基础

---

① Eurostat/OECD（2005）"Purchasing Power Parities and Real Expenditures 2002 BENCHMARK YEAR" 的第一部 "2.1 OECD 提出在推算购买力平价时，所用的基础数据必须具备可比性和代表性"。

② 1985 年和 1995 年我国实施了工业普查。普查资料中详细记载了工业品的金额和数量，可以推算出各种工业品的生产者价格。但是 2004 年经济普查取代了原有的工业普查，而且公开的资料中只有工业品的金额未公布数量，因此，2004 年之后无法利用普查资料推算出工业品的单价。

价格资料等，日本的资料采用的是投入产出表后的附带表公布的产品价格数据。这些资料中公布的产品都是在中国及日本广泛使用的商品，具备代表性，但是资料中缺乏产品的详细规格及品质的描述，因此，难以判断进行中日比较的产品是否为品质相同的产品，是否具备可比性也无法确定。

2005 年，中国正式参加了 ICP 比较项目，并且为了推算购买力平价，在 11 个城市进行了价格调查。虽然此次调查未能覆盖所有城市，然而是首次为推算购买力平价所做的专门调查，确保了中国的价格数据与其他国家的可比性。为了保证三国数据的可比性，推算中日韩三国的购买力平价时主要采用 ICP 所收集的 130 个收支分类的中日韩购买力平价[①]作为基础数据。

由于 ICP 的购买力平价资料中缺乏生产资料及服务行业的数据资料，本章采用出口的价格资料[②]进行补充。另外，投入产出表是生产者价格的投入产出表，而中日韩购买力平价推算所采用的大部分价格资料为消费者价格，因此，需要对消费者价格数据进行相应的处理。以下对中日、中韩及日韩的两国间推算 PPP 所采用数据及推算结果进行说明。

（一）中日购买力平价

推算中日购买力平价主要采用了 ICP 提供的基本分类的数据资料，另外，通过各种公布的价格数据资料及调查数据补充部分生产资料的价格数据。中国的相关价格数据来源于：①价格信息网（中国发改委提供的数据信息）公布的价格数据；②中国进出口贸易的价格数据；③木地[③]提供的价格数据。日本的相关价格数据包括：①日本总务省的《零售价格统计调查》；②日本的贸易统计；③2005 年日本投入产出表的附带表。以下对各类数据的特点进行说明。

第一，ICP 基本分类的数据。由于 ICP 以测算 PPP 为目的在中国进行实地调查，收集了相关产品的价格资料，因此选取的样品的价格数据具备可比性，同时也尽可能地考虑了代表性。本章推算的 PPP 所采用的价格资料主要是以 ICP 为资

[①] 笔者从世界银行的 Development Data Group，也就是国际比较项目（ICP）获取了中日韩 130 项的基础购买力平价（Basic Heading）。由于获取资料时，承诺不公开原始的基础数据，因此，无法提供原始数据，仅仅公开了处理后的数据。主要是将 ICP 的 130 个基本分类对应投入产出表中的 16 个部门（采掘业没有相对应的商品）重新进行归类（如将大米、面粉、牛肉、猪肉、羊肉等都归入投入产出表的农业部门）之后得到的结果。

[②] 我国公布了 7000 多个品种的出口商品的价格资料。出口产品是针对国外需求进行生产的，符合外国的消费习惯，品质与国外商品更加接近，与其他公开的价格资料相比，更具可比性。

[③] 木地是日本庆应大学的教授，他从中国上海及北京的地方统计局获取了计算价格消费指数时的基础价格资料，并且带领学生在日本的东京和大阪以及中国的北京和上海进行实地调查，获取关于服务行业的价格数据。

料来源。表 9 - 1 的 a 列是根据 ICP 提供的 130 个基本分类的购买力平价对应投入产出表中的 16 个部门（采掘业没有相对应的商品），重新进行归类整理（如将大米、面粉、牛肉、猪肉、羊肉等都归入投入产出表的农业部门）后得到的结果。

第二，价格信息网的数据。表 9 - 1 的 b 列是根据中国价格信息网公布的相关商品的价格数据与日本同样商品的零售价格和投入产出表附带表中的价格数据进行比较并推算出的结果。虽然这些产品在中国大量使用，具有代表性，但是由于价格信息网上并未详细标示商品的规格和品质，无法确认是否具备可比性，因此未采用这类基础数据的推算结果。

第三，木地（日本庆应大学教授）提供的价格数据。表 9 - 1 的 c 列是根据木地提供的中国和日本的价格数据推算出的结果。由于此列数据是木地为推算中日购买力平价收集的中日地区的价格数据，具有较强的可比性，但是代表性有所欠缺。

第四，出口数据。表 9 - 1 的 d 列是根据中日的出口价格推算出的结果。出口产品是针对国外需求所生产的商品，符合国外消费习惯，品质与国外商品更加接近，与其他公开的价格资料相比，更具可比性。但是，出口品在国内未必是国内大量使用的产品，因此缺乏代表性。

第五，进口数据。表 9 - 1 的 e 列是根据进口产品的价格数据推算出的结果。从结果可知，进口数据推算的购买力平价近似于汇率。

由于 ICP 的价格数据是消费者价格，因此，需要将消费者价格调整为生产者价格。日本不仅编制了生产者价格的投入产出表，同时也编制了消费者价格的投入产出表，从生产和消费价格的两张投入产出表可以计算出流通环节在价格中的占比。中国只公布了生产者价格的投入产出表，需要推算出流通在消费者价格中的占比。通过投入产出表中数据可以大致推算出中国各部门的流通费用。中国的投入产出表中有运输和商业两个产业部门（行部门）数据，将这两个产业部门的数据看作各产业部门的中间投入（从列向看）的流通费用的合计值。假设中日各部门的流通费用在总流通费用中所占的比例相等，可以通过日本投入产出表的中间投入的各部门在流通费用中所占比例，将中国投入产出表的流通费用的合计值按照日本流通费用所占比例分配到各部门中，推算出中国的消费者价格的投入产出表。利用推算的生产者价格的投入产出表和消费者价格的投入产出表的总需求这一列，推算出各部门的流通所占比例，利用这一比例，可将中国消费者价格变换为生产者价格。

比较表 9-1 推算出的五组购买力平价，可以发现：①b 组的 PPP 中，其他制造业、炼焦煤气及石油加工业、化学工业和金属产品制造业这四个部门的 PPP 明显低于 a 组 ICP 的结果；②c 组中，化学工业和炼焦煤气及石油加工业三个部门的 PPP 低于 a 组；③d 组的农业、食品制造业以及炼焦煤气及石油加工业三个部门的 PPP 低于 a 组；④e 组所有的 PPP 都低于 a 组的 PPP。以上结果表明，在推算各产业部门的 PPP 时，如果比较的样品具有代表性，而可比性较弱时，推算结果偏高；但如果可比性较强，而代表性较弱时，推算结果就偏低。2005 年，ICP 在推算中国的 PPP 时重视了样品的同质性，因此推算结果相对偏低。

表 9-1　中日 17 部门的购买力平价

单位：日元/元，汇率：13.46

		a ICP	b 公开数据	c 调查数据	d 出口数据	e 进口数据
1	农业	**59.28**	97.71	107.86	42.28	16.30
2	采掘业		22.55		**37.51**	13.15
3	食品制造业	**35.84**	57.61	50.10	33.47	18.32
4	纺织、缝纫及皮革制造业	**26.74**	77.61	53.46	81.32	21.91
5	其他制造业	**29.86**	10.95	85.33	50.08	16.00
6	电力、热力及水生产和供应业	**30.98**	41.21	37.41		13.46
7	炼焦、煤气及石油加工业	**43.68**	27.97	42.74	15.68	14.31
8	化学工业	42.70	29.73	28.29	**43.11**	14.85
9	建筑材料及非金属矿物制品业	19.28	24.99	93.36	**44.99**	14.02
10	金属产品制造业	17.58	16.15	83.31	**29.24**	15.64
11	机械设备制造业	**20.77**	39.19	79.64	40.94	9.98
12	建筑业	**62.29**				13.46
13	运输邮电业	**40.37**	205.04	100.00		13.46
14	批发零售贸易、住宿和餐饮业	**26.99**				13.46
15	房地产业、租赁和商务服务业	**39.34**				13.46
16	金融保险业	**33.83**				13.46
17	其他服务业	**46.98**	98.60	56.07	101.70	21.43

注：①a 列采用 GDP 的支出金额作为权数，将 ICP 的 130 个基本分类合并为和中国投入产出表一致的 17 个部门，并用费雪公式计算出各产业部门的 PPP。②b 列根据中国价格信息网上的商品零售价，与日本相对应的零售商品价格进行比较，用单纯的几何平均计算了 13 个部门的 PPP。③c 列采用单纯的几何平均计算了 12 个部门的 PPP。通常计算各产业部门的 PPP 时应当用各产品产量作为权数进行加权平均，但是因为中国难以收集到各产品产量的数据，采用其他国家的产量数据代替时不能说明中国的生产现状，因此用几何平均来替代。几何平均能够满足基国不变性的特征，而算术平均和调和平均则不能满足这一特性。④d 列利用中日出口商品的 FOB 价格进行比较，利用产品的出口金额作为权重，用费雪公式计算出各产业部门的 PPP。⑤e 列的中日进口商品价格是 CIF 价格，推算出各产品的 PPP 后，以产品的进口金额为权重，用费雪公式计算 10 个部门的 PPP。

五组数据当中加粗的黑体数字是转换中日可比价投入产出表的内生部门采用的 PPP 的结果。在 17 个部门中 13 个部门选取了 ICP 的基本分类的数据推算的结果。剩余的 4 个部门采用了根据中日出口数据推算的结果，这几个产业部门的中日出口样品的数据非常详尽，而且品质接近。进口部门的 PPP 采用了 e 列的推算结果。

（二）中韩购买力平价

中韩各产业 PPP 主要采用 ICP 提供的数据。另外，中国的数据来源参照上文，韩国的数据包括：①韩国财团法人（Korea Price Information Corp.）的《综合价格情报》；②韩国统计局《消费者调查月报》（Monthly Report on the Consumer Price Survey）[1]；③韩国统计局《2005 年矿工业调查》；④2005 年韩国投入产出表附带表；⑤韩国贸易统计。

根据中韩的价格数据可以推算出中韩两国各产业的购买力平价（见表 9 - 2）。表 9 - 2 的 f 列是 ICP 提供的数据处理后的结果。中韩各产业的 PPP 所采用的价格资料主要是以 ICP 为主要资料来源。g 列是中国价格信息网的价格数据与韩国统计局的消费者调查价格和矿工业调查资料的价格数据进行比较后的结果。由于中国的价格信息网上并未详细描述商品规格和品质，无法确认与韩国的样品是否具备可比性，因此没有采用此列数据的推算结果。h 列是根据中韩的出口价格推算的结果，i 列是根据进口产品的价格数据推算的结果。中国的进出口数据来自《中国进出口贸易年鉴》，韩国的进出口数据来自韩国贸易统计。

表 9 - 2　中韩 17 部门的购买力平价

单位：韩元/元，汇率：125.05

		f ICP	g 消费价格数据	h 出口数据	i 进口数据
1	农业	**424.5**	472.9	434.3	76.0
2	采掘业		82.3	**176.2**	113.9
3	食品制造业	**222.4**	274.6	198.9	128.0
4	纺织、缝纫及皮革制造业	**159.6**	142.7	150.9	89.8
5	其他制造业	**209.6**	185.4	220.7	95.5
6	电力、热力及水生产和供应业	**131.9**	146.6		125.0
7	炼焦、煤气及石油加工业	**305.3**	242.4	126.8	107.0

---

①　《消费者调查月报》每月公布 450 种左右的产品价格。

		f ICP	g 消费价格数据	h 出口数据	i 进口数据
8	化学工业	294.7	151.0	**186.7**	107.7
9	建筑材料及非金属矿物制品业	94.4	253.4	**286.2**	158.8
10	金属产品制造业	117.3	146.5	**178.9**	57.5
11	机械设备制造业	**168.3**	265.7	234.1	106.8
12	建筑业	**273.3**			125.0
13	运输邮电业	**191.6**	322.8		125.0
14	批发零售贸易、住宿和餐饮业	**205.3**			125.0
15	房地产业、租赁和商务服务业	**279.6**			125.0
16	金融保险业	**213.1**			125.0
17	其他服务业	**239.3**	407.9	354.6	59.0

注：①f 列采用 GDP 的支出金额作为权数，将 ICP 的 130 个基本分类合并为和中国投入产出表一致的 17 个产业部门，并用费雪公式计算出各产业部门的 PPP。②g 列采用单纯的几何平均计算了各产业部门的 PPP。通常计算各产业部门的 PPP 时应当用各产品产量作为权数进行加权平均。但是因为中国难以收集到各产品产量的数据，采用其他国家的产量数据替代时不能说明中国的生产现状，因此用几何平均来替代。几何平均能够满足基国不变性，而算术平均和调和平均则不能满足这一特性。③h 列利用各国出口商品的 FOB 价格进行比较，利用产品的出口金额作为权重，用费雪公式计算出各产业部门的 PPP。④i 列的中韩进口商品价格是 CIF 价格，推算出各产品的 PPP 后，以产品的进口金额为权重，用费雪公式计算各产业部门的 PPP。

中国消费者价格投入产出表与上文相同，同样假设中韩各部门的流通费用占比相等，通过韩国中间投入的各部门在流通费用中的占比，将中国投入产出表的流通费用的合计值按照韩国流通费用所占比例分配到各部门中，推算出中国的消费者价格的投入产出表，并按照上文的方法将中国消费者价格变换为生产者价格。

比较表 9-2 推算出的各组购买力平价，可知：①g 组的 PPP 中，只有纺织缝纫及皮革制造业、其他制造业、炼焦煤气及石油加工业和化学工业四个部门的 PPP 低于 f 组；②h 组的 PPP 中，只有食品制造业、纺织缝纫及皮革制造业、炼焦煤气及石油加工业、化学工业四个部门低于 f 组 ICP 的结果；③i 组进口品的 PPP 中，除了建筑材料及非金属矿物制品业外，其他部门的 PPP 均低于 f 组 ICP 的结果，结果与汇率接近。从以上结果可知，ICP 由于重视两国商品的可比性，代表性较弱，因此与国内价格资料相比 PPP 偏低，而中韩国内价格资料是在各国消费量较大的商品，因此结果偏高，而且进口品接近于汇率。

表 9 - 2 中的黑体数字是最终采用的内生部门的 PPP 的基础数据，在 17 个部门中 13 个部门选取了 ICP 的基本分类的数据，剩余的 4 个部门选取了中韩出口数据的 PPP。进口部门的 PPP 采用了 i 列的推算结果。

（三）日韩购买力平价

日韩两国的统计资料非常丰富，有详尽的价格数据，分产业的 PPP 更有信服力。日本和韩国的投入产出表相似度高，附有多种类型的附带表，其中日本的《各部门各产品的国内生产总额》表中记载了各产品的单价，韩国的《各部门各产品类别供给金额》表中记载着各产品和产业的金额和数量，可以推算出各产品和产业的价格。通过日韩购买力平价的附带表的价格和数量数据可以便利地推算出日韩各产业的 PPP。但是由于此次是推算中日韩三国的购买力平价，为保持三国数据的一致性，大部分的行业仍然采用了 ICP 的推算结果。

对于 ICP 未能涵盖生产资料的数据，日本的数据主要采用《积算资料》，韩国采用的数据是韩国物价情报的《综合价格情报》中的价格资料。《综合价格情报》分 I（约 1300 页）和 II（约 200 页）两册，记载的产品价格资料涵盖所有产业，资料详细描述了商品名称、规格、使用材质等，并且记载了流通的每个阶段的价格。与之对应的日本财团法人经济调查会的《积算资料》详细地记载了建筑土木工程所用的材料设备等产品的价格资料，对各产品的规格质量的描述也非常详尽。《积算资料》仅限于生产资料的价格，其他产品的价格采用的是日本总务省的《消费者调查月报》的价格资料。《消费者调查月报》每月公布 800 种左右产品的价格，其中对产品的规格型号、品质等有具体描述。依据上述价格资料，可以推算出日韩各产业的 PPP。

表 9 - 3 是根据日韩的价格资料推算的各产业 PPP。比较表 9 - 3 推算出的各组购买力平价，可知：①k 组的购买力平价中，只有农业，机械设备制造业，建筑业，批发零售贸易、住宿和餐饮业，房地产业及租赁和商务服务业六个部门的 PPP 低于 j 组 ICP 的结果；②l 组中，除了其他制造业、炼焦煤气及石油加工业、建筑材料及非金属矿物制品业和金属产品制造业四个部门外，其余部门的 PPP 低于 j 组；③m 组中，除了农业、化学工业、建筑材料及非金属矿物制品业和金属产品制造业外，其他部门的 PPP 均低于 j 组；④n 组除农业低于 j 组的结果外，其余部门的 PPP 都高于 j 组的结果，而且接近汇率。日韩两国的发展水平接近，两国差异较小，因此大部分商品既具备可比性也具备代表性。

表 9 - 3　日韩 17 部门的购买力平价

单位：韩元/日元，汇率：9.29

		j ICP	k 消费者价格	l 生产者价格	m 出口数据	n 进口数据
1	农业	**7.65**	5.78		7.91	7.62
2	采掘业			5.94	**8.66**	9.42
3	食品制造业	**5.99**	6.55		5.86	6.55
4	纺织、缝纫及皮革制造业	**5.66**	8.74	3.82	3.83	5.98
5	其他制造业	**6.82**	7.52	11.13	4.84	6.93
6	电力、热力及水生产和供应业	**4.02**	10.31			9.29
7	炼焦、煤气及石油加工业	8.36	9.69	**10.29**	8.34	9.54
8	化学工业	5.48	9.06	**4.85**	6.04	8.81
9	建筑材料及非金属矿物制品业	4.89	10.36	**5.16**	5.86	6.77
10	金属产品制造业	6.67	7.31	**6.94**	7.14	9.31
11	机械设备制造业	7.81	7.26	**4.60**	6.00	9.07
12	建筑业	**4.51**	2.39			9.29
13	运输邮电业	**3.85**	3.86			9.29
14	批发零售贸易、住宿和餐饮业	**7.48**	6.75			9.29
15	房地产业、租赁和商务服务业	**7.25**	5.28			9.29
16	金融保险业	**6.30**	4.59			9.29
17	其他服务业	**4.76**	5.70		3.63	7.43

注：①j 列是 ICP 提供的基础项目数据；k 列的日本数据是零售价格，韩国的数据是消费者价格、综合价格情报；l 列的日本数据来自《积算统计》，韩国数据来自《综合价格情报》；m 列的数据是日韩出口贸易数据；n 列的数据是日韩进口贸易数据。②j 列是用 GDP 的支出金额作为权数，将 ICP 的 130 个基本分类合并为 17 个产业部门，并用费雪公式计算出各产业部门的 PPP。③k 列和 l 列是用单纯的几何平均计算的各产业部门的 PPP。④m 列是利用日韩出口商品的 FOB 价格进行比较，利用产品的出口金额作为权重，用费雪公式计算出的各产业部门的 PPP。⑤n 列的日韩进口商品价格是 CIF 价格，推算出各产品的购买力平价后，以产品的进口金额为权重，用费雪公式计算各产业部门的 PPP。

表 9 - 3 中黑体数字是此次转换可比投入产出表的内生部门采用的 PPP。进口部门的 PPP 采用了 n 列进口数据一栏的推算结果。

二、符合基国不变性和传递性的购买力平价的推算

表 9 - 4 的双边比较（两国间的比较栏）是从表 9 - 1、表 9 - 2 和表 9 - 3 计

算结果中选取的最终结果（黑体的数字）。依据表 9 - 4 双边比较的结果，发现此结果满足基国不变性的原则，但是难以满足传递性原则。例如，农业的日/中的购买力平价为 59.28 日元/元，韩/日购买力平价为 7.65 韩元/日元，如果满足传递性原则，韩/中购买力平价应为 59.28 × 7.65 = 453.49，但依据表 9 - 4，结果为 424.50，两者不等。因此，需要对双边比较的结果进行进一步处理。

表 9 - 4　中日韩分产业购买力平价

			双边比较			EKS 法		
			日/中	韩/日	韩/中	日/中	韩/日	韩/中
国内	1	农业	59.28	7.65	424.50	57.99	7.48	433.90
	2	采掘业	37.51	8.66	176.25	30.59	7.07	216.13
	3	食品制造业	35.84	5.99	222.40	36.26	6.06	219.81
	4	纺织、缝纫及皮革产品制造业	26.74	5.66	159.65	27.22	5.76	156.83
	5	其他制造业	29.86	6.82	209.58	30.14	6.89	207.60
	6	电力、热力及水的生产和供应业	30.98	4.02	131.86	31.59	4.09	129.32
	7	炼焦、煤气及石油加工业	43.68	10.29	305.30	38.40	9.05	347.31
	8	化学工业	43.11	4.85	186.68	41.50	4.67	193.93
	9	建筑材料及其他非金属矿物	44.99	5.16	286.18	48.25	5.53	266.85
	10	金属产品制造业	29.24	6.94	178.94	28.04	6.65	186.60
	11	机械设备制造业	20.77	4.60	168.28	25.09	5.55	139.33
	12	建筑业	62.29	4.51	273.35	61.71	4.47	275.93
	13	运输邮电业	40.37	3.85	191.64	43.29	4.13	178.71
	14	批发零售贸易、住宿和餐饮业	26.99	7.48	205.33	27.15	7.52	204.14
	15	房地产业、租赁和商务服务业	39.34	7.25	279.56	39.09	7.20	281.40
	16	金融保险业	33.83	6.30	213.14	33.83	6.30	213.14
	17	其他服务业	46.98	4.76	239.32	48.06	4.87	233.96
进口	1	农业	16.30	7.62	75.99	13.83	6.47	89.52
	2	采掘业	13.15	9.42	113.88	12.79	9.16	117.10
	3	食品制造业	18.32	6.55	127.96	18.71	6.69	125.26
	4	纺织、缝纫及皮革产品制造业	21.91	5.98	89.82	19.32	5.27	101.85
	5	其他制造业	16.00	6.93	95.53	15.23	6.59	100.40
	6	电力、热力及水的生产和供应业	13.46	9.29	125.05	13.46	9.29	125.05
	7	炼焦、煤气及石油加工业	14.31	9.54	106.96	13.19	8.79	116.01

续表

			双边比较			EKS 法		
			日/中	韩/日	韩/中	日/中	韩/日	韩/中
进口	8	化学工业	14.85	8.81	107.69	13.92	8.25	114.91
	9	建筑材料及其他非金属矿物	14.02	6.77	158.75	16.64	8.04	133.77
	10	金属产品制造业	15.64	9.31	57.51	11.47	6.83	78.39
	11	机械设备制造业	9.98	9.07	106.85	10.55	9.58	101.10
	12	建筑业	13.46	9.29	125.05	13.46	9.29	125.05
	13	运输邮电业	13.46	9.29	125.05	13.46	9.29	125.05
	14	批发零售贸易、住宿和餐饮业	13.46	9.29	125.05	13.46	9.29	125.05
	15	房地产业、租赁和商务服务业	13.46	9.29	125.05	13.46	9.29	125.05
	16	金融保险业	13.46	9.29	125.05	13.46	9.29	125.05
	17	其他服务业	21.43	7.43	59.04	15.39	5.34	82.20
		平均	**33.34**	**5.93**	**190.60**	**32.94**	**5.86**	**192.90**

注：2005 年的官方汇率为：日元/元：13.46；韩元/元：125.05；韩元/日元：9.29。

利用两国间购买力平价的结果，采用 EKS 算式，可以推算出满足传递性原则的 PPP。计算中日韩三国购买力平价的 EKS 算式如下：

EKS 法（日本/中国）= [（日/中购买力平价）^{2} ×（日/韩购买力平价）×（韩/中购买力平价）] $^{\frac{1}{3}}$

EKS 法（韩国/日本）= [（韩/日购买力平价）^{2} ×（韩/中购买力平价）×（中/日购买力平价）] $^{\frac{1}{3}}$

EKS 法（韩国/中国）= [（韩/中购买力平价）^{2} ×（韩/日购买力平价）×（日/中购买力平价）] $^{\frac{1}{3}}$

依据上述公式推算的结果参照表 9 - 4 的 EKS 法的对应项。用 EKS 法可满足传递性原则。例如，同样是农业，日/中的购买力平价为 57.99 日元/元[1]，韩/日购买力平价为 7.48 韩元/日元[2]，如果满足传递性原则，韩/中的购买力平价应当是 57.99 × 7.48 ≈ 433.90，表 9 - 4 的结果同样为 433.90，两者相等。依据表 9 - 4 的结果可以将日本、中国和韩国的投入产出表转换为以三国中任意一国为基国价格的可比价格的投入产出表。例如，以日本为基国，可以将中国的投入产出表转

---

① 日/中购买力平价为 57.9908606361958，在这里统一取小数点后两位，为 57.99。
② 韩/日购买力平价为 7.48226187760013，在这里统一取小数点后两位，为 7.48。

换为日元表示的投入产出表，在此情形下，所有产业合计的国内生产总额（包括中间投入）的日元/元的 PPP 是由日元表示的国内生产总额和与元表示的国内生产总额的比率。这是以中国的国内生产额作为权重，将各产业的 PPP 进行加权平均，即用帕氏指数公式将各产业部门的 PPP 进行汇总得到所有产业的 PPP。

投入产出表中所有产业合计的国内生产总额是表 9-5 中的中国价格、日本价格和韩国价格的各项结果。从表 9-5 可以知道，国内生产总额中，用日本价格表示、用中国价格表示以及用韩国价格表示的相对比率并不相同。如果国内生产总额合计值要符合基国不变性这一原则，需要进行第二个步骤，就是符合基国不变性、传递性和矩阵一致性的购买力平价的推算。

表 9-5　中日韩三国生产总额（总需求）规模的比较

		各国价格汇率 （10 亿日元）	日本价格 （10 亿日元）	中国价格 （千万元）	韩国价格 （千亿韩元）
绝对比较	日本	1044498	1044498	3334490	63147
	中国	815767	2150910	6061632	125935
	韩国	254696	407350	1353445	23665
相对比较	日本	1.000	1.000	1.000	1.000
	中国	0.781	2.059	1.818	1.994
	韩国	0.244	0.390	0.406	0.375

三、符合基国不变性、传递性和结构一致性的购买力平价的推算

如果要满足基国不变性原则，即使基国发生变化，所有国家的投入产出表的价格不发生变化，即用任意一国的价格表示时，不同价格表示的相对比率保持不变；另外，PPP 同时符合传递性和结构一致性的原则。GK 法和国际平均全劳动法均符合上述原则。

（一）GK 法推算中日韩的购买力平价

GK 法是由 Geary 提出，之后由 Khamis 进行了详细阐述的方法。GK 法是 ICP 对 GDP 进行汇总的其中一种方法，在整个 ICP 方法论体系中居于十分重要的地位。GK 法的特点是，不必进行双边比较，而是引入了"国际平均价格"，利用相关的数量关系确定各国的 PPP。该方法按照价格与数量之间的经济关系，构造出一对线性方程组，求解出未知的国际价格和各国的购买力平价。利用 GK 法进行中日韩比较时，关键是引入虚构的国际价格单位，将三个国家的价格转换为这

一虚构的国际货币单位进行比较。例如，以中国为基国时，可以引入虚拟国际元。无论以何国为基国，合计时各国经济的相对规模不发生变化，即满足基国不变的原则。在此以日本为基国，首先，利用表9－4中EKS法的17个产业部门的PPP结果和中日韩三国投入产出表的国内生产总额及进口额，推导出国际日元这一虚构货币单位，再将三国的投入产出表转换为国际日元，进行比较。以下是推导"国际价格"的方程组：

$$\pi_i = \sum_{j=1}^{n} \frac{p_{ij}}{ppp_j} \left[\frac{q_{ij}}{\sum_{j=1}^{n} q_{ij}} \right] (i = 1, \cdots, m) \tag{9.1}$$

$$ppp_j = \frac{\sum_{i=1}^{m} p_{ij} q_{ij}}{\sum_{i=1}^{m} \pi_i q_{ij}} (j = 1, \cdots, n) \tag{9.2}$$

$$\sum_{i=1}^{m} \pi_i q_{ib} = \sum_{i=1}^{m} p_{ib} q_{ib} (b = base\ country) \tag{9.3}$$

式中，p_{ij}是基国价格为1时各国的相对价格。以日本为基国时，日本各产品的价格均为1，中国各产品的价格由表9－4中的EKS法的日/中这一栏的倒数来表示（如中国的农业价格为1/57.99），韩国各产品价格由表9－4中的EKS法的韩/日这一栏的数字来表示（如韩国的农业价格为7.48）。q_{ij}为j国第i类商品的数量。具体来说，就是以1单位的基国货币表示的数量为单位数量，各国投入产出表的各产业的国内生产总额（以及进口额）是单位数量的多少倍就是具体数量。以中国为基国时，各国投入产出表的国内生产额（以及进口额）是依据表9－4的EKS法购买力平价的结果换算为元表示的值。

以上的价格p_{ij}和数量q_{ij}都是已知的数值，但是各产品的国际平均价格π_i和各国所有产品的平均购买力ppp_j由方程组求出。因此，国际平均价格π_i和平均购买力ppp_j是相互影响的，而且是同时相互决定的。

用EKS法推算的PPP是各国货币的购买力与国际虚拟货币（假设为国际日元）的购买力的比率。例如，式（9.2）的ppp_j就是在j国1国际日元所能购买的货币量用j国货币购买时需要的货币量，也就是各国货币的购买力和模型上的国际虚构货币（如国际日元）的购买力的比率。具体的计算是以各产品的国内生产额为权数，进行加权平均所得。因此，用所有产品的平均购买力平价ppp_j换算的国内生产总额与利用各产品的购买力平价换算的数值进行加总后的结果是一致的。

π_i为第i类商品的国际平均价格（相当于中日韩三国的平均价格）。在此，假设汇率（各国货币与国际货币如 1 国际日元进行交换时的比率）与各国购买力平价相等，p_{ij}/ppp_j 是 j 国 i 产品的价格与国际货币（国际日元）的比率。换言之，分母 ppp_j 是 j 国货币与国际虚拟货币（1 国际日元）进行交换所需的货币量，p_{ij} 则是 j 国货币量与 p_{ij}/ppp_j 的国际货币（国际日元）量相等。因此，式（9.3）中的 π_i 是各国以国际日元表示的价格用各国的数量作为权数进行加权平均的结果。

假如汇率发生变化，以国际日元所表示的各国价格与加权平均也会发生变化。GK 模型假定购买力平价和平均价格在汇率与购买力平价相等的条件下进行计算。

式（9.1）与式（9.2）的联立方程中，未知数 π_i 有 m 个，ppp_j 有 n 个，合计未知数是 $m+n$ 个。方程数也同样，式（9.1）为 m 个，式（9.2）为 n 个，合计 $m+n$ 个。但是 $m+n$ 个方程中的 1 个方程是由其他方程推导得出，也就是 1 次独立方程数为 $m+n-1$ 个。因此加上式（9.3）的一个方程，1 次独立方程数为 $m+n-1$。

根据以上的模型求出的结果参照表 9-6 的 GK 法一栏。所有产业的平均购买力平价 ppp_j 是 GK 法一栏最末行（平均值）的结果。这一行以外的国内各部门的值是 1 国际 GK 日元所购买的国内产品的数量所需的各国的货币量。进口各部门的值是 1 国际 GK 日元所能购买的进口产品数量所需要的各国的货币量。利用以上各产业的购买力平价，将各国投入产出表转换为国际 GK 日元所表示的投入产出表。

表 9-6　GK 法与国际平均全劳动法推算的中日韩各产业 PPP

			GK 法			国际全劳动法		
			日元/国际 GK 日元	韩元/国际 GK 日元	元/国际 GK 日元	日元/全劳动日元	韩元/全劳动日元	元/全劳动日元
国内	1	农业	1.66	0.029	12.44	0.38	0.007	2.88
	2	采掘业	0.94	0.031	6.65	0.78	0.026	5.50
	3	食品制造业	1.07	0.029	6.47	0.59	0.016	3.55
	4	纺织、缝纫及皮革产品制造业	0.86	0.031	4.93	0.40	0.015	2.32
	5	其他制造业	0.94	0.031	6.49	0.73	0.024	5.06
	6	电力、热力及水的生产和供应业	1.02	0.032	4.16	1.03	0.033	4.22
	7	炼焦、煤气及石油加工业	1.04	0.027	9.41	1.24	0.032	11.22
	8	化学工业	1.21	0.029	5.67	1.10	0.027	5.15

			GK 法			国际全劳动法		
			日元/国际GK日元	韩元/国际GK日元	元/国际GK日元	日元/全劳动日元	韩元/全劳动日元	元/全劳动日元
国内	9	建筑材料及其他非金属矿物	1.40	0.029	7.73	0.89	0.018	4.90
	10	金属产品制造业	0.89	0.032	5.94	0.90	0.032	5.97
	11	机械设备制造业	0.87	0.035	4.84	0.89	0.035	4.93
	12	建筑业	1.58	0.026	7.06	1.29	0.021	5.79
	13	运输邮电业	1.20	0.028	4.96	1.34	0.031	5.55
	14	批发零售贸易、住宿和餐饮业	0.91	0.033	6.83	0.90	0.033	6.78
	15	房地产业、租赁和商务服务业	1.05	0.027	7.55	1.86	0.048	13.41
	16	金融保险业	1.00	0.030	6.30	2.48	0.073	15.62
	17	其他服务业	1.22	0.025	5.96	1.47	0.031	7.18
进口	1	农业	0.63	0.046	4.08			
	2	采掘业	0.65	0.051	5.93			
	3	食品制造业	0.85	0.045	5.69			
	4	纺织、缝纫及皮革产品制造业	0.80	0.042	4.23			
	5	其他制造业	0.70	0.046	4.60			
	6	电力、热力及水的生产和供应业	0.47	0.035	4.36			
	7	炼焦、煤气及石油加工业	0.64	0.048	5.61			
	8	化学工业	0.55	0.040	4.57			
	9	建筑材料及其他非金属矿物	0.70	0.042	5.59	0.05	0.0401	4.16
	10	金属产品制造业	0.58	0.051	3.99			
	11	机械设备制造业	0.46	0.043	4.37			
	12	建筑业	—	0.031	3.88			
	13	运输邮电业	0.71	0.053	6.62			
	14	批发零售贸易、住宿和餐饮业	0.70	0.052	6.49			
	15	房地产业、租赁和商务服务业	0.56	0.041	5.19			
	16	金融保险业	0.60	0.045	5.60			
	17	其他服务业	0.83	0.054	4.42			
		平均	1.00	0.030	5.74	1.00	0.0232	5.46

注：①国内 PPP 是利用两国间购买力平价的数据推算出的结果。②进口购买力平价是由两国间购买力平价的进口的数据和汇率推算而成。③全劳动法中的进口产品的服务量采用了出口产品的全劳动量的平均值，因此所有的进口产品都采用了同一数值。④"平均"是以投入产出表的最终需求作为权重推算出来的结果。

（二）国际平均全劳动法推算中日韩的购买力平价

如第八章所述，在测算某个行业的产出时，如果采用金额进行测算，由于各产业内产品的性质、类型千差万别，不能简单将数量加总进行产量统计，需要借助（价格×数量）得出产品的金额后对产出额进行加总。现有的购买力平价，仍然需要用价格将数量转换为金额进行计算，不同的是，例如用 GK 法构建一个国际平均的价格，各国将各种产品以虚拟的国际平均价格转换为金额进行计算。价格是由市场的需求与供给决定的，同时也受到工资率、利润率等其他因素的影响。因此，利用价格进行国际比较时，仅限于市场经济存在的前提下，存在商品价格时才可能进行，受特定的经济社会制度的限制。而国际平均全劳动法是以平均从业人员 1 人 1 年的生产产量作为基本测算单位，以各国产品的产量是这一单位多少倍作为测算产品产量的方法。这样的测算方式与价格无关，不会受到影响价格的各种因素（工资率、利润率等）的影响。用全劳动量来对产出进行加总的核心是：劳动是生产的主体，这个方法符合生产的本质特性。全劳动量由劳动系数、中间投入系数、固定资本损耗系数等生产技术本身决定，与生产同时存在。与通常的方法相比，国际平均全劳动法是超越特定的经济社会制度的测算方式，具有一定的优越性。

国际平均全劳动法的关键是要测算出生产产品所包含的全劳动量。生产产品不仅需要劳动者，还需要原材料及厂房设备等。在此将生产产品所需要的劳动者的劳动称为直接劳动。生产产品时所投入的原材料、使用的厂房及设备等也可以看作劳动生产的成果，可以将生产原材料和设备所需要的劳动称为间接劳动。全劳动量包含了生产某种产品所需要的直接劳动和间接劳动。以下是国际平均全劳动量模型的具体计算过程。

第一步，利用各国的投入产出表推算出各产业部门以各国的货币单位表示的全劳动量。计算公式如下：

$$t = t(A + D) + t \cdot e \cdot m + r \qquad (9.4)$$

其中，t 是 1 单位产品（价格×数量）所包含的全劳动量（行向量）；A 是投入产出表的国内中间投入系数的行列；D 是国内固定资本损耗系数的行列；e 是出口产品的构成比（列向量）；m 是各产品的"进口中间投入 + 从其他国家进口的固定资本损耗"系数（行向量）；r 是 1 单位产品包含的直接劳动量（行向量）。

此公式右边的 $t(A + D)$ 是 $(t \cdot A)$ 和 $(t \cdot D)$ 的和，$(t \cdot A)$ 是指国内生产投入（原材料）所需要的劳动量，$(t \cdot D)$ 是国内固定资本（设备、厂房等）所需要的劳动量。$t \cdot e \cdot m$ 是假定"获取 1 元的进口商品所需要的劳动等于生产

1 元出口商品所需要的平均劳动"[1]，获得"进口的中间投入 + 进口固定设备"所需劳动的行向量。r 是各产业直接劳动量（行向量）。

从式（9.4）可知，全劳动量是直接劳动和间接劳动（生产国内中间投入所需的国内的劳动和生产固定设备所需要的国内的劳动及获得进口的中间投入和进口的固定设备所需要的国内的劳动）的总和。

对式（9.4）的 t 求解可以得到以下公式：

$$t = r(I - A - D - e \cdot m)^{-1} \tag{9.5}$$

根据式（9.5），利用 17 个产业部门的投入产出表分别计算出中、日、韩三个国家 17 个产业部门的单位货币相当的全劳动量。然后再利用表 9 - 4 的 EKS 的结果，将人民币和韩元相当的全劳动量换算成 1 单位日元（百万日元）相当的全劳动量。

以下是国际平均全劳动模型的计算公式。

$$\tau_i = \sum_{j=1}^{n} t_{ij} \left[\frac{q_{ij}}{\sum_{j=1}^{n} q_{ij}} \right] \quad (i = 1, \cdots, m) \tag{9.6}$$

$$\pi_i^* = \tau_i \left[\frac{\sum_{i=1}^{m} p_{ij} q_{ij}}{\sum_{i=1}^{n} \tau_i q_{ib}} \right] \quad (i = 1, \cdots, m)(b = base\ country) \tag{9.7}$$

$$ppp_j^* = \frac{\sum_{i=1}^{m} p_{ij} q_{ij}}{\sum_{i=1}^{m} \pi_i^* q_{ij}} \quad (j = 1, \cdots, n) \tag{9.8}$$

式中，τ_i 是 1 单位所消耗的 i 类商品的全劳动量；t_{ij} 是在 j 国中 1 单位 i 产品所消耗的全劳动量；q_{ij} 是 j 国中 i 类商品的数量；π_i^* 是第 i 类产品的国际平均全劳动量的价格；p_{ij} 是第 j 国第 i 类商品的平均价格；ppp_j^* 是 j 国商品的购买力平价。

具体来看，式（9.6）是将各国各部门的生产额/中日韩三国部门生产额的合计的结果为权重与各国 1 单位日元相等的全劳动量相乘计算出中日韩三国的平均

---

① 进口商品是由国外生产，由于无法计算进口商品在国外生产时所需要的劳动量，因此只能进行假设，假设进口产品在国内生产，并推算所需劳动量。在此笔者假设进口 1 元的商品与出口 1 元的商品所需要的劳动量相等。假设依据是任何国家进口商品时必须使用外汇，而外汇的获取只能是出口国内商品。由于各国劳动生产率不同，进口 1 元的商品在国内生产时，需要的劳动与出口 1 元商品所需要的劳动不相等，当某个部门的中间投入使用较多的进口品时，这样的假设会有较大的误差，如何避免较大的误差也是笔者将来要努力去解决的课题之一。

全劳动量。式（9.7）是国际平均全劳动量的价格的计算公式。与中日韩平均全劳动量成正比例的价格为国际平均全劳动价格。具体的计算就是选择和用日元表示的日本总供给（国内生产额＋进口额）相同水平的价格体系作为国际劳动日元的价格体系，然后利用与日本总供给额相对应的国际全劳动金额和以日元表示的金额的比率将各国各部门的国际全劳动量转换为以国际劳动日元表示的全劳动量，可以求出 1 日元表示的各产品用国际劳动日元表示时所需要的劳动量。

第二步，利用表 9－4 中 EKS 法一栏的结果计算出由日本价格表示的各国各产业部门的总供给（各部门的国内生产额和进口额）和上述结果相乘，可以计算出用国际劳动日元表示的各国各产业部门的总供给。最后用国际日元表示的各国各产业部门的总供给与各国货币表示的各国各产业部门总供给的比率得到各国各产业部门的购买力平价。计算结果参照表 9－6 的"国际全劳动法"一栏的数值。

与 GK 法相比较，GK 法是联立式（9.1）、式（9.2）和式（9.3）的方程，同时得出国际平均价格 π_i 和购买力平价 ppp，而国际平均全劳动模型中的国际平均价格 π_i^* 是由式（9.6）和式（9.7）独立计算得出。以此为前提，式（9.8）中购买力平价 ppp_j^* 由国际平均价格和各国价格的比率决定。从公式的计算来看，GK 法的计算非常烦琐，需要多次反复的计算，而国际平均全劳动模型的计算相对比较简单。

四、中日韩可比投入产出表的转换

利用上述方法求得的各部门的 PPP，将中日韩三国的投入产出表变换为以同一价格表示的投入产出表。中间投入部分和最终需求部分可以用 GK 法或者全劳动法得到的 PPP 进行转换，增加值部分的各个项目则用汇率进行转换。中间投入和增加值的合计与国内生产总额存在差额，因此，需要增设一项调整项。

用上述方法求得用 GK 国际日元表示的投入产出表和用国际劳动日元表示的投入产出表。用这两种方法转换的中日韩可比价格投入产出表可以满足结构一致性、基国不变性等特性。

第三节　基于中日韩可比投入产出表的实际物量比较

可比价格投入产出表可以应用于实际经济规模、生产效率、技术水平及产业结构等的比较。以下利用中日韩三国的可比价格投入产出表，对中日韩三国的经济规模及各产业生产对国内消费、投资和出口的依赖程度进行比较。

一、中日韩三国经济规模的比较

如表 9-7 所示，以日本作为基国，中国的第一产业和第二产业的名义生产总值大于日本的名义生产总值，第三产业的名义生产总值比日本低，不到日本的40%。但是实际的生产总值三个产业均大于日本，其中，第一产业的实际值是日本的 17 倍，第二产业是日本的 3 倍，第三产业与日本的规模相当，总体来看，中国的名义总产值不到日本的 80%，GDP 只有日本的一半，但是从实际值来看，依据 GK 法的结果，中国的实际总生产是日本的 1.989 倍，GDP 是日本的 1.679 倍，而依据国际平均全劳动法的结果，中国的实际总生产是日本的 2.739 倍，GDP 是日本的 2.023 倍，国际平价全劳动法测算的结果大于 GK 法测算的结果。

表 9-7　中日韩的三个产业规模及总经济规模的比较

单位：亿日元，亿国际日元，亿劳动日元

		日本			中国			韩国		
		汇率	GK 法	国际平均全劳动法	汇率	GK 法	国际平均全劳动法	汇率	GK 法	国际平均全劳动法
绝对比较	第一产业	13155	7910	34174	52966	137239	592925	4622	3451	14911
	第二产业	414928	408583	461971	483088	1170307	1442566	125282	205878	232450
	第三产业	543932	507295	404215	199775	529824	430686	88991	133441	106343
	生产总值	972015	923788	900360	735829	1837370	2466177	218895	342771	353704
	GDP	489071	419361	462012	250661	703922	934629	91694	133125	127448
相对比较	第一产业	1.000	1.000	1.000	4.026	17.350	17.350	0.351	0.436	0.436
	第二产业	1.000	1.000	1.000	1.164	2.864	3.123	0.302	0.504	0.503
	第三产业	1.000	1.000	1.000	0.367	1.044	1.065	0.164	0.263	0.263
	生产总值	1.000	1.000	1.000	0.757	1.989	2.739	0.225	0.371	0.393
	GDP	1.000	1.000	1.000	0.513	1.679	2.023	0.187	0.317	0.394

以日本为基国，韩国第二产业的实际规模比名义生产额大许多，第一产业和第三产业的实际生产额接近于名义生产额，说明韩国第一产业和第三产业的价格与日本相差不大，而第二产业的相对价格较低。韩国的实际总生产是日本的0.371 倍，GDP 是日本的 0.317 倍，与 GK 法的结果相比，国际平均全劳动法的

实际量更高，而韩国的实际总生产是日本的 0.393 倍，GDP 是日本的 0.394 倍，与 GK 法的结果相差不大。

用国际平均全劳动法测算的中国实际物量更大，韩国用两种方法测算的结果相差不大。原因是现实的价格与国际平均全劳动法推算的价格相比，农业与轻工业价格较低，而重工业和服务业价格较高。而以全劳动量为权重时，中国的第一产业权重变大，第二工业权重变小，从而推算出的中国的实际生产总值与 GDP 相对 GK 法更大，韩国第一产业的权重较小，工业品权重仍保持较大权重，推算出的结果与 GK 法接近。

二、中日韩各产业生产对消费、投资及出口的依存度比较

本文利用投入产出分析的基本模型——国内均衡产出决定模型根据中日韩名义及可比价投入产出表推算三国的产业消费、投资及出口依存度，并比较三个国家的结果。

（一）模型介绍

依据国内生产供需平衡关系可得出以下基本的关系式：

$$X = AX + F + E - M \tag{9.9}$$

式中，X 为总产出列向量，A 为中间投入矩阵，F 为最终需求列向量，E 为最终进口需求列向量，M 为进口需求列向量。将进口分为中间产品进口与最终需求产品进口时，可以转换为：

$$X = AX + F + E - (M_A + M_F) \tag{9.10}$$

式中，M_A 为中间产品的进口列向量，M_F 为最终产品的进口列向量。由于利用非竞争进口型投入产出表，因此对进口进行内生 $[I - (I - \bar{M}_A)A]^{-1}$ 化处理时，假定进口与国内需求成正比例关系，那么式（9.10）可表示为：

$$X = AX + F + E - (\bar{M}_A AX + \bar{M}_F F) \tag{9.11}$$

式中，$\bar{M}_A$ 表示中间需求进口系数为对角要素的对角矩阵，$\bar{M}_F$ 表示最终需求进口系数为对角要素的对角矩阵。将式（9.11）进一步变形，以国内均衡产出额 X 为求解方程，可以推算出以下国内均衡产出决定模型：

$$X = [I - (I - \bar{M}_A)A]^{-1}[(I - \bar{M}_F)F + E] = B[(I - \bar{M}_F)F + E] \tag{9.12}$$

式中，$B = [I - (I - \bar{M}_A)A]^{-1}$ 为里昂惕夫逆矩阵，此逆矩阵适用于非竞争进口型投入产出表。需求可以继续分解为消费和投资，那么式（9.12）可以变换为：

$$X = [I - (I - \bar{M})A]^{-1}[(I - \bar{M})F + E] = B[(I - \bar{M})(F_C + F_I) + E] = [B\Gamma F_C + $$

$$B\Gamma F_I + BE\,]\tag{9.13}$$

其中，Γ 为 $(I - \overline{M})$，F_C 为消费需求的列向量，F_I 为投资需求的列向量，E 为出口需求的列向量。[①] 从式（9.13）可知，国内总产出是由消费、投资及出口需求所诱发的总额，由此消费、投资及出口等最终需求占产业生产的份额即最终需求诱发的依存度也可以求解。将各项最终需求对产出的诱发额除以各产业的总产出额，可求出消费、投资及出口对生产的依存度。

（二）推算结果

表 9-8 是中日韩三国各产业生产对国内消费、投资和出口依存度。从三个产业比较可比投入产出表与名义投入产出表的结果可知，中日韩三国的可比价格的消费需求依存度比名义价格的高，而可比价格的投资需求依存度比名义价格的低。中韩名义价格与可比价格的进口需求的依存度相差不大，但日本可比价格的进口依存度要比名义价格的低。

表 9-8　中日韩各产业生产对国内消费、投资和出口的依存度　　单位:%

			中国			日本			韩国		
			消费	投资	出口	消费	投资	出口	消费	投资	出口
名义价格	1	农业	53	27	21	87	8	5	75	10	15
	2	采掘业	29	39	32	72	9	18	38	22	40
	3	食品制造业	58	23	18	94	2	4	79	7	14
	4	纺织、缝纫及皮革产品制造	35	14	51	83	5	12	56	8	36
	5	其他制造业	33	32	35	65	13	22	42	24	34
	6	电力、热力及水生产和供应	34	37	30	75	9	16	47	20	33
	7	炼焦、煤气及石油加工业	32	37	31	74	10	16	39	20	41
	8	化学工业	33	32	35	60	8	32	34	21	45
	9	建筑材料及其他非金属矿物	20	59	21	77	11	11	20	48	32
	10	金属产品制造业	22	45	33	58	9	34	21	33	46
	11	机械设备制造业	22	44	34	34	5	61	22	29	49
	12	建筑业	6	91	3	80	13	7	6	92	2
	13	运输邮电业	34	35	31	66	10	24	42	19	40
	14	批发零售贸易、住宿和餐饮	39	31	30	59	9	33	59	16	25

① 依照现有的里昂惕夫逆行列式的惯例写法，式（9.13）中省略了 $\overline{M}_A$ 与 $\overline{M}_F$ 的区别，而统一用 $\overline{M}$ 进行表述。

续表

			中国			日本			韩国		
			消费	投资	出口	消费	投资	出口	消费	投资	出口
名义价格	15	房地产业、租赁和商务服务	57	36	7	70	11	19	69	19	11
	16	金融保险业	48	29	23	73	12	15	59	16	25
	17	其他服务业	61	21	18	68	12	21	66	15	19
		第一产业	53	27	21	87	8	5	75	10	15
		第二产业	28	39	33	60	7	32	31	25	43
		第三产业	41	38	20	67	11	22	54	23	23
		所有产业	33	38	29	64	9	28	39	25	37
可比价格	1	农业	55	22	23	86	5	9	66	9	26
	2	采掘业	43	29	28	79	6	15	48	15	37
	3	食品制造业	56	22	22	88	4	8	68	8	25
	4	纺织、缝纫及皮革产品制造	38	12	50	83	5	12	56	9	35
	5	其他制造业	42	26	32	79	7	14	50	15	35
	6	电力、热力及水生产和供应	47	27	26	80	6	14	53	13	35
	7	炼焦、煤气及石油加工业	46	27	27	80	6	13	49	13	38
	8	化学工业	48	23	29	79	5	15	49	13	38
	9	建筑材料及其他非金属矿物	27	54	19	78	9	12	32	33	34
	10	金属产品制造业	29	40	31	67	7	26	33	24	43
	11	机械设备制造业	28	40	32	51	5	44	30	24	46
	12	建筑业	7	89	3	81	9	10	7	89	4
	13	运输邮电业	47	26	27	78	6	16	50	13	37
	14	批发零售贸易、住宿和餐饮	48	24	27	77	6	17	57	12	31
	15	房地产业、租赁和商务服务	59	35	7	79	7	15	65	16	19
	16	金融保险业	55	23	22	80	7	13	57	12	31
	17	其他服务业	65	18	18	76	8	16	62	12	26
		第一产业	55	22	23	86	5	9	66	9	26
		第二产业	42	27	30	78	5	16	47	15	38
		第三产业	45	36	19	78	6	16	53	18	29
		所有产业	48	26	26	79	5	16	49	15	36

　　参照表 9-8 可比价格的结果可以得知，中日韩三国的消费对生产的拉动都高于投资与出口对生产的拉动，特别是农业生产依存于消费需求，其中日本各部

门的生产对消费需求的依存度为 79%，第一产业高达 86%，比中国和韩国的消费依存度高许多。而中国的各部门生产对投资需求的依存度远高于日韩，达到 26%，其中第三产业高达 36%，建筑业对投资需求的依存度达到 89%；第二产业对投资需求的依存度为 27%，也高于日本的 5% 和韩国的 15%，其中金属与机械制造业对投资需求的依存度达到 40%。韩国的出口依存度远高于中国和日本，达到 36%，中国与日本分别为 26% 和 16%。具体从产业来看，韩国的重工业的出口依存度较高，其中金属与机械行业高达 43% 和 46%，而中国则对轻工业生产的出口需求依存度较高，纺织、缝纫及皮革产品制造的出口依存度高达 50%。

　　整体来看，中国除个别轻工产业外，仍然属于"内需依存型"，与日本的"内需依存型"不同，中国的消费需求依存度虽然高于投资需求的依存度，但中国的投资需求依存度高于日本和韩国，投资在中国经济中占据重要位置。而出口虽然在中国占据重要位置，但是除传统纺织与皮革制造业以外，其他行业的出口依存度均低于韩国，说明与中国和日本相比，韩国对出口需求的依存度更高，这与韩国整体的经济规模较小有密切关系。而对于中国，虽然出口需求对国内生产有带动作用，但是存在受国际经济局势变化影响的风险，因此，随着工业化的进一步发展，增进消费需求依存度具有重要意义。

本章小结

　　本章分别用 GK 法和国际平均全劳动法汇总了中日韩 17 个产业部门分类的 PPP，并且这 17 个产业部门的 PPP 同时满足结构一致性、传递性和基国不变性三个特征，这也是将多国名义投入产出表转换为可比价格投入产出表时所利用的转化因子 PPP 所必须具备的特征。

　　GK 法是将三国的现实价格进行加权平均，推导出一个虚拟价格作为共通价格的方法。国际平均全劳动法是将三国的全劳动量进行加权平均后与之成比例的价格作为共通价格的方法。GK 法的共通虚拟价格和国际平均全劳动价格，与现实价格之间的偏离程度不同，而且两种方法汇总时使用的权重不同，因此推算结果会产生差异。

　　通过利用中日韩的可比投入产出表对三国的经济规模进行比较可以知道，中国实际的经济规模远远大于名义价值量的金额。用 GK 法计算的 2005 年中国的实际经济规模是日本的 2.0 倍，用国际平均全劳动法计算的中国的实际经济规模

是日本的 2.7 倍，可以说中国的实际物量的经济规模已经远远超过了日本。用
GK 法和国际平均全劳动法计算的韩国的实际经济规模都是日本的 0.4 倍，韩国
名义经济规模是日本的 0.2 倍，而且韩国的实际经济规模比名义规模要大。

　　比较中日韩三国的生产对消费、投资和出口的依存度，日本的消费依存度远
远高于中韩，而中国的投资依存度在三国中居首，韩国的出口依存度高于中日。
随着经济发展到一定程度，内需对经济的拉动作用会逐步增大。中国除了个别轻
工产业外，基本上属于"内需依存型"，而投资占据重要地位。随着中国经济向
工业成熟阶段继续迈进，提高生产对消费需求的依赖程度非常重要。

参考文献

英文文献

[1] Abuaf N., Jorion P. Purchasing Power Parity in the Long Run [J]. Journal of Finance, 1990 (45): 157 – 174.

[2] Alexander T., C. Dziobek, M. Marini, E. Metreau, M. Stanger. Measure up: A Better Way to Calculate GDP [R]. IMF Staff Discussion Note, 2017. https://www. imf. org/ ~/media/Files/Publications/SDN/2017/sdn1702. ashx.

[3] Bean C. Independent Review of UK Economic Statistics: Final Report [R]. 2017. https://www. gov. uk/government/uploads/system/uploads/attachment_ data/ file/507081/2904936_ Bean_ Review_ Web_ Accessible. pdf.

[4] Castle. Review of the OECD – EUROSTAT PPP Program [R]. OECD, 1999. http://www. OECD. org.

[5] Claudia Dziobek. GDP – Lost in Single Deflation [R]. Paris: OECD Joint Meetings of the Working Parties on Financial Statistics (WPFS) and National Accounts (WPNA), 2016. http://www. oecd. org/officialdocuments/publicdisplaydocumentp- df/? cote = STD/CSSP/WPNA (2016) 20&docLanguage = En.

[6] Deaton A., A. Heston. Understanding PPPs and PPP – Based National Accounts [J]. American Economic Journal, Macroeconomics, 2010, 2 (4): 1 – 35.

[7] Dikhanov Y. Sensitivity of PPP – Based Income Estimates to Choice of Aggregation Procedures [C]. Paper Presented at 23rd General Conference of the International Association for Research in Income and Wealth St. Andrews, Canada, 1994 (8): 21 – 27.

[8] Diewert W. E. Weighted Country Product Dummy Regressions and Index Number Formulaes [J]. The Review of Income and Wealth, 2005, 51 (4): 561 – 570.

[9] Balk B. M. A Comparison of Ten Methods for Multilateral International Price and Volume Comparison [J]. Journal of Official Statistics, 1996, 12 (2): 199 – 222.

[10] Economic Research Institute. Analysis of Price Comparisons in Japan and the United States [R]. Economic Bulletin, Economic Planning Agency, Japanese Government, 1963 (13).

[11] Elteto O., Koves P. On an Index Computation Problem in International Comparisons [J]. Statiztikai Szemle, 1964 (42): 507 – 518.

[12] Eurostat/OECD. Purchasing Power Parities and Real Expenditures 2002 Benchmark Year [R]. Paris, 2005.

[13] Geary R. C. A Note on the Comparison of Exchange Rates and Purchasing Power Parities between Countries [J]. Journal of the Royal Statistical Society, 1958, 121 (1): 97 – 99.

[14] Gilbert M., Kravis I. B. An International Comparison of National Products and the Purchasing Power of Currencies [R]. OEEC, Paris, 1954.

[15] Heston A., Summers R., Aten B. Price Structures, the Quality Factors, and Chaining [J]. Statistical Journal of the United Nations ECE, 2001 (1): 77 – 101.

[16] Hill R. J. A Taxonomy of Multilateral Methods for Making International Comparisons of Prices and Quantities [J]. The Review of Income and Wealth, 1997, 43 (1): 49 – 69.

[17] Hill R. J. Comparing Price Levels and Living Standards across the ESCAP Countries Using Minimum Spanning Trees [J]. Review of Economics and Statistics, 1999 (1): 135 – 142.

[18] Hill R. J. Measuring Substitution Bias in International Comparisons Based on Additive Purchasing Power Parity Methods [J]. European Economic Review, 2000 (1): 145 – 162.

[19] Hill T. P. Multilateral Measurements of Purchasing Power and Real GDP [Z]. Eurostat, Luxmbourg, 1982.

[20] Holz C. A. China's Statistical System in Transition: Challenges, Data Problems, and Institutional Innovations [J]. Review of Income and Wealth, 2004, 50 (3): 381 – 409.

[21] Ikle D. M. A New Approach to the Index Number Problem [J]. The Quarterly Journal of Economics, 1972, 86 (2): 188 – 211.

[22] Khamis S. H. A New System of Index Numbers for National and International Purposes [J]. Journal of Royal Statistical Society, 1972 (135): 96 – 121.

［23］ Kravis I. B. , Kenessey Z. , Heston A. , et al. A System of International Comparisons of Gross Product and Purchasing Power ［M］. UNSO, World Bank, The University of Pennsylvania, 1975.

［24］ Kravis I. B. An Approximation of the Relative Real Per Capita GDP of the People's Republic of China ［J］. Journal of Comparative Economics, 1981 (5): 60 – 78.

［25］ Kravis I. B. , Heston A. , Summers R. World Product and Income ［M］. Baltimore: Johns Hopkins University Press, 1982.

［26］ Kurabayashi Y. , Sakuma I. An Alternative Method of Multilateral Comparisons of Real Product Constrained with Matrix Consistency ［R］. Paper Presented at the 17st General Conference of the IAIW, Gouvieux, France, 1981.

［27］ Kurabayashi Y. , Sakuma I. Studies in International Comparisons of Real Product and Prices ［M］. Tokyo: Kinokuniya, 1990.

［28］ Leontief W. The Structure of American Economy, 1919 – 1939 ［M］. New York: Oxford University Press, 1941/1951.

［29］ Li J. , Kuroko M. Single Deflation Bias in Value Added: Verification Using Japanese Real Input – Output Tables (1960 – 2000) ［J］. Journal of Economics and Development Studies, 2016 (1): 16 – 30.

［30］ Li J. China's GDP Statistics – Comparison with Japan: Estimation Methods and Relevant Statistics ［M］. Chisinau: Scholars' Press, 2016.

［31］ OECD, Eurostat. Eurostat – OECD Methodological Manual on Purchasing Power Parities ［M］. Luxembourg: Publications Office of the European Union, 2012.

［32］ Maddison A. , Wu H. Measuring China's Economic Performance ［J］. World Economics, 2008, 9 (2): 13 – 44.

［33］ OECD. Purchasing Power Parities and Real Expenditures 1996 Results ［EB/OL］. 1999. https: //read. oecd – ilibrary. org/economics/purchasing – power – parities – and – real – expenditures – 1999_ ppp – 1999 – en – fr#page7.

［34］ Rao D. , S. Prasada, Timmer M. P. Purchasing Power Parities for Industry Comparisons Using Weighted Elteto – Koves – Szulc (EKS) Methods ［J］. The Reviews of Income and Wealth, 2003, 49 (4): 500 – 504.

［35］ Rao D. , S. Prasada. The Country – Product – Dummy – Method: Atochastic Approach to the Computation of Purchasing Power Paritiesin the ICP ［R］. Paper

Presented at SSHRC Conference on Index Numbers and Productivity Measurement, Vancouver, 2004.

[36] Rao D., S. Prasada, Shankar S., Hajarghasht G. A Minimum Distance and the Generalised EKS Approaches to Multilateral Comparisons of Prices and Real Incomes [R]. Working Paper, 2010.

[37] Rao D., Prasada S., Hajargasht G. Stochastic Approach to Computation of Purchasing Power Parities in the International Comparison Program (ICP) [J]. Journal of Econometrics, 2016, 191 (2): 414 – 425.

[38] Rao P. A Walrasian Exchange Equilibrium Interpretation of the Geary – Khamis International Prices [C]. A Paper Presented to IARIW 19th General Conference, Noordwijkerhout, Netherlands, 1985.

[39] Ren R., Chen K. An Expenditure – Based Bilateral Comparison of Gross Domestic Product between China and the United States [R]. MIT, Cambridge, WEL Working Paper, 1993.

[40] Rawski T. G. What is Happening to China's GDP Statistics? [J]. China Economic Review, 2001 (12): 347 – 354.

[41] Ravallion M. Understanding PPPs and PPP – Based National Accounts: A Comment [J]. American Economic Journal: Macroeconomics, 2010, 2 (4): 46 – 52.

[42] Sakuma I., Rao D. S. Prasada, Kurabayashi Y. Additivity, Matrix Consistency and a New Method for International Comparisons of Real Income and Purchasing Power Parities [R]. Paper Prepared for the 26st General Conference of the International Association for Research in Income and Wealth, Poland, Cracow, 2000.

[43] Sakuma I., Rao P., Ichikawa O., Kurabayashi Y. A CGE Approach to the Measurement PPPs [R]. A Paper Presented to IARIW 28th General Conference, Cork, Ireland, 2004: 22 – 28.

[44] Sergeev S. Measures of the Similarity of the Country's Price Structures and Their Practical Application. Conference on the European Comparison Program [R]. UN Statistical Commission, Economic Commission for Europe, Geneva, 2001.

[45] Sergeev S. Equi – representativity and Some Modifications of d EKS Method as the Basic Heading Level [R]. Paper Presented at the Joint Consultation on the Euroopen Comparison Programme, ECE, Geneva, 2003.

[46] Sergeev S. Aggregation Methods Based on Structural International Prices

[A]//Prasada Rao D. S. Purchasing Power Parities of Currencies: Recent Advances in Methods and Applications [M]. Edward Elgar Publishing Ltd. , 2009.

[47] Sraffa P. Production of Commodities by Means of Commodity [M]. London: Cambridge University Press, 1960.

[48] Summers R. International Price Comparisons Based upon Incomplete Data [J]. Review of Income and Wealth, 1973, 19 (1): 1 – 16.

[49] Szulc B. Index Numbers of Multilateral Regional Comparisons [J]. Przeglad Statystyczny, 1964 (3): 239 – 254.

[50] Abeysinghe T., Lee C. Best Linear Unbiased Disaggregation of Annual GDP to Quarterly Figures [J]. Journal of Forecasting, 1998 (17): 527 – 537.

[51] Abeysinghe T., Rajaguru G. Quarterly Real GDP Estimates for China and ASEAN4 with a Forecast Evaluation [J]. Journal of Forecasting, 2004 (23): 431 – 447.

[52] United Nations. Basic Principles of the System of Balances of the National Economy [J]. Studies in Methods, Series F (17), 1971.

[53] Van Ark B., Monnikhof E., Timmer M. P. Prices, Quantities and Productivity in Industry: A Study of Transition Economies in a Comparative Perspective [A] //Lipsey R., Heston A. International and Interarea Comparisons of Price, Income and Output [M]. Chicago: The University of Chicago Press, 1999.

[54] World Bank. Global Purchasing Power Parities and Real Expenditures [EB/OL]. 2005 International Comparison Program, Washington DC: World Bank, 2008. http: //www. Worldbank. Org/data/icp.

[55] World Bank. Measuring the Real Size of the World Economy: The Framework, Methodology, and Results of the International Comparison Program (ICP) [R]. Washington, DC: World Bank, 2013.

[56] United Nations, et al. System of National Accounts 2008 [R]. 2009. http://unstats. un. org/unsd/nationalaccount/docs/SNA2008. pdf.

中文文献

[1] 戴艳娟，李洁. 中日 GDP 核算方法的比较及启示 [J]. 开放经济研究，2018，1 (1)：1 – 25.

[2] 戴艳娟，泉弘志. 中日韩购买力平价的推算及中日韩比较 [J]. 经济学（季刊），2015，15 (1)：85 – 108.

［3］戴艳娟，泉弘志，李洁．基于国际平均全劳动法的中日购买力平价的推算［J］．统计研究，2014，63（2）：63－71．

［4］刘洪玉，郑思齐，许宪春．房地产业所包含的经济活动的分类体系和增加值估算［J］．统计研究，2003（8）：24－27．

［5］高波，王文莉，李祥．预期、收入差距与中国城市房价租金"剪刀差"之谜［J］．经济研究，2013（3）：100－112．

［6］高敏雪．国民经济核算与供给侧宏观经济观察［J］．统计研究，2020，37（2）：15－25．

［7］高敏雪．隐性收入对当前中国居民消费率低估的影响机理——基于国民经济核算原理和实务的探讨［J］．统计研究，2014（7）：3－11．

［8］高敏雪．SNA－08 的新面貌以及延伸讨论［J］．统计研究，2013，30（5）：8－16．

［9］郭万达，郑鑫，王东升，郑宇劼，张欢欢．中国居民住房租赁核算的方法选择［J］．开放导报，2012（2）：16－26．

［10］何昀，毕波，张喆．中国居民消费率的重新估算［J］．湖南大学学报（社会科学版），2017，31（2）：82－89．

［11］康远志．中国居民消费率太低吗？——基于居住支出的实证分析［J］．江汉学术，2014a，33（2）：13－19．

［12］康远志．中国居民自有住房虚拟租金的一个估算［J］．统计与信息论坛，2014b（5）：15－19．

［13］李洁．GDP 核算中自有住房服务虚拟计算的中日比较［J］．统计研究，2013（11）：11－19．

［14］李文溥，陈婷婷．自有住房服务消费重估与中国居民消费率修正［J］．吉林大学社会科学学报，2018，58（3）：45－54．

［15］梁其翔，龙志和．关于中国居民消费率偏低的实证研究［J］．上海经济研究，2016（4）：32－44．

［16］任若恩，李洁，郑海涛，柏满迎．关于中日经济规模的国际比较［J］．世界经济，2006（8）：3－10．

［17］萨伊．政治经济学概论［M］．北京：商务印书馆，1963．

［18］沈士成，居亚东，姜玲，秦涛．东西方国民经济核算体系［M］．南京：南京大学出版社，1992．

［19］王华．中国 GDP 核算误差的估算框架［J］．厦门大学学报（哲学社

会科学版），2017，243（5）：111 - 112.

[20] 王磊．购买力平价（PPP）测算方法研究评述与展望［J］．统计研究，2012，29（6）：106 - 112.

[21] 王秋石，王一新．中国居民消费率真的这么低么——中国真实居民消费率研究与估算［J］．经济学家，2013（8）：39 - 48.

[22] 谢长，杨仲山．多重视角下的最大化双边特征法及其加权形式［J］．统计研究，2021，38（1）：132 - 146.

[23] 谢长．一种新的购买力平价汇总方法［J］．统计研究，2017，34（12）：37 - 47.

[24] 许宪春．中国国民经济核算的改革与发展［M］．北京：经济科学出版社，1997.

[25] 许宪春，董礼华．中国国内生产总值核算［J］．财贸经济，1998（1）：34 - 38.

[26] 许宪春．伍晓鹰博士关于中国工业增长情况的研究［J］．统计研究，1999a（5）：19 - 22.

[27] 许宪春．世界银行对中国官方 GDP 数据的调整和重新认可［J］．经济研究，1999b（6）：52 - 58.

[28] 许宪春．中国 GDP 核算与现行 SNA 的 GDP 核算之间的若干差异［J］．经济研究，2001（11）：63 - 68.

[29] 许宪春．中国国内生产总值核算［J］．经济学（季刊），2002a，2（1）：23 - 36.

[30] 许宪春．我国国民经济核算面临的问题及改革的方向［J］．统计研究，2002b（4）：8 - 13.

[31] 许宪春．中国服务业核算及其存在的问题研究［J］．经济研究，2004a（3）：21 - 27.

[32] 许宪春．对我国季度国内生产总值核算的思考［J］．中国统计，2006a（6）：8 - 9.

[33] 许宪春．近几年我国 GDP 核算改革的回顾和进一步改革的若干思考［J］．统计研究，2006b（1）：16 - 21.

[34] 许宪春．关于经济普查年度 GDP 核算的变化［J］．经济研究，2006c（2）：16 - 20.

[35] 许宪春．中国国民经济核算体系的建立、改革和发展［J］．中国社会

科学，2009a（6）：41－59.

［36］许宪春．关于与 GDP 核算有关的若干统计问题［J］．财贸经济，2009b（4）：5－10.

［37］许宪春．准确理解中国经济统计［J］．经济研究，2010（5）：21－31.

［38］许宪春．中国国民经济核算与统计问题研究［M］．北京：北京大学出版社，2010.

［39］许宪春，唐杰，殷勇，郭万达．居民住房租赁核算及对消费率的影响——国际比较与中国的实证研究［J］．开放导报，2012（2）：7－15.

［40］许宪春．准确理解中国的收入、消费和投资［J］．中国社会科学，2013a（2）：4－24.

［41］许宪春．中国当前重点统计领域的改革［J］．经济研究，2013b（10）：18－28.

［42］许宪春．我国住户调查与国民经济核算统计指标之间的协调［J］．财贸经济，2014（1）：5－13.

［43］许宪春．论中国国民经济核算体系 2015 年的修订［J］．中国社会科学，2016（1）：38－59.

［44］许宪春．中国政府统计重点领域改革［J］．世界经济，2017（2）：179－192.

［45］许宪春，吕峰．改革开放 40 年来中国国内生产总值核算的建立、改革和发展研究［J］．经济研究，2018（8）：4－19.

［46］许宪春．准确理解中国现行国内生产总值核算［J］．统计研究，2019，36（5）：3－15.

［47］许宪春．中国国民经济核算核心指标的变迁［J］．中国社会科学，2020（10）：48－71.

［48］许宪春．中国国内生产总值核算历史数据的重大补充和修订［J］．经济研究，2021a，56（4）：180－197.

［49］许宪春．中国国民经济核算核心指标的变迁——从 MPS 的国民收入向 SNA 的国内生产总值的转变［J］．中国社会科学，2021b（10）：48－70.

［50］杨巧，陈晓茹．居民自有住房服务价值核算及对国民经济的影响［J］．统计与决策，2020，36（20）：14－18.

［51］杨仲山，谢长．多边价格指数中的价格异方差问题与 CPD 法的改进［J］．统计研究，2016（10）：38－45.

［52］余芳东. 购买力平价用于国内生产总值国际比较的方法、局限及完善措施［J］. 统计研究，1995（1）：70 – 72.

［53］余芳东. 中国购买力平价和经济实力的国际比较研究——国际比较项目（ICP）方法的实证分析［M］. 北京：中国统计出版社，2005.

［54］余芳东，任若恩. 关于中国与 OECD 国家购买力平价比较研究结果及其评价［J］. 经济学（季刊），2005，4（3）：563 – 582.

［55］余芳东. 当前全球国际比较项目（ICP）的进展及其基本方法［J］. 统计研究，2007，24（1）：59 – 63.

［56］岳巍. 当代中国的统计事业［M］. 北京：中国社会科学出版社，1989.

［57］张塞. 新国民经济计算全书［M］. 北京：中国统计出版社，1993.

［58］赵奉军. 中国城镇居民住房消费的再估计——基于中国家庭追踪调查数据的实证分析［J］. 当代财经，2015（1）：3 – 9.

［59］周清杰. 中国自有住房服务虚拟租金核算的优化：以美国为例［J］. 宏观经济研究，2012（6）：31 – 37.

［60］联合国，欧盟委员会，经济合作与发展组织，国际货币基金组织，世界银行. 2008 年国民账户体系［M］. 中国国家统计局国民经济核算司，中国人民大学国民经济核算研究所，译. 北京：中国统计出版社，2012.

［61］日本经济企划厅国民所得部. 新国民经济核算体系通俗讲话［M］. 铁大章，译. 北京：中国统计出版社，1985.

［62］"SNA 的修订与中国国民经济核算体系改革"课题组. SNA 的修订及对中国国民经济核算体系改革的启示［J］. 统计研究，2012，29（6）：3 – 9.

［63］"SNA 的修订与中国国民经济核算体系改革"课题组. SNA 的修订对GDP 核算的影响研究［J］. 统计研究，2012，29（10）：3 – 5.

［64］"SNA 的修订与中国国民经济核算体系改革"课题组. SNA 关于生产资产的修订及对中国国民经济核算的影响研究［J］. 统计研究，2012，29（12）：39 – 44.

［65］"SNA 的修订与中国国民经济核算体系改革"课题组. SNA 关于资本服务的测算及对国民账户的影响［J］. 统计研究，2013，30（5）：3 – 7.

［66］国家统计局国民经济核算司. 中国年度国内生产总值计算方法［M］. 北京：中国统计出版社，1997.

［67］国家统计局国民经济核算司. 中国季度国内生产总值计算方法［M］.

北京：中国统计出版社，1997.

［68］国家统计局国民经济核算司．中国经济普查年度 GDP 计算方法［M］．北京：中国统计出版社，2007.

［69］国家统计局国民经济核算司．中国非经济普查年度国内生产总值核算方法［M］．北京：中国统计出版社，2008.

［70］国家统计局国民经济核算司．中国第二次经济普查年度国内生产总值核算方法［M］．北京：中国统计出版社，2011.

［71］国家统计局国民经济核算司．中国非经济普查年度国内生产总值核算方法（第一次修订）［M］．北京：中国统计出版社，2013.

［72］国家统计局国民经济核算司．中国第三次经济普查年度国内生产总值核算方法［M］．北京：中国统计出版社，2016.

［73］国家统计局．住户收支与生活状况调查方案（2017 年统计年报和 2018 年定期统计报表）［C］．工作方案，2017. https：//view. officeapps. live. com/op/view. aspx？src = http% 3A% 2F% 2Fwww. stats. gov. cn% 2Ftjsj% 2Ftjzd% 2Fgjtjzd% 2F201807% 2FP020180717319345279817. doc.

日文文献

［1］奥本佳伸．日本における国民所得推計の歩み［J］．経済研究（千葉大学），1997，12（2）：265 – 287.

［2］戴艳娟．日中 1995 年産別購買力平価の推計［J］．法政大学日本统计研究所 Occasional Paper，2004（10）：1 – 59.

［3］戴艳娟．中国投入产出表的各部门价格平减指数及序列表的编制［Z］．统计研究参考资料，2008（100）：1 – 65.

［4］戴艳娟．2005 年日中購買力平価の推計［J］．大阪経大論集，2012，31（7）：95 – 106.

［5］都留重人．経済学入門［M］．东京：講談社，1976.

［6］荒井晴仁．国民経済計算における持ち家の帰属家賃推計について［J］．ESRI Discussion Paper Series，2005（141）：4 – 18.

［7］吉沢裕典，小林裕子，野木森稔．日本における生産側四半期 GDP 速報の開発に向けて［J］．季刊国民経済計算，2014（155）：95 – 116.

［8］李潔．PPPによる中国と日本産業連関表実質値データの構築［J］．産業連関，1995，5（4）：4 – 18.

［9］李潔. 日本と中国のGDP 統計作成の比較［J］. 大阪経大論集，2012，63（2）：79－94.

［10］李潔. 中国の実質 GDPの推計に関する一考察：日本と比較しながら［J］. 産業連関，2013，21（1・2）：27－38.

［11］李潔. 付加価値の数量測度としてのダブルデフレーションとシングルデフレーション［J］. 統計学，2015a，108：32－41.

［12］李潔. 日本Ｉ－Ｏ表による生産側実質 GDPのダブルデフレーション法とシングルデフレーション法の検証［J］. 社会科学論集，2015b，145：1－11.

［13］李潔. 実質付加価値のアプローチに関する考察——中国産業連関表による検証を含めて—［J］. 社会科学論集，2018（152・153）：61－72.

［14］宮沢健一. 産業の経済学（第2版）［M］. 東京：東洋経済新報社，1987.

［15］国際連合，盛田常夫，作間逸雄（译）. 国民経済バランス体系の基本原理［J］. 労働社会研究，1977/1978，23（3・4），24（1・2），24（3）.

［16］泉弘志，李潔. PPPによる韓日Ｉ－Ｏ表実質データの構築［J］. 産業連関，1999，8（4）：56－70.

［17］泉弘志，李潔，梁炫玉. 購買力平価と産業連関表の多国間比較（购买力平价和投入产出表的多国间比较）［J］. 産業連関，2007，15（2）：18－32.

［18］日本経済企画庁経済研究所国民経済計算部. あなたの家事の値段はおいくらですか？——無償労働の貨幣評価についての報告［M］. 東京：大蔵省印刷局，1997.

［19］内閣府経済社会総合研究所. 戦後の国民所得－その水準と構成［Z］. 国民所得解説資料第1号. 東京：経済審議庁調査部国民所得課，1953.

［20］内閣府経済社会総合研究所. 平成19年度非営利サテライト勘定に関する調査研究報告書［J］. 季刊国民経済計算，2009a（138）：1－146. https：//warp. da. ndl. go. jp/info：ndljp/pid/11539153/www. esri. go. jp/jp/archive/snaq/snaq138/snaq138. html.

［21］内閣府. SNAにおける「持ち家の帰属家賃」の推計について［Z］. 国民経済計算調査会議第6回基准改定课题检讨委员会，2005. https：//www. esri. cao. go. jp/jp/sna/seibi/kaigi/shiryou/pdf/kijun/050225/shiryou1. pdf.

［22］内閣府経済社会総合研究所. SNA 推計手法解説書（2007年改訂版）［R］. 2007. https：//www. esri. cao. go. jp/jp/sna/data/reference1/h12/sna_kaisetsu. html.

［23］内閣府経済社会総合研究所．無償労働の貨幣評価の調査研究〈報告書〉［J］．季刊国民経済計算，2009b（139）：1－155. https：//warp. da. ndl. go. jp/info：ndljp/pid/11539153/www. esri. go. jp/jp/archive/snaq/snaq139/snaq139. html.

［24］内閣府経済社会総合研究所国民経済計算部．国民計算年報（各年）［M］．東京：財務省印刷局．

［25］内閣府経済社会総合研究所国民経済計算部. 2008SNAに対応した我が国国民経済計算について（平成23年基準版）［R］. 2016. https：//www. esri. cao. go. jp/jp/sna/seibi/2008sna/pdf/20161130_ 2008sna. pdf.

［26］内閣府経済社会総合研究所．無償労働の貨幣評価［R］. 2019. https：//www. esri. cao. go. jp/jp/sna/sonota/satellite/roudou/contents/pdf/190617_ kajikatsudoutou. pdf．

［27］内閣府．基礎からわかる国民経済計算［R］. https：//www. esri. cao. go. jp/jp/sna/seibi/kouhou/93kiso/kiso_ top. html.

［28］山本龍平．分配側GDP推計の各国における実施状況とわが国における対応――わが国における分配側GDP四半期推計の試算について［J］．季刊国民経済計算，2011（146）：53－73.

［29］新飯田宏．産業連関分析入門［M］．東京：東洋経済新報社，1978．

［30］小島麗逸．中国の経済統計の信憑性［J］．アジア経済，2003，44（5・6）：4－26.

［31］許宪春．中国の現行GDP概念と93SNAのGDP概念との間に存在する若干の相違［J］．李洁，作間逸雄，谷口昭彦翻訳及解題．社会科学論集，2005（115）：73－84.

［32］許宪春．詳説中国GDP統計――从MPS到SNA［M］．作間逸雄監修，李洁訳．東京：新曜社，2009.

［33］野木森稔．先進主要国の生産アプローチに基づく四半期GDPの特徴とその位置づけ――日本での導入に向けてのサーベイ［J］．季刊国民経済計算，2011（146）：29－53.

［34］作間逸雄. SNAがわかる経済統計学［M］．東京：有斐閣，2003.

后　记

正值本书出版之际，2021 年中国 GDP 出炉，据国家统计局公布，2021 年中国名义 GDP 达 1143670 亿元①，按年平均汇率折算，为 17.7 兆美元，与美国 2014 年的 GDP（17.5 兆美元）接近，总量将达到美国现有 GDP 的 74%。根据此趋势，保守估计 2030 年，乐观估计 2026 年中国将超越美国，达到 GDP 的世界第一。

本书介绍了 SNA 体系关于测算 GDP 时存在的一些问题，指出 GDP 指标是经过高度加工的统计数据，尽管有 SNA 规定的各种条款可循，但是每个国家的社会经济情况各不相同，可提供加工的原始统计数据也有很大差异，因此加工整理出来的 GDP 数据不可能完全可比。也正因如此，有许多人对各国政府出于施政理念或选举需求是否在 GDP 核算中做手脚持怀疑态度。

中国的"GDP 注水"问题被日本等西方媒体长期诟病，虽然有一个阶段存在部分地方官员为了执政业绩夸大地方 GDP，出现地方加总与国家统计局核算的总体指标不符的现象，但这在日本等西方国家也长期存在，是很普遍的现象。事实上，在邓小平同志的"韬光养晦"战略指导下，笔者认为从 20 世纪 90 年代初引入 SNA 体系以来，国家统计局在 GDP 核算上一直秉持实事求是的精神，根据我国具体国情，严格遵循 SNA 的各种条款，采用了非常谨慎和保守的核算方法。本书在讨论名义 GDP 及实际 GDP 的测算方法时，也指出了从结果上看我国 GDP 核算数据可能存在不是很多人认为的高估，而是低估的问题。正值本书出版之前，日本被曝出自 2013 年以来在安倍晋三施政期间，为了配合安倍把 GDP 从 500 兆日元提高到 600 兆日元的选举纲领，政府有关统计部门连续 8 年通过对建筑行业等重复计算、虚报多报等手段对"GDP 注水"的问题，这彻底打破了至今为止的日本的统计基础数据翔实、统计调查严谨细致的神话。至此，被长期炒作的中国"GDP 注水"问题也该尘埃落定了。

---

① 国家统计局，http：//www.stats.gov.cn/tjsj/zxfb/202201/t20220118_1826497.html，2022 – 01 – 18.

　　中国 GDP 的具体数值是多少，哪一年能超过美国，等等，也许并不是很重要，因为 GDP 指标只是衡量一国市场经济的规模，并不代表国民的经济福祉、财富及真正的生产能力及数量。随着经济的发展，各发达经济体的服务业所占比重越来越大，经济逐渐由实向虚，以日本为例，第三产业占 GDP 的比重超过了70%。SNA1993 扩大了金融等服务业范围，SNA2008 更是扩大了固定资本定义范围，将原本作为中间消耗的一部分研究与开发（R&D）作为固定资本形成计入GDP，对此 GDP 概念已经开始有越来越多的人持不满或怀疑态度。

　　与 SNA 体系相比，以马克思经济理论为指导依据的 MPS 体系关注的是物质产品的生产，这种核算方法虽然出于各种原因暂时退出了历史舞台，但是笔者认为，MPS 体系更能反映现实经济的本质及实体经济的重要性。对 MPS 的进一步探讨与改进并加以利用将成为笔者今后重点研究的对象之一。